学者文库

金砖国家农产品贸易关系研究

基于中国视角

张国梅◎著

九州出版社
JIUZHOUPRESS

图书在版编目（CIP）数据

金砖国家农产品贸易关系研究：基于中国视角／张国梅著. －－北京：九州出版社，2020.8

ISBN 978－7－5108－9416－9

Ⅰ.①金… Ⅱ.①张… Ⅲ.①农产品贸易—对外贸易关系—研究—中国 Ⅳ.①F752.652

中国版本图书馆 CIP 数据核字（2020）第 150511 号

金砖国家农产品贸易关系研究：基于中国视角

作　　者	张国梅　著	
出版发行	九州出版社	
地　　址	北京市西城区阜外大街甲 35 号（100037）	
发行电话	（010）68992190/3/5/6	
网　　址	www.jiuzhoupress.com	
电子信箱	jiuzhou@jiuzhoupress.com	
印　　刷	三河市华东印刷有限公司	
开　　本	710 毫米 ×1000 毫米　16 开	
印　　张	17	
字　　数	296 千字	
版　　次	2020 年 8 月第 1 版	
印　　次	2020 年 8 月第 1 次印刷	
书　　号	ISBN 978－7－5108－9416－9	
定　　价	95.00 元	

前　言

　　2018 年中美贸易战的爆发，警醒我们农产品进口来源地要多元化。在此之前我国政府也给予了高度重视，2014 年和 2016 年的中央 1 号文件都曾明确要求优化农产品进口来源地布局以及推进进口来源多元化。"一带一路"倡议的实施为此提供了新的机遇，"一带一路"沿线国家大多是新兴经济体和发展中国家，要素禀赋各异，发展水平不一，比较优势差异明显，有利于形成互利互惠的良好局面，在中国全球农产品供应体系多元化中将发挥重要的作用。金砖国家作为"一带一路"上的重要成员国，均为农业大国，农产品贸易是其合作的重要内容，2001—2016 年我国从金砖国家的农产品进口额平均占到我国农产品进口总额的 18.84%，金砖国家已成为我国农产品的主要进口市场。为了促进双方贸易合作的进一步深化，优化我国进口来源地，保障农产品供给的安全，有必要深入研究中国与金砖国家的农产品贸易关系，明确中国在金砖国家农产品贸易中的地位以及具有优势和潜力的农产品进出口种类，探寻农产品贸易额增长的源泉与症结，进而有助于调整我国农产品贸易结构，促进国内农业产业的发展。

　　本书将中国与其他金砖国家的农产品贸易研究置于"一带一路"倡议的大背景下，首先，在对相关概念进行界定的基础上，以国际贸易理论为研究基石，从贸易的竞争性和互补性两个角度构建了理论分析的框架。其次，介绍了金砖国家发展农产品贸易的政治经济基础，包括宏观经济的发展状况、各国所拥有的农业资源以及金砖国家农业合作历程等，并对金砖各国农产品贸易发展的情况进行了介绍，全面而系统地分析了中国与其他金砖国家农产品贸易发展的形势，明确了中国在金砖国家农产品贸易中的地位。再次，对贸易关系从竞争关系和互补关系两方面利用多种实证测度指数进行了测算，利用显示性比较优势指数和产品相似度指数测算并分析了中国与其他金砖国家整体及双边农产品贸易的竞争性；利用贸易结合度指数、贸易互补性指数以及产业内贸易指数测算并分析了中国与其他金砖国家整体及双边农产品贸易的互补性，并鉴于产业内贸易是国际主流贸易模式的前提下，采用引力模型对产业内贸易的影响因素进行详细的分析。然后，运用CMS模型研究未来金砖国家的农产品贸易发展趋势以及贸易增长的影响因素，分阶段分层次地分解各影响因素，并量化分析了各项因素的作用强度及变化趋势。最后，根据分析的结果，提出了进一步深化贸易合作的对策建议。

分析的结果表明：第一，从贸易竞争关系的角度看，总体上中国与其他金砖国家的竞争关系不明显。从显示性比较优势指数和出口相似度指数的测算结果上来看，金砖国家具有比较优势的农产品种类少但各具特色；市场出口的相似度指数普遍低，存在激烈竞争的农产品种类差异大，表明中国与其他金砖国家不存在明显的竞争关系。中国对其他金砖国家出口具有比较优势的农产品种类有蔬菜、干豆、水果、调味香料、精油以及糖类等。存在激烈竞争的农产品大类有：日本市场上的水产品和坚果，美国市场上的坚果、水产品、水果、薯类和精油，欧盟市场上的干豆、坚果和薯类，东盟市场上的棉麻丝、蔬菜以及调味香料。第二，从贸易互补关系的角度看，总体上贸易互补关系突出，互补性大于竞争性。中国从其他金砖国家进口农产品的贸易互补性指数远远高于对其他金砖国家出口的贸易互补性指数，表明中国市场是其他金砖国家农产品的主要出口市场，但不是它们进口农产品的主要来源地。互补性强的农产品种类以中国出口为基础，包括水产品、蔬菜、干豆、药材、精油等劳动密集型产品；以中国进口为基础，包括谷物、油籽、棉麻丝、水产品、植物油等，多为土地密集型产品。第三，从产业内贸易指数的测算结果看，农产品产业内贸易水平较低，农产品贸易仍以产业间贸易为主；垂直型产业内贸易远远高于水平型产业内贸易；对产业内贸易影响显著的因素包括地理距离、贸易开放度、经济规模、人均收入等。第四，利用恒定市场份额模型（CMS）的分析方法，研究结果表明：中国与其他金砖国家农产品贸易额的增长主要来自结构效应，特别是其中的需求增长效应；分国家来看，需求增长效应在中国对巴西和俄罗斯农产品出口中起到了主导作用，而中国对印度和南非农产品出口在很大程度上得益于竞争力的提升；中国从巴西、印度和南非进口农产品主要受到国内进口需求的影响，但是从俄罗斯的进口很大程度上来自竞争力效应；阻碍中国与金砖国家农产品贸易额增长的"症结"是金砖国家出口竞争力不足和出口结构不合理。

本书在写作过程中，参阅和借鉴了国内外众多学者专家的研究成果，在此衷心地感谢！由于笔者学识、水平的局限，不足之处在所难免，恳请专家学者批评指正。

目　录
CONTENTS

第一章

绪　论

第一节　问题的提出

2009 年 6 月，巴西、俄罗斯、印度和中国领导人在俄罗斯叶卡捷琳堡举行了首次会晤，使"金砖四国"（BRICS）实现了从一个经济学概念向一个国际对话与合作平台的实质转化。2010 年 12 月南非正式加入，"金砖四国"变为"金砖国家"（BRICS）。金砖国家的成员国跨亚洲、欧洲、非洲和拉丁美洲，它们在各自所在区域具有非常重要的影响力，最大限度地将各个区域紧密地联系在一起。金砖国家的经济总量在过去二十年间发生了巨大变化，世界主要经济体的地位日益突出，GDP 规模扩大了 5.37 倍，占世界 GDP 的比重由 1996 年的 8.37% 上升到 2016 年的 22.20%。金砖国家已成为当今发展最快的经济体，1996—2016 年以来，金砖国家经济平均增长率为 4.90%，高于 2.93% 的全球平均增长率，是发展中国家的佼佼者。商品贸易额占世界贸易额的比重从 1996 年的 6.48% 上升到 2016 年的 18.17%，上升了将近 11 个百分点。总之，金砖国家已经成为世界经济增长的主要驱动力，在世界经济发展中发挥着越来越重要的作用。

但是，自 2011 年新兴市场经济不景气以来，金砖五国之间差异逐渐显现，有关于其"褪色"的论调也开始反复出现。事实上，金砖"褪色"是伴随着全球股市的剧烈震荡和新兴经济体增长放缓的全球大背景而来的，并不是新兴国家经济体的单一现象，世界整体经济结构、外部市场需求低迷导致的全球发展动力匮乏，才是"成色不足"的真正原因。虽然受到当前世界经济下行压力的影响，一些金砖国家在经济发展方面遇到困难，但金砖合作发展的态势没有改变，需要不断深化和拓展合作领域，加强协调与合作，正如国家主席习近平在金砖国家领导人第九次会晤时所强调的："我们应该再接再厉，全面深化金砖伙伴关系，开启金砖合作第二个'金色十年'。"

金砖成员国都是世界上重要的农业大国，农产品贸易是金砖国家合作中极其重要的一部分。2001—2016 年以来，金砖国家农产品进出口额平均占世界农产品进出口额的比重分别为 10.48% 和 11.97%，总额占到世界的 11.21%，可见金砖国家的农产品贸易在世界农产品贸易中有着重要的地位。金砖国家成员之间的农产品贸易关系密切，尤其是各成员与中国贸易的往来几乎占据了各国的前几位，已成为其他金砖国家重要的农产品贸易伙伴国，以 2016 年为例，中国是巴西最大的农产品出口国，第六大进口国；是俄罗斯第二大农产品出口国和第三大进口国；中国在南非农产品进口中位列第五，出口排第 7 位；印度市场上，中国在出口市场排第 5 位，进口市场排第 12 位，中国日益成为印度农产品出口的主要市场、进口的重要来源地，且与印度的农产品贸易增速非常快，贸易潜力很大。

2001—2016 年，中国与其他金砖四国的农产品贸易额呈递增趋势，进口额增长幅度远远高于出口额增长幅度，中国一直处于贸易逆差地位，且贸易逆差呈扩大趋势。从占比上看，2001—2016 年我国从其他金砖国家进口农产品平均占我国农产品总进口额的 18.95%，中国 1/3 以上的油籽、2/5 以上的水产品、近 1/2 的饼粕、1/5 以上的糖类及糖料和干豆均来自金砖国家，金砖国家已成为中国农产品进口的主要来源地；但是出口额占比仅在 5% 左右波动，有待提高。

"一带一路"倡议将东亚、东南亚、南亚、中亚、欧洲南部、非洲东部的广大地区联系在了一起，该区域覆盖 60 多个国家，总人口超过 40 亿，经济总量超过 20 万亿美元，① 是世界上跨度最长的经济走廊，东牵亚太经济圈、西系欧洲经济圈。沿线国家大多是新兴经济体和发展中国家，要素禀赋各异，发展水平不一，比较优势差异明显，互补性强，"一带一路"有利于发挥各自的比较优势，创造新的比较优势和竞争优势，促进要素的自由流动、资源高效配置、市场的深度融合，把经济互补性转化为发展推动力，形成互补互利互惠的良好局面。金砖国家是"一带一路"倡议的重要成员国，"一带一路"倡议的实施为金砖国家的进一步合作提供了新的机遇。"一带一路"倡议的关键是基础设施、制度规章、人员交流三位一体的互联互通，这可以拉近国家间在地理空间、物理空间和制度空间的距离，深化和扩大各国之间的投资贸易合作，加强经济的

---

① 厉以宁，林毅夫等．读懂一带一路［M］．北京：中信出版社，2015：33．

深度融合。这势必促进金砖国家的农业经济和农产品贸易的发展，拓展农产品国际市场的发展空间，实现农产品进口的多元化，扩大具有优势农产品的出口，进而带动农经产业链条的变动。因此，对接"一带一路"是金砖国家合作机制发展的必由之路。

在"一带一路"倡议的大背景下，如何进一步深化中国与其他金砖国家的农产品贸易合作，需要厘清中国在金砖国家农产品贸易中的地位如何、农产品贸易结构是怎样的、二者贸易的竞争和互补状况如何、发展的潜力在哪儿。而回答这些问题就需要研究中国与其他金砖国家的农产品贸易关系，探寻农产品贸易发展的驱动因素，为双方农产品贸易的持续发展助力，这也正是本书研究的目的所在。

第二节　研究意义

1. 农产品贸易合作与发展是"一带一路"倡议的重要内容，金砖国家作为"一带一路"上的重要成员国，整体上把握金砖国家间的农产品贸易格局以及竞争与互补关系变化对"一带一路"顶层设计的优化具有重要的指导意义。同时"一带一路"倡议的实施有利于培育农业经济新的增长点，发挥不同国家的比较优势，促进农业资源的整合，从而实现各国的互利共赢。

2. 通过相关贸易指数的测算，确定了具有互补性和竞争性的具体农产品种类，并采用 CMS 模型详尽分析了影响各类农产品出口额增长的因素，这些翔实的资料显示了具体农产品的国际竞争力，为中国如何进一步提高对其他金砖国家农产品的国际竞争力找到了努力的方向，也为政府制定针对金砖国家的农产品贸易政策及为中国现有农产品贸易政策的改革提供理论和实践上的参考。同时为农业生产者结合自身实际情况，找准具有比较优势的产品，积极开发并培育互补性产品提供了参考。

3. 通过对中国与金砖国家农产品贸易总体形势的分析，发现金砖国家是我国农产品的主要进口来源地，所以研究中国与金砖国家的农产品贸易关系，对于进一步稳定和深化二者的贸易合作，保障进口来源地的稳定性和可靠性有重要的现实意义。同时在国际贸易保护主义抬头的当下，利于多元化粮食进口战略的实施，有效抵御粮食价格的波动，保证粮食进口的安全。

4. 受内外复杂环境的影响，金砖国家的发展难免遭遇不同程度的起伏，面对反复出现的"金砖失色、褪色"言论，本书从农产品贸易角度分析了金砖国家具有的巨大合作潜力，回击了"金砖褪色论"，不断挖掘各方的合作潜力、寻找和扩大各方的合作利益点，开创金砖合作的第二个"金色十年"。

第三节　国内外相关研究进展与述评

一、国外研究现状

（一）金砖国家经贸实力的相关研究

金砖国家的形成与发展对于加强五国之间的经贸合作与政策协调乃至国际经济与社会的发展都具有十分重要的意义，国外对金砖国家的研究大多偏重于金砖国家的经济实力研究，对于金砖国家的经济潜力给予高度的肯定，对世界经济格局也会产生一定的影响。

Neil、Purushothaman、Stupnytska（2005）总结了2000—2005年金砖四国的经济成果：四国对全球实际 GDP 的贡献率达28%，对全球 GDP 的贡献率高达55%；国际贸易总额以极快的速度攀升，是2001年的2倍；持有超过30%的世界外汇储备、全球15%的 FDI，几乎是2000年的3倍多，更惊人的是资本外流量是2000年的6倍等。[①] Oppenheimer、Neil、Moe（2009）发现，2000—2004年，美国、欧盟和金砖四国对全球经济成长的贡献度接近，2005—2009年，金砖四国已经成为全球经济成长的主导力量，预计2050年，金砖四国的 GDP 之和将占全球的50%，2008年的金融危机甚至可以加速这个目标的达成，早日实现全球经济体的重组。[②] 根据世界经济论坛 WEF 发布的《全球竞争力报告2010—2011》标准，金砖国家的优势差异主要体现在经济基础因素、运行效率因素、创新推动因素和社会其他因素等方面。报告指出，巴西和印度在2010—2011的139个经济体的全球竞争力榜单上排名分别为58和51，巴西经济处于效率驱动的发展阶段，印度经济还处于要素驱动阶段。俄罗斯和南非的全球竞争力排名

[①] Neil, J. O'., Wilson, D., Purushothaman, R., &Stupnytska, A.. "How Solid are the BRICS" [J]. *Global Economics Paper*, 2005.

[②] Oppenheimer, P., Neil, J. O'., Moe, T., Matsui, K., Kostin, D. J., Moster, Gerald., Ling, A., Forrest, S., & Howard, A.. The BRICS Nifty 50："The EM & DM winners" [J]. *The Goldman Sachs Group*, Inc, 2009.

分别为 63 和 54，而且均处于效率驱动的发展阶段。中国位居全球竞争力榜单第27 名，中国现阶段的经济处于效率驱动型。Robert Kappel（2011）运用世界银行数据，对近几年金砖国家经济贸易的发展进行分析，指出金砖国家的合作对于欧洲以及美国经济是一种很大的挑战。① Thomas Renard（2012）从欧盟的角度认为，以金砖国家为代表的新兴国家力量的出现，加速了世界多极化的进程，提出欧盟必须更加团结一致，在对外政策上用同一个声音说话。Leslie Elliott Armijo（2007）从国家层面，认为金砖国家投资潜力大、经济发展前景广阔，这为金砖国家合作打下了坚实的基础。② Jack A. Smith 从国际层面，认为金砖国家正在打破少数国家长期垄断全球经济事务的不公平局面，反映出国际社会的发展和进步，因而具有强大的生命力。③

多数国外学者认为，金砖国家在 21 世纪前十年取得令人瞩目的增长成就，但这种成就并非建立在科技进步、结构合理基础之上，各国情况有所区别，增长速度也并不相同，经济增长中暴露出来的问题也并不一致，因此也有不少国外学者对金砖国家抱有谨慎的态度，甚至是消极的态度。

Fernando Ferrari – Filho、Anthony Spanakos（2008）认为在金砖四国中最大的差异在于经济增长和改革，热衷于追求自由化的俄罗斯和巴西，其增长速度反而不如印度和中国。作者从宏观政策方面比较了巴西和中国的改革，认为巴西灵活的汇率制度妨碍了经济增长，而中国却相反，恰恰得益于其汇率管制。④ Shubham、Chaudhuri、Martin、Ravallion（2008）认为中国和印度收入不均等程度不断上升，两国的贫困问题没有更多地呼应总体经济的增长，而是更多地呼应了不均等程度的提高。两国在人力资源开发和获得主要基础设施方面持续的不均等，可能在印度更为严重，认为不断提高的不均等程度对增长构成的短期风险在中国会更大一些。⑤ 德国贝塔斯曼基金会 2012 年 10 月 15 日发表题为

① Robert Kappel. "The Challenge to Europe：Regional Powers and the Shifting of the Global Order" [J]. *Intereconomics*, 2011 (46)：275 ~ 286.

② Thomas Renard, *A BRIC in The World：Emerging Powers, Europe and the Coming Order* [M]. Academia Press, 2009.

③ Jack A. Smith. "BRIC Becomes BRICS：Emerging Regional Powers Changes on the Geropolitical Chess – board" [N]. *Global Research*, 2011 – 1 – 16.

④ Fernando Ferrari – Filho, Anthony Spanakos. "Why Brazil Has Not Grown：A Comparative Analysis of Brazilian and Chinese Economic Management" [J]. *Ensayos De Economia*, 2008.

⑤ Shubham, Chaudhuri, Martin, Ravallion. 中国和印度不平衡发展的比较研究 [J]. 经济研究, 2008 (1)：4 ~ 20.

《金砖国家的可持续治理》的报告，指出经济发展不是万灵药，如果新兴国家不努力同时推进政治和社会转型，将会面临积重难返的问题。认为金砖五国——巴西、俄罗斯、印度、中国和南非，如果继续拖延必要的政治改革，其经济发展速度将明显放慢。[①] 甚至一些学者对金砖国家经济的发展持非常消极的态度。印裔美籍学者法里德·扎卡利亚（2011）指出，事实证明金砖国家最近并未持续显著崛起，金砖国家跨越国界的影响力依然很小，其经济继续发展都面临着国内外的挑战，削弱了它们在国际甚至地区舞台上展现力量的兴趣与能力。[②] L. M. Jacobs、R. Van Rossem（2013）指出金砖国家的发展模式各有千秋，五国间政治、经济差异巨大，因此将金砖国家放在一起进行分析难度较大。[③] Forge G. Castaneda（2010）认为，虽然金砖国家在经济发展上占有优势，但是在政治和外交方面，它们还不具有很大的影响能力。[④] Lindsay 等（2014）则更为明确地提出"金砖幻象"，认为金砖各国的实力有较大差异，不能被笼统地划分为一个新兴经济体的范畴。[⑤] Dani Rodrik（2013）指出金砖国家缺乏全球思维，不能够领导全球经济应对挑战，在 G20 合作机制中的表现更是无足轻重、畏首畏尾。[⑥] Theodor Tudoroiu（2012）则强调五国在政治制度、经济规模、经济结构和文化传统等方面存在差异，难以形成一个团结的整体。[⑦] 约瑟夫·奈（Joseph S. Nye）（2010、2013）曾多次撰文指出，金砖国家之所以难以形成一个紧密的联盟，其原因在于五国之间尚不存在减少分歧与差异的"黏合剂"。[⑧]

　　国外学界同时也承认，尽管面临挑战和危机，但只要金砖国家注重增长转

---

① 德国之声的新闻报道［EB/OL］. http：//www. jhtsw. cn/forum. php mod = viewthread&tid = 543555.

② 法里德·扎卡利亚. 后美国世界：大国崛起的经济新秩序时代［M］. 北京：中信出版社，2009.

③ Marie Jacobs, Ronan Van Rossem. "The BRIC Phantom：A Comparative Analysis of the BRICS as a Category of Rising Powers"［J］. *Journal of Policy Modeling*, 2013（10）：1 ~ 19.

④ Forge G. Castaneda. "Not Ready Far Prime Time：Why Including Emerging Powers at the Helm Would Hurt Global Governance"［J］. *Foreign Affairs*, 2010, 89（5）：121 ~ 122.

⑤ Lindsay Marie Jacobs, Ronan Van Rossem. "The BRIC Phantom：A Comparative Analysis of the BRICS as a Category of Rising Powers"［J］. *Journal of Policy Modeling*, 2014（36）：47 ~ 66.

⑥ Dani Rodrik. "What the World Needs from the BRICS"［N］. *Social Europe*, 2013 - 4 - 11.

⑦ Theodor Tudoroiu. "Conceptualizing BRICS：OPEC as a Mirror"［J］. *Asian Journal of Political Science*, 2012, 20（1）：23 ~ 45.

⑧ Joseph S. Nye. "What's in a BRIC"［N］. *Project Syndicate*, 2010 - 5 - 10.

型，促进调整和革新，就有可能保持长时期的比较优势和经济增长的可持续性。国外一些学者也针对金砖国家创新发展模式提出了一些具体建议。

美国哥伦比亚大学金砖国家研究室主任马科斯—特洛吉（2012）强调，如果金砖国家能够将其"当地含量主义"政策转化为发展知识和创新的跳板，那么它们就会成为未来世界里最具有活力、最繁荣和最有影响力的国家集团。作为世界经济发展的引擎，金砖国家的未来不再取决于它们能如何有效地适应世界经济，而是会取决于它们如何有效地形塑世界经济。① 达尼·罗德里克（2011）指出，现有增长模式不能持续支撑金砖国家的高速发展和成功崛起，加快经济增长方式的转变是金砖国家的必然选择，认为五国能实现经济增长方式转型与升级的关键是技术创新，除了其通过改革与开放、吸引外资弥补技术差距外，还需要增加新兴行业的就业人口，使生产政策有助于结构转型的实现；他还认为金砖国家的经济增长前景是建立在技术进步基础上的加工工业以及服务业水平的提高。② Chun – Yao Tseng（2009）分析了金砖四国技术创新能力的不同，并指出各国技术创新方面的优势和劣势，提出要开展金砖国家技术贸易合作。③

（二）分国家贸易发展的文献

关于俄罗斯经贸发展的文献。如兹比格涅夫·布热津斯基（1998）分析了俄罗斯经济，认为它过分依赖资源出口、容易受到国际商品价格周期性影响、产业结构继续畸形发展、缺乏新的增长点、经济增长缺乏持续性。④ Grant Thornton（2007）就俄罗斯企业对待全球化的态度进行了分析，结果发现，认为全球化是一种机遇的企业仅占调查企业的30%，还有19%的俄罗斯企业认为全球化会给它们带来威胁。⑤ 布雷（2009）分别对比了俄罗斯远东地区与中、日、韩等国家的合作状况，指出俄罗斯东部地区是中国和俄罗斯两国合作的重点区

① 马科斯 – 特洛吉. 金砖国家的全球竞争战略［EB/OL］. http：//opinion. hexun. com/2012 – 04 – 06/140111063. html. 2012（10）.

② 2011 年世界经济警示录［EB/OL］. http：//finance. sina. com. cn/stock/usstock/c/20111230/124411102901. shtml.

③ CY Tseng. "Technological Innovation in the BRICE Conomies"［J］. *Research – Technology Management*，2009，52（2）：29 ~ 35.

④ 兹比格涅夫·布热津斯基著，中国国际问题研究所译. 大棋局——美国的首要地位及其地缘战略［M］. 上海人民出版社，1998.

⑤ Grant Thornton. Quantification of the business benefits of resource efficiency［DB/OL］. http：//www. oakdenehollins. com/media/122/DEFR01_ 122_ Final. pdf.

域，两国间的经贸合作以及投资规模的不断扩大为双方的进一步合作奠定了基础。① T. Sergey（2009）认为物流业已经成为国际经济交流和合作的基础，没有物流的发展就不会有中俄贸易的发展。② 俄罗斯外交部新闻发言人卢卡舍维奇（2011）在接受记者采访时曾表示，金砖国家间的合作机制是目前全球最具活力的新兴国家、经济体间的全新合作模式。他指出，金砖国家合作机制的广阔前景基于两大基础：一是发展经济合作，二是在国际政治领域的协作。Jesper Jensen、Thomas Rutherford、David Tarr（2007）开发了一个可计算的俄罗斯经济的一般均衡模型，该模型发现俄罗斯加入 WTO 最大的收获就是降低了服务业采购企业的成本。③ 由"俄罗斯世界"基金会和俄罗斯科学院于 2011 年 9 月 13 日联合创办的金砖国家研究国家委员会定期发布简报，并出版了《俄罗斯金砖国家战略：目的和手段》《俄罗斯和金砖国家：相互投资的新可能性》《巴西、俄罗斯、印度、中国、南非：矿产开发战略》等一系列论文集、专著和报告。

关于印度经贸发展的文献。马加力（2006）指出自 1991 年实施经济改革以来，印度经济走出了低中速增长曲线，开始跨上中高速增长平台。④ 斯蒂芬·科亨（2002）指出印度正日益成为一个在文化和文明方面颇有影响力，在政治和战略决策方面日趋成熟，具有领导力和正在崛起的国家。⑤ OECD 在《2007 印度经济调查》中指出，印度的年人均 GDP 增长率已经从独立时的不足 1.25%，增加到目前的 7.5%。在过去的十多年里，人均收入增加了 2 倍，潜在 GDP 增长率将达到 8.8%，按照这一指标印度已经成为世界第三大经济体。⑥ Arvinder Singh（2005）对中国和印度两国的社会背景做了比较，以此来挖掘中印两国在经济增长、出口等方面产生差异的深层次原因，指出印度和中国经济的相似程度并不像我们普遍以为的那样深。国土面积广阔，人口众多，这些表面上的相

---

① A. P. 布雷. 21 世纪初俄中在远东地区的合作成果 [J]. 西伯利亚研究，2009，36（4）：21～22.

② T. Sergey. "The Development of the Relationship of Sino – Russian Trade and the Cross – Border Circulation Industry" [J]. *China Business & Market*，2009，33（15）：2355～2360.

③ Jesper Jensen, Thomas Rutherford, David Tarr. "The Impact of liberalizing Barriers to Foreign Direct Investment in Services: the Case of Russian Accession to the World Trade Organization" [J]. *Review of Development Economics*，2007，11（3）：482～506.

④ 马加力. 印度的崛起态势 [J]. 现代国际关系，2006（6）：51～55.

⑤ 斯蒂芬·科亨著，刘满贵、宋金品等译. 大象和孔雀 [M]. 新华出版社，2002.

⑥ O. Publishing. *OECD in Figures* 2007（*SourceOECD Edition*）：*Complete Edition* [M]. Source-oecd General Economics & FutureStudies，2008，volume 2007：i～98（99）.

似，以及在农业经济上的相似问题，掩盖了实质上的差异。① Barry Bosworth、Susan M. Collins（2007）分析了中国和印度的经济增长，通过国际比较发现，二者之间的主要差异是，中国注重制造业的增长，而印度最强的是各种生产性服务业。② Derek J. Mitchell（2007）认为，中印两国尽管尝试继续深化在经贸、金融和政治领域的合作，但由于历史问题、边界问题、军事竞争、资源争夺以及与第三方关系（尤其是中国与巴基斯坦，印度与美国的关系等），使得中印关系依旧存在诸多不确定性和相互猜忌。③ Ramesh Sharma（2008）在研究中印农产品贸易时，运用互补性指数分析认为中国和印度在农产品贸易时，在不加入棉花这一农产品时，两国间农产品贸易的互补性程度表现得比较低。④ Malini L. Tantria（2012）研究了印度在出口加工区设立经济特区的政策有效性问题，通过对 1986—2008 年印度 7 个传统的经济特区的总体数据的分析表明，设立经济特区对印度的贸易发展具有极其重要的作用，然而印度经济特区的发展中还存在着一些问题，有待印度政府做出努力。⑤

关于巴西经贸发展的文献。OECD（2005）认为，由于国际经济形势良好，巴西出口强劲，政府支持和公共债务控制良好，巴西经济有望持续增长。而约翰·劳埃德和亚历克斯·图尔克尔陶布（2006）则认为巴西政府一直以来不愿实施结构性改革，以形成各个领域强劲的经济活动。提出巴西政府如果不能利用当前大宗商品价格高涨的时机，调整经济结构，完善治理，投资基础设施，那么，巴西就有可能重蹈南美经济体盛衰周期的覆辙。⑥ Paulo Sotero 和 Leslie Elliott Armijo（2007）认为巴西从历史、地理、文化等因素上都应属于西方发展

---

① Arvinder Singh. "Comparisons between China and India" ［J］. *China & World Economy*, 2005, 13（3）.

② Derek J. Mitchell. *The China Banlance Sheet in* 2007 *and Beyond* ［M］. The center for strategic and international studies and Peterson institute for international economics, 2007（4）.

③ Derek J. Mitchell. *The China Banlance Sheet in* 2007 *and Beyond* ［M］. The center for strategic and international studies and Peterson institute for international economics, 2007（4）.

④ Ramesh Sharma. "China, India and AFTA: evolving bilateral agricultural trade and new opportunities through free trade agreements" ［N］. *FAO Commodity and Trade Policy Research Working Paper*, 2008 - 4 - 28.

⑤ Malini L. Tantria. "Effectiveness of the Special Economic Zone policy over the Export Processing Zone structure in India: trade performance at the aggregatelevel" ［J］. *Journal of Asian Public Policy*, 2012, 5（1）.

⑥ 约翰·劳埃德, 亚历克斯·图尔克尔陶布. 金砖四国谁是真金［EB/OL］. http: // www. 360doc. com/content/06/1219/10/199_ 299278. shtml. 2006 - 12 - 19.

中国家，与其他金砖国家相比，巴西的自然资源禀赋让它成为潜在的大国。并提出巴西政府能否提供有效的发展政策是决定巴西在国际舞台上扮演重要角色的关键因素。①

关于南非经贸发展的文献。国外学者对于南非经贸发展研究的文章很少，大部分集中于对整个非洲的研究。Dr. Brendan Vickers（2011）指出南非与金砖国家要在共同利益和促进经济发展的前提下加强合作，加强互补性产品的贸易，并提出南非要增加高附加商品的生产，积极鼓励中小企业参与到金砖国家的贸易中。② R. Sandrey、H. R. Edinger（2009）认为中国农产品发展快速，而南非则徘徊不前；贸易扩大的潜力大；中国与南非是战略贸易伙伴，需要中国对南非制定相关的优惠措施。③ 2009 年 11 月 4 日 WTO 发表南非贸易政策报告，警告南非经济的可持续发展将面临结构性问题；失业率、贫困问题和电力供应紧张都是短期内影响经济发展的主要因素；高通货膨胀率、汇率波动性成为制约外国投资的主要原因；原材料和中介材料的价格上涨等致使南非制造业成本上升，从而竞争力削弱。J. Munemo（2013）认为中国与南非的贸易往来近年来已日益密切，SACU – China 自由贸易协定的提出进一步加强了贸易关系。提出提高贸易互补性、减少产业内贸易壁垒、实现贸易自由化等贸易措施，进一步提高SACU – China 双边贸易的发展。④ Joseph Pearson、Wilma Viviers、Ludo Cuyvers、Wim Naude（2010）利用决定支持模型（DSM）分析南非和其他金砖国家之间的贸易机会，结果表明南非与中国的机会最大，其次是印度，与巴西之间的贸易机会最少。⑤

（三）国外文献评述

国外学者对金砖国家的研究主要集中在对金砖国家在全球经济中地位的预测、经济发展的整体实力、取得的经济成果、经济增长的竞争力以及所面临的机遇与挑战上，对金砖各国的研究主要侧重于不同国家经济增长的影响因素以

---

① Paulo Sotero, Leslie Elliott Armijo. "Brazil: to be or not to be a BRIC" [J]. *Asian Perspective*, 2007, 31 (4): 48 ~ 50.

② Dr. Brendan Vickers. South Africa's Trade Strategy and the BRICS [EB/OL]. http://www.doc88.com/p – 1806933445159.html. 2011 – 10 – 12.

③ R. Sandrey, H. R. Edinger. "Examining the South Africa – China agricultural trading relationship" [J]. *Nordiska Afrikainstitutet*, 2009.

④ J Munemo. "Trade between China and South Africa: Prospects of a Successful SACU – China Free Trade Agreement" [J]. *African Development Review*, 2013, 25 (3): 303 ~ 329.

⑤ Joseph S. Nye. "BRICS with – out Mortar" [N]. *Project Syndicate*, 2013 – 4 – 13.

及各国的社会发展方面。针对金砖国家贸易方面的研究很少，涉及农产品贸易的研究更少，为数稀少的文章是将中国与本国的农产品进行对比，找到具有竞争优势的产品。将金砖国家作为一个整体来研究其对世界的农产品贸易，同时又注重金砖内部不同国家的个体差异，有针对性地对每个金砖国家进行单独分析，国外学者在这方面的研究几乎是空白的。

二、国内研究现状

关于金砖国家的研究，以 2009 年俄罗斯、印度、巴西和中国领导人在俄罗斯叶卡捷琳堡举行首次会晤为界，前后大致可以划分为两个阶段。第一阶段是将四个各具特色的单个国家放在一起研究，主要是将金砖国家作为新兴市场的代表研究其发展问题；第二个阶段的研究主要扩展到金砖国家的合作问题，是将拥有共同利益与诉求的五个国家合在一起研究，研究的范围不断扩大。总之，对金砖国家的研究始于国别研究，并且国别研究仍是当今研究的重要领域，国别研究的议题主要集中在国别比较研究上，将金砖国家之间以及金砖国家与其他经济体加以比较，找出它们的异同点并为其长期以来突出的经济表现寻求解释。根据文章研究的需要，集中于中国与其他金砖国家的国别研究，但又把其他金砖国家作为一个整体来研究中国与其贸易合作问题。下面从经贸关系和农产品贸易两方面，总结国内学者对金砖国家的研究。

（一）关于中国与金砖国家总体经贸关系的研究

1. 中国与金砖国家双边经贸关系的研究

国内学者对中国与俄罗斯经贸合作的研究，主要集中在自由贸易区的建立以及合作领域的研究上。乔光汉（2001）和栾晓波（2005）都提出了建立自由贸易区的区间范围，并一致认为，自贸区对加速两国区域性经贸合作具有重要意义；①② 宿丰林（2002）通过对中俄两国关系、经济、市场等条件的分析，认为建立自由贸易区的条件已经成熟，而且给出了具体的筹建步骤。许小杰（2005）认为中俄经贸合作的主要领域是能源；③ 曲伟（2006）提出中俄区域合作需要实现八个"重大突破"，包括中俄贸易、资源、科技、投资、农业、旅

---

① 乔光汉. 世界经济区域一体化条件下中俄区域合作设想 [J]. 西伯利亚研究，2001，28（3）：17～19.

② 栾晓波. 建立黑—布自由贸易区的构想 [J]. 黑河学刊，2005（5）：16～20.

③ 宿丰林. 创建中俄沿边自由贸易区的可行性分析 [J]. 西伯利亚研究，2002，29（5）：33～34.

游、劳务合作上的新突破以及道路建设上的新突破;[1] 张新颖、李淑霞（2012）指出中俄两国农业合作的范围包括有机食品贸易、水产业和林业领域的合作、农业领域的相互投资三大领域;[2] 杨宏（2001）提出不同发展阶段两国农业经贸合作的战略不同。[3]

对中印经贸关系的研究更多地侧重于建立在政治互信基础上合作潜力的研究。牛方礼（2003）认为随着中国经济的发展及其国际地位的提升，中印两国存在很严重的互不信任感。[4] 李天华（2004）认为中印经贸关系发展的外部条件很好，中国与印度经贸关系发展的前景是广阔的。[5] 温耀庆、戴锦贤（2012）在金砖国际合作机制下，从互补性、竞争性以及依存度三方面对中印两国贸易进行了分析，提出增进高层互访，增强政治信任；优化贸易商品结构，挖掘贸易合作互补性等对策建议。[6] 左连村（2013）认为金砖国家合作机制给中印经贸合作带来的机遇，但也存在许多问题。[7] 肖勇（2017）通过对中印双边贸易的实证分析发现，加强两国的贸易关系对印度来说更为有利。[8]

对中巴经贸关系的研究侧重于中巴经贸合作中存在的问题与贸易潜力，以及贸易合作方向的研究。汤碧（2012）认为两国发展经贸关系的巨大潜力还有待进一步发掘。[9] 王爽、张丽莉（2011）认为中巴外贸存在的主要问题是：巴西针对中国的贸易摩擦加剧，两国经贸领域信息不完全。[10] 吕宏芬、俞涔（2012）通过对中国与巴西双边贸易的竞争性与互补性研究，得出中巴贸易结构

---

① 曲伟. 中俄区域合作实现八个突破 [J]. 西伯利亚研究, 2005, 32 (4): 17～18.

② 张新颖, 李淑霞. 中国与俄罗斯农业合作的三大趋势 [J]. 中国农村经济, 2012 (5): 89～91.

③ 杨宏. 中俄农业经贸合作研究 [D]. 西北农林科技大学, 2001 (12): 93～101.

④ 牛方礼. 中印修好预热双边经贸 [J]. 中国对外经贸, 2003 (7): 17～18.

⑤ 李天华. 中国与印度经贸关系发展分析 [J]. 国际贸易问题, 2004 (1): 49～54.

⑥ 温耀庆, 戴锦贤. 金砖五国合作机制下中印经贸合作 [J]. 国际贸易, 2012 (8): 53～54.

⑦ 左连村. 金砖国家合作机制下的中印经贸合作 [J]. 东南亚南亚研究, 2013 (1): 63～64.

⑧ 肖勇. "一带一路"倡议下中国与印度双边贸易关系的实证分析 [J]. 中国商论, 2017 (14): 67～70.

⑨ 汤碧. 澳门：中国与巴西经贸合作的中介与平台 [J]. 国际经济合作, 2005 (7): 21～24.

⑩ 王爽, 张丽莉. 金砖国家之中巴外贸发展的比较研究 [J]. 特区经济, 2011 (12): 110～112.

差异明显，双边贸易结构具有较强的互补性。① 牛海彬（2014）认为中巴经贸关系日趋密切，同时也指出巴西对华出口以初级产品为主，进口以工业制成品为主，加剧了两国的经贸摩擦。②

研究中国与南非经贸关系的文章很少，主要聚焦在中非经贸的现状及贸易关系的研究上。韩燕（2009）总结了中国与南非经贸关系发展的现状与问题，并提出进一步发展两国互利共赢经贸关系的政策建议。③ 张哲（2011）研究了中国与南非之间贸易额的增长变化及贸易商品结构，探寻两国贸易利益得失并对双边贸易进行展望。④ 武敬云（2011）发现两国贸易在总体上互补性要大于竞争性。⑤ 熊超（2014）在其论文中提出影响中非双边贸易商品结构的因素主要在经济发展、产业结构和资源禀赋方面。⑥

2. 关于中国与金砖国家整体经贸关系的研究

国内学者把金砖国家作为一个整体研究中国与其的经贸关系，主要研究的角度为贸易互补性、运用模型及相关指数对贸易潜力及影响因素的分析。

从贸易互补性的角度。冯帆（2011）对中国与金砖国家的贸易关系及其特点进行了研究，表明中国与巴、俄、印三国的贸易互补性都比较高，中国与三国的贸易有利于发挥中国的比较优势。⑦ 欧阳峣、张亚斌等（2012）认为中国与其他金砖国家在经济与贸易结构中的互补性明显，中国与金砖国家外贸的"共享式"增长，是促进金砖国家合作的关键性引擎。⑧ 孙石磊、赵玉洁、胡瑞法（2015）认为我国从其他金砖国家进口产品的贸易互补性较强，出口其他金砖国家产品的贸易互补性则较弱，并且我国从其他金砖国家进口以资源型产品

---

① 吕宏芬，俞涔. 中国与巴西双边贸易的竞争性与互补性研究 [J]. 国际贸易问题，2012（2）：56~58.

② 牛海彬. 中国巴西关系与金砖国家合作 [J]. 拉丁美洲研究，2014，36（3）：49~55.

③ 韩燕. 聚焦中国与南非经贸关系 [J]. 国际经济合作 2009（10）：29~31.

④ 张哲. 基于国际贸易理论分析中国与南非贸易互得 [J]. 生产力研究，2011（3）：98~99.

⑤ 武敬云. 中国与南非的经贸关系及发展前景——基于贸易互补性和竞争性的实证分析 [J]. 国际经济合作，2011（10）：56~60.

⑥ 熊超. 中国与南非双边贸易商品结构优化研究 [D]. 山西财经大学，2014.

⑦ 冯帆. 中国与金砖国家的贸易关系及其特点 [J]. 学海，2011（3）：148~154.

⑧ 欧阳峣，张亚斌等. 中国与金砖国家外贸的"共享式"增长 [J]. 中国社会科学，2012（10）：67~70.

为主，出口以加工型产品为主。① 冯帆、邓娟（2011）指出中国与巴西、俄罗斯以及印度的贸易互补性都比较高，贸易依存度逐年上升。② 董颖（2012）指出制约金砖国家贸易发展的因素主要有宏观经济政策、大宗商品价格、贸易保护主义和商品结构这四方面。③

运用模型及相关指数对贸易潜力及影响因素的分析。袁其刚、王玥等（2015）在贸易引力模型中加入了金融发展指标等变量，从总量和行业两个层面测算了我国对金砖国家的出口贸易潜力。④ 王秋红、侯雯雯（2015）通过相关指数的计算，结果显示中国与其他金砖国家的贸易属于"潜力开拓型"，双边贸易还有较大的增长空间。⑤ 李萍（2015）运用恒定市场份额（CMS）模型分解中国对金砖国家出口贸易额动态波动的影响因素，结构效应是中国对金砖国家出口贸易额增长的主导因素，其次是竞争力效应。⑥

（二）关于中国与金砖国家农产品贸易的研究

金砖国家作为世界上的农业大国，农产品贸易在其贸易合作与发展中占有极其重要的地位。随着金砖国家合作机制的逐步深化，中国与金砖国家之间的农产品贸易也呈现出迅速增长的发展态势，引起了国内学者的广泛关注。研究的角度可分为中国与其他金砖国家整体农产品贸易研究、中国与其他金砖国家双边农产品贸易研究两个大的方面。

1. 中国与其他金砖国家整体农产品贸易

主要体现在影响因素、竞争力以及贸易关系的研究上。

在影响因素及竞争力上，李万青、刘源等（2013）指出在农业贸易方面，中国和金砖国家的产业内贸易更加频繁，甚至在单项产品进口数量上超过了单项工业产品；中国对金砖国家农产品出口不占优势，竞争力也不强。⑦ 谭忠昕

---

① 孙石磊，赵玉洁，胡瑞法．中国与其他金砖国家的商品贸易及互补性研究 [J]．商业时代，2015（2）：32～34.

② 冯帆，邓娟．中国与金砖国家的贸易关系及其特点 [J]．学海，2011（3）：148～153.

③ 董颖．中国同金砖其他国家贸易互补性实证研究 [D]．辽宁大学，2012：17～20.

④ 袁其刚，王玥等．我国对金砖国家出口贸易潜力测算——基于引力模型的实证分析 [J]．国际经济研究，2015（2）：94～95.

⑤ 王秋红，侯雯雯．中国与其他金砖国家的贸易潜力研究 [J]．开发研究，2015（6）：141～143.

⑥ 李萍．中国对金砖国家出口贸易增长动态波动研究——基于 CMS 模型的因素分解及测算 [J]．国际贸易问题，2015（5）：84～90.

⑦ 李万青，刘源．中国与金砖国家农业竞争力比较研究 [J]．世界农业，2013（11）：32～34.

（2016）在他的论文中采用贸易竞争力指数（TC）和显示性比较优势指数（RCA）测算了中国对金砖国家农产品出口贸易竞争力，并用引力模型分析了中国对金砖国家农产品出口的影响因素。① 陈睿潇（2016）在论文中利用修正的CMS 模型分阶段分解了中国对金砖国家农产品出口增长的影响因素，中国对金砖国家农产品出口增长的动因源自进口需求效应、贸易结构效应和竞争力效应三方面。②

从贸易关系的角度，汤碧（2012）研究发现，巴西、印度、俄罗斯和南非是近年来中国农产品贸易逆差的主要来源，中国与巴西、印度、俄罗斯和南非农产品贸易的竞争性并不十分突出且趋于缓和，中国与其他金砖国家的农产品贸易存在互补性并具有较大贸易潜力。③ 陈杨（2013）研究表明中国与其他金砖国家的农产品贸易增长迅速但逆差明显，中国农产品的比较优势较弱，与其他金砖国家的竞争不突出，农产品贸易的互补性也有待加强。④ 尹文静、樊勇明（2016）认为金砖国家具有比较优势的农产品种类差别较大，互补性强；中国与其他金砖国家的农产品贸易互补性大于竞争性。⑤ 曹睿亮（2013）发现我国和其他金砖国家的农产品贸易虽然有着一定的竞争性，但是由于各国的资源禀赋不同，农产品贸易存在着一定的互补性，我国与其他金砖国家发展农产品贸易的潜力巨大。⑥ 周丹、陆万军（2015）利用改进后的超越对数引力模型对中国与金砖国家农产品贸易成本弹性进行测度，结果显示贸易成本弹性均为正，中国与金砖国家通过降低贸易成本均可提高贸易量。但是中国出口与进口贸易成本弹性差值均为负，中国总体不具有相对优势。⑦ 刘雪娇（2013）从中国与

---

① 谭忠昕. 中国对金砖国家农产品出口贸易竞争力及贸易潜力研究［D］. 东北农业大学，2016：25～32.
② 陈睿潇. 中国对金砖国家农产品出口增长与贸易潜力［D］. 山东农业大学，2016：42～55.
③ 汤碧. 中国与金砖国家农产品贸易：比较优势与合作潜力［J］. 农业经济问题，2012（10）：70～75.
④ 陈杨. 中国与金砖国家农产品贸易竞争性与互补性研究［J］. 世界农业，2013（7）：7～10.
⑤ 尹文静，樊勇明. 中国与其他金砖国家农产品贸易特征—竞争性与互补性分析［J］. 世界农业，2016（5）：98～109.
⑥ 曹睿亮. 中国与金砖国家农产品贸易的互补性分析［J］. 北方经济，2013（22）：24～26.
⑦ 周丹，陆万军. 中国与金砖国家间农产品贸易成本弹性测度与分析［J］. 数量经济技术经济研究，2015（1）：24～33.

其他金砖国家农产品产业内贸易的角度进行了实证研究,结果表明:中国与巴西的农产品贸易总体以产业间贸易为主,而与印度、俄罗斯和南非则以产业内贸易为主;从农产品章目上看,中国与其他金砖国家的主要农产品贸易都以产业间贸易为主。①

此外,刘乐、李登旺、仇焕广(2016)认为中国对金砖国家的农产品贸易呈现一定程度的"政热经冷"的局面,要进一步深化合作将金砖国家之间的"政治红利"转化成现实的"经济优势"。②

2. 中国与俄罗斯农产品贸易

对中俄农产品贸易的研究近年来文献越来越多,更多地集中在农产品贸易特征及贸易关系的研究上,尤其是对于农产品产业内贸易研究的文献诸多,针对中俄农产品贸易现状及对策的研究随着"一带一路"倡议的展开又逐渐活跃起来,有以下几方面。

第一,对于中俄农产品贸易的特征及贸易关系的分析。从农产品贸易的比较优势与互补性角度,佟光霁、石磊(2016)分析了中俄农产品贸易比较优势和贸易互补性的变化特征,认为中国农产品整体比较优势在下降,俄罗斯农产品整体比较优势在上升,并已超出中国;中国的水产品、园艺产品、烟草及饮料,俄罗斯的水产品在对方市场具有比较优势;中国对俄罗斯的水产品、园艺产品、动物产品互补性明显;俄罗斯对中国的大宗农产品、水产品互补性明显。③

第二,从农产品产业内贸易角度。尚静(2015)认为中俄农产品贸易以产业间贸易为主导,产业内贸易程度较低,只有个别种类的农产品互补性强。④龚新蜀、刘宁(2015)分析了中俄农产品产业内贸易水平及结构,发现中俄产业间贸易占主导地位,产业内贸易以垂直型为主,影响产业内贸易水平的主要因素有经济规模、人均收入差异、市场开放度和农产品贸易不平衡。⑤ 吴学君

---

① 刘雪娇. 中国与金砖国家农产品产业内贸易及影响因素 [J]. 国际贸易问题, 2013 (12): 89~94.

② 刘乐, 李登旺, 仇焕广. 中国与金砖国家的农产品贸易: 波动特征、影响因素及发展对策——基于引力模型的实证分析 [J]. 人文杂志, 2016 (1): 47~51.

③ 佟光霁, 石磊. 中俄农产品贸易及其比较优势、互补性演变趋势 [J]. 华南农业大学学报 (社会科学版), 2016, 5 (15): 118~120.

④ 尚静. 中俄农产品贸易发展动态与互补性研究 [J]. 世界农业, 2013 (5): 78~79.

⑤ 龚新蜀, 刘宁. 中俄农产品产业内贸易水平与结构分析——基于丝绸之路经济带战略背景 [J]. 亚太经济, 2015 (2): 50~54.

（2010）认为两国出口的主要农产品均为本国具有比较优势的农产品，贸易互补性较强，其农产品的贸易模式主要是产业间贸易，产业内贸易水平不高。① 杨奕（2015）认为中俄农产品贸易的动力主要来自双边农业资源禀赋的不同和劳动力成本的差异，以产业间贸易为主。② 李玉梅（2015）指出中俄两国间的农产品产业内贸易合作较少、贸易额比重较少；贸易方式比较单一，贸易的层次和水平较低；缺乏规范的贸易秩序等问题，提出了在产业内贸易环境下中俄两国要制定完善的贸易合作发展战略、规范对俄贸易方式等对策。③ 孙育新（2016）通过对"一带一路"背景下中俄农产品产业内贸易增长潜力分析，发现市场需求引致效应是中俄农产品贸易增长的首要因素，出口结构效应制约了中国对俄农产品贸易增长，出口竞争力效应阻碍了俄罗斯对中农产品贸易增长。④

第三，中俄农产品贸易的现状与政策。杨东群和李先德（2006）对中俄1996—2004年农产品贸易总类和农产品分类出口数据做了概况分析，认为中国出口俄罗斯的农产品贸易总额呈现 U 形变化趋势，并提出中国要加大出口劳动密集型农产品等政策建议。⑤ 张国华（2010）利用 SITC（Rev. 3）农产品分类标准对中俄两国 1998—2008 年的农产品贸易数据进行现状分析，得出中俄农产品贸易以中国进口为主，逆差不断拉大，中国以劳动密集型农产品出口为主，俄罗斯则以出口资源密集型农产品为主等结论。⑥ 曾寅初、刘君逸（2012）认为俄罗斯加入世界贸易组织，短期内会造成中国对俄罗斯农产品贸易顺差的扩大，但是也将面临俄罗斯对进口农产品质量安全要求的提高所带来的新挑战。⑦ 杨逢珉、丁建江（2016）基于二元边际和 VAR 模型研究了中国对俄罗斯农产品出口，认为集约边际是推动中国农产品出口俄罗斯市场增长的主要原因，农业资

---

① 吴学君. 中国和俄罗斯农产品贸易：动态及展望 [J]. 经济经纬，2010（2）：43～47.
② 杨奕. 基于产业间贸易的中俄农产品贸易发展研究 [J]. 农业经济，2015（8）：122.
③ 李玉梅. 基于产业内贸易的中俄农产品贸易发展研究 [J]. 农业经济，2015（7）：120～121.
④ 孙育新. "一带一路"背景下中俄农产品产业内贸易增长潜力分析——基于 2001—2013 年的 UN Comtrade 数据 [J]. 中国农学通报，2016，32（26）：181～187.
⑤ 杨东群，李先德. 中国农产品对俄罗斯出口状况分析 [J]. 世界农业，2006（5）：27～30.
⑥ 张国华. 中国和俄罗斯农产品贸易现状及特征 [J]. 欧亚经济，2010（4）：30～33.
⑦ 曾寅初，刘君逸. 俄罗斯加入世界贸易组织对中俄农产品贸易的影响 [J]. 经济纵横，2012（9）：48～51.

金投入对扩展边际和集约边际都有促进作用,因此提出了在"一带一路"倡议下,加大农业资金投入力度,不断提升农业技术创新能力。① 张瑜 (2016) 认为中俄农产品贸易面临新的机遇和挑战,两国政府应通过不断提高两国农业科技合作水平,加强农业科技投入,提高农产品出口质量标准,加强两国农产品流通能力等。② 李丹、周宏 (2016) 通过对中俄农产品贸易的研究表明,GDP、人口数量以及人均收入对双方农产品贸易流量有拉动作用,而距离的影响不显著,农产品贸易潜力数值较小,两国农产品贸易仍有进一步拓展的空间。③

除此之外,官方机构对当期中俄农产品贸易概况进行系列统计分析,如商务部的《中国对外投资促进国别/地区系列报告——投资俄罗斯》《中国农产品出口分析报告》《中国进出口月度统计报告》等。

3. 中国与印度农产品贸易

对中印农产品贸易的研究更多地也是集中在贸易关系的研究上,但与中俄不同的是从竞争与互补的角度研究,除此之外关于中印自贸区的研究近几年处于搁浅的状态。表现在以下几方面。

第一,构建自由贸易区的角度。姜鸿、张艺影等 (2010) 构建了自由贸易区下产业安全与贸易平衡协调模型,认为对一个存在巨大贸易顺差的国家,在自由贸易协定关税减让谈判时既要维护国家产业安全,又要努力缩小贸易顺差。④ 王川、赵俊晔、王克 (2009) 在分析中将引力模型引入,对中印两国之间的农产品贸易与自由贸易区的关系做了实证检验,认为两国关税的减免对两国间农产品贸易会起到促进作用。因此,认为中印两国应该建立双边自由贸易区。⑤ 李丽、邵兵家、陈迅 (2008) 运用 GTAP 模型等针对中国与印度自由贸易区的构建,以及在此基础上可能形成的其他不同区域合作方案,对中国的贸易规模、贸易结构、GDP、福利水平和生产格局等将产生的经济影响进行了一般

---

① 杨逢珉,丁建江. 借"一带一路"之力扩大对俄罗斯农产品出口——基于二元边际和 VAR 模型的实证研究 [J]. 国际商务研究, 2016 (3): 40~42.

② 张瑜. 中俄农产品贸易发展现状、问题及对策分析 [J]. 北方经贸, 2016 (6): 6~7.

③ 李丹,周宏. "一带一路"背景下中国与中东欧国家农产品贸易潜力研究——基于随机前沿引力模型的实证分析. 新疆农垦经济, 2016 (6): 24~32.

④ 姜鸿,张艺影等. 中国—印度自由贸易协定农产品关税减让策略——基于产业安全与贸易平衡协调模型的分析 [J]. 农业经济问题, 2010 (6): 8~12.

⑤ 王川,赵俊晔,王克. 基于引力模型的中印自由贸易区对双边农产品贸易的影响分析 [J]. 中国食物与营养, 2009 (3): 36~38.

均衡模拟分析。①

　　第二，对中印两国农产品贸易特征及对策的研究。孙东升（2007）指出中印两国的农产品贸易规模不大、产品集中度高、产业间贸易为主、具有一定互补性等特点。提出了发挥比较优势、扩大农产品贸易、促进企业开拓双方农产品市场、建立自由贸易区等建议。② 孙虹、张立华（2012）认为相对于印度而言，中国农产品在市场集中度和产品集中度上均高于印度，相对集中的农产品在国际市场上更容易受到一些影响。并从地理位置和自然生态上的差别角度，认为中国和印度在农产品的品种上的竞争并不严重。③ 李宁莹（2012）认为中印在很多方面具有相似性，比如自然资源上、生产条件上、产品市场上等比较相似，所以中国和印度在农产品出口方面的竞争程度比较大。④ 张超、李哲敏、董晓霞（2014）从贸易特征的角度出发，发现印度农产品贸易规模不断扩大、结构逐渐变化、贸易政策限制逐渐减少等特征，并提出了开拓中印双边市场、发展优势农产品精深加工、推进中印自由贸易区建设等建议。⑤ 杨文武、李星东（2013）指出了中国和印度在农产品贸易合作中所显露出的问题，表现为中印之间农产品贸易结构有待完善、中国对印度农产品贸易的逆差呈现出扩大的趋势以及在有关农产品出口方面所给予的关税税率优惠覆盖范围有限等问题。⑥ 周友梅（2013）指出印度对华农产品贸易救济措施主要是反倾销，而且实施的力度很大。中国农业企业对印度反倾销应诉率偏低，提出为出口企业建立贸易救济会计信息平台、建立中国农产品出口贸易救济预警机制等措施。⑦ 肖亦天、麻吉亮（2017）通过对中印两国农产品贸易的研究，发现中印两国农产品比较

① 李丽，邵兵家，陈迅. 中印自由贸易区的建立对中国及世界经济影响研 [J]. 2008 （2）：22～28.
② 孙东升. 中国和印度农产品贸易的现状与前景分析 [J]. 农业展望，2007，3（7）：28～32.
③ 孙虹，张立华. 本世纪以来中印农产品出口结构比较 [J]. 中国经贸导刊，2012（7）：24～25.
④ 李宁莹. 后金融危机时期中印农产品出口贸易比较分析 [J]. 中国集体经济，2012（5）：32～33.
⑤ 张超，李哲敏，董晓霞. 金砖国家农业发展水平分析——基于熵权法和变异系数法的比较研究 [J]. 科技与经济，2014，27（6）：44～45.
⑥ 杨文武，李星东. 后金融危机时代中印农产品贸易合作 [J]. 南亚研究季刊，2013（3）：67～74.
⑦ 周友梅. 金砖五国合作机制下中印农产品贸易救济及应对 [J]. 农业经济问题，2013（11）：26～30.

优势差异明显，贸易逆差呈扩大趋势，进出口产品种类集中，并预测两国农产品贸易徘徊上升。①

第三，对中印之间农产品贸易关系的研究、竞争性与互补性的研究。朱晶、陈晓艳（2006）认为中印之间存在互补性关系的农产品有产业间互补关系和产业内互补关系，但是这些农产品的互补性并没有在现实中完全显现出来。② 温玉萍（2007）认为中国和印度的农产品出口贸易竞争性并不大，农产品贸易具有互补性。这种互补性是由中国和印度资源禀赋的不同决定的。③ 金亮（2012）通过对中印农产品贸易的研究得出：中印农产品是以互补关系为主，但也存在一定的竞争，竞争比较激烈的农产品是园艺类产品；印度农产品比中国农产品更具有比较优势；中印合作空间比较大的农产品种类主要集中在蔬菜、水果和水产品等。④ 李荣、刘闪（2011）认为中国生产的土地密集型农产品在面对印度生产的土地密集型农产品时缺乏竞争力，但中国相对印度具有更加丰裕的劳动力资源，因而中国在劳动力密集型农产品上更具有竞争优势。⑤ 吴雪（2013）在分析中印间农产品的产业内贸易时所做的实证分析认为中国和印度之间的农产品具有比较强的贸易互补性。同时，指出这种较强的互补性在现实操作时并没有完全显现出来。⑥ 王晶明（2013）认为中印之间的农产品贸易的互补性要大于中印之间的竞争性，中印之间的农产品贸易模式是以中国对印度农产品进口和印度对中国农产品出口为主；出口市场相似度指数高于出口产品相似度指数；互补农产品中更多的是产业间贸易。⑦ 孙致陆、李先德（2013）采用显示性比较优势指数、贸易互补性指数、产品出口相似性指数和贸易强度指数，从贸易互补性、竞争性和增长潜力三方面对1996—2012年中国与印度农产品贸易发展进行了实证分析。⑧ 姚爱萍、万里平（2014）在分析美国市场上中国和印

① 肖亦天，麻吉亮. 中国和印度农产品贸易现状及前景展望 [J]. 农业展望，2017，13（1）：65~69.
② 朱晶，陈晓艳. 中印农产品贸易互补性及贸易潜力分析 [J]. 国际贸易问题，2006（1）：40~46.
③ 温玉萍. 中印农产品贸易比较研究 [D]. 浙江工业大学，2007：11.
④ 金亮. 中印农产品贸易问题研究 [D]. 河北大学，2012（6）：35~38.
⑤ 李荣，刘闪. 中国与印度农产品双边贸易的竞争性与互补性分析 [J]. 科协论坛，2011（12）：143~144.
⑥ 吴雪. 中国与印度农产品产业内贸易实证分析 [J]. 世界农业，2013（3）：90~106.
⑦ 王晶明. 中印农产品贸易互补性与竞争性研究 [D]. 辽宁大学，2013：41.
⑧ 孙致陆，李先德. 经济全球化背景下中国与印度农产品贸易发展研究——基于贸易互补性、竞争性和增长潜力的实证分析 [J]. 国际贸易问题，2013（12）：68~78.

度的农产品竞争力时指出，印度的农产品相对中国的农产品竞争力表现得更显著，但是中国和印度的农产品表现出更加显著的互补性且竞争性小于互补性。①从农产品产业内贸易与产业间贸易的角度，黄春全、司伟（2012）认为中国和印度在农产品贸易方面是以农产品产业间的贸易为主，农产品的互补性较强，且中印农产品出口集中度比较高。② 朱晶、陈晓艳（2006）研究了两国农产品贸易产业间和产业内的互补性，分析了双方具有潜在互补性和较大贸易容量及紧密贸易联系的农产品，以揭示两国之间的农产品贸易潜力。研究表明中印农产品的贸易互补性在现实贸易中并没有得到充分体现。③ 谭晶荣（2004）通过研究发现，中印两国农畜产品贸易以产业内贸易为主，产业间贸易为辅。中国在对印度农畜产品贸易中比较优势较少，而印度对中国的比较优势也不明显。④耿献辉、张晓恒、林连升（2013）认为影响中国和印度农产品贸易的首要因素是两国间的地理距离，他们还发现两国间的农产品产业间贸易的贸易额与两国间需求结构差异的程度成正比，且不符合林德的需求相似理论。⑤

4. 中国与巴西农产品贸易

中巴农产品贸易的研究主要集中贸易关系的研究上，表现在以下几个角度。

第一，中巴农产品贸易关系的研究。从产业间及产业内角度，靖飞（2009）通过研究中国与巴西农产品的贸易动态，发现中国与巴西农产品贸易总体呈快速上升趋势，以中国从巴西进口为主，两国农产品贸易产品集中度高，主要以产业间贸易为主，两国农产品贸易优势存在很强的互补性，中巴两国农产品贸易有很大的提升空间。⑥ 陈蔚（2014）从产品结构、产业内贸易、农产品比较优势等方面分析中巴两国的农产品贸易状况，并指出中巴广阔的消费市场以及

① 姚爱萍，万里平. 中印农产品在美国市场的竞争性分析 [J]. 生产力研究，2014（1）：112~139.
② 黄春全，司伟. 中国与印度农产品贸易的动态与前景分析 [J]. 国际经贸探索，2012（7）：15~26.
③ 朱晶，陈晓艳. 中印农产品贸易互补性及贸易潜力分析 [J]. 国际贸易问题，2006（1）：40~46.
④ 谭晶荣. 中印两国农畜产品贸易的比较研究 [J]. 国际贸易问题，2004（11）：39~42.
⑤ 耿献辉，张晓恒，林连升. 中印农产品出口的影响因素与潜力比较 [J]. 湖南农业大学学报，2013（2）：1~7.
⑥ 靖飞. 中国和巴西农产品贸易：动态和展望 [J]. 南京农业大学学报（社会科学版），2009，9（1）：41~45.

金砖国家稳定的合作关系为进一步发展两国的农产品贸易提供了发展机遇。[①]
黄一鸥、肖东生等（2017）测算了2005—2015年中国与巴西两国之间的农产品
产业内贸易水平，发现两国在资源禀赋上具有较高的互补性，存在巨大的合作
潜力。[②] 吴学君（2012）采用 Grubel – Lloyd 计量法和 GHM 分解方法对中国与
巴西农产品产业内贸易进行了研究，结果显示中巴农产品产业内贸易水平非常
低，贸易模式为产业间贸易，以垂直型产业内贸易为主。[③] 高金田、张晓燕
（2010）利用格鲁贝尔—洛伊德指数、布吕哈特边际产业内贸易指数以及汤姆和
麦克杜威尔水平与垂直产业内贸易指数对两国的农产品产业内贸易水平进行分
析，得出两国间的农产品产业内贸易水平较低，主要的贸易形式为产业间
贸易。[④]

第二，从贸易的比较优势及互补性角度。赵捷（2017）从不同类别农产品
贸易的显示性比较优势、互补性和增长潜力三方面，对中巴农产品贸易进行了
较为全面与细致的深入研究，指出两国的农产品贸易强度较大，互补性较弱。[⑤]
卫灵、王雯（2010）利用贸易结合度指数、商品集中度指数以及产品的显示性
比较优势指数对中巴进出口商品结构进行分析，发现中巴两国进出口商品特点
不同，在出口商品种类上中巴双方的互补大于竞争。[⑥] 黄勇（2016）研究表明，
巴西在中巴双边农产品贸易中竞争优势明显；两国农产品相似度指数较低，两
国在世界农产品市场上竞争性不强；中巴两国农产品贸易以产业间贸易为主，
产业内贸易程度不高；巴西主要出口农产品和中国进口农产品的吻合程度高，
两国农产品贸易互补性好。[⑦] 范婕（2010）认为中巴农产品贸易有良好的发展
前景，中巴优势农产品差异明显，双边贸易结构具有一定互补性，中国可以对

① 陈蔚. 金砖国家合作机制下中国与巴西农产品贸易分析 [J]. 世界农业, 2014 (9): 149~151.
② 黄一鸥, 肖东生. 中巴农产品产业内贸易研究 [J]. 时代金融, 2017 (9): 72~73.
③ 吴学君. 中国与巴西农产品产业内贸易研究——基于2000—2011年的进出口贸易数据 [J]. 商学研究, 2012, 19 (4): 23~29.
④ 高金田, 张晓燕. 中国与巴西农产品产业内贸易实证研究 [J]. 当代经济, 2010 (5): 150.
⑤ 赵捷. 金砖国家合作机制下中国与巴西农产品贸易发展研究——基于贸易特征及趋势、互补性和增长潜力的实证分析 [J]. 世界农业, 2017 (4): 41~47.
⑥ 卫灵, 王雯. "金砖四国"中的巴西及中国—巴西双边贸易分析 [J]. 当代财经, 2010 (10): 98~102.
⑦ 黄勇. 中巴农产品贸易竞争性与互补性分析 [J]. 江苏工程职业技术学院学报 (综合版), 2016, 16 (1): 41~43.

巴出口部分劳动密集型产品及其加工品，同时进口土地密集型产品。① 杨绿野、吴诚（2012）研究发现在金砖五国合作机制下中国与巴西农产品贸易总体呈快速上升趋势，存在很强的互补性，中巴两国在农产品贸易方面有很大的提升空间。②

第三，中巴农产品贸易的情况分析。闫书鹏（2014）认为中国人多地少的矛盾在短期内难以得到解决，农产品产能提高的可能性较小，进口将成为增加中国农产品供给的重要途径之一。巴西可耕地资源、水资源丰富，气候条件优越，具有发展农产品生产的优越条件，农产品产出提升的空间较大。③ 耿晔强（2008）使用恒定市场份额模型分析了巴西向我国出口土地密集型产品的影响因素和实现增长的原因，指出我国土地密集型农产品市场需求扩大，巴西出口我国的土地密集型农产品结构变化比较符合我国市场进口土地密集型农产品的结构变化。④

5. 中国与南非农产品贸易

对于中国与南非农产品贸易研究的文献很少，更多的研究集中在中非贸易现状的分析上。张海风、郭玮（2015）指出中国与南非农产品贸易额小，但是增速快；自2010年以来中国与南非农产品贸易由顺差变为了逆差；农产品产业内贸易以垂直型为主。⑤ 梁丹辉（2014）通过对中国与南非农产品贸易互补性及增长空间的分析，指出两国农产品贸易的潜力巨大，南非对中国出口的农产品中具有贸易增长空间的品种有水产品、水果、谷物、烟、酒、饮料及醋，中国对南非出口的农产品中具有贸易增长空间的仅棉麻和水产品两种。⑥ 孙华平（2013）认为中国与南非双方农产品贸易发展迅速，具有很大的潜力。运用引力模型实证分析了中南农产品贸易的影响因素，并提出简单追求扩大双边农产品贸易额，不是有效提升双方农业合作的理性选择，而应进一步拓展农业合作的

---

① 范婕. 中国与巴西农产品贸易潜力分析 [J]. 技术经济, 2010, 29 (5): 105~108.
② 杨绿野, 吴诚. "金砖5国"合作机制下中国与巴西农产品贸易分析及展望 [J]. 世界农业, 2012 (7): 8~10.
③ 闫书鹏. 近期中巴农产品贸易形势分析 [J]. 世界农业, 2014 (5): 128~131.
④ 耿晔强. 巴西农产品出口我国市场的影响因素分析 [J]. 国际贸易问题, 2008 (11): 50~56.
⑤ 张海风, 郭玮. 中国和南非农产品贸易的互补空间及策略优化 [J]. 对外经贸实务, 2015 (8): 37~40.
⑥ 梁丹辉. 中国与南非农产品贸易互补性及增长空间分析 [J]. 农业展望, 2014 (7): 66~69.

领域和内容。①

（三）金砖国家与"一带一路"倡议

将金砖国家与"一带一路"倡议联系起来研究的文献主要体现在两方面：一是研究二者的共性以及合作的可行性，二是将中印、中俄的贸易关系研究置于"一带一路"倡议下进行研究。

王辉（2017）认为"金砖+"新合作模式与中国倡议的"一带一路"有异曲同工之妙，二者的发展理念、建设目标、合作领域、合作对象以及合作机制都相似或者相同。② 徐超、于品显（2017）认为金砖国家机制与"一带一路"开展合作是互为正相关的关系，既可以相互促进也可以产生溢出效应。③ 刘佳骏（2017）认为金砖国家合作和"一带一路"倡议是大势所趋，与"一带一路"倡议相结合，可实现更广泛、更包容、更多元的发展。④

张苗（2017）认为"一带一路"倡议的建设将会使中印经贸合作获得新的局面，两国应求同存异，充分利用"一带一路"倡议带来的契机，加速扩大中印贸易规模和范畴，使双边的贸易合作达到新的层次。⑤ 雷建锋、范尧天（2018）认为随着"一带一路"倡议的推进，短期内印度对华警惕之心可能更加强烈，但是随着印度从"一带一路"倡议中获取收益，其对华态度也会随之改变。⑥ 郭敏、陈润（2018）认为发展中印贸易关系，当前应着重加强中印政策沟通及解释，增强中印政治互信，争取印度"渐进式"加入"一带一路"倡议。另外，由于印度国家安全形势严峻，投资风险较大，中国对待印度加入"一带一路"倡议也需做两手准备。⑦ 逄国明（2014）认为"一带一路"倡议的提出，不仅为中俄两国之间的合作带来了新机遇，也带来了严峻的考验；中俄两国要从大局着眼，借助"一带一路"的平台，在强大政治关系的保驾护航下，

---

① 孙华平. 中国与南非农产品贸易实证研究［J］. 社会科学家，2013（11）：52~54.

② 王辉. "金砖+"可与"一带一路"携手发展［EB/OL］. 求是网. http：//www. qstheory. cn/wp/2017-09/07/c_ 1121625324. htm.

③ 徐超，于品显. 金砖国家机制与"一带一路"倡议合作研究［J］. 亚太经济，2017（6）：94.

④ 刘佳骏. "一带一路"倡议下金砖国家产能合作展望［J］. 双多边合作，2017（11）：48~50.

⑤ 张苗. "一带一路"背景下中印贸易关系研究［D］. 山东大学，2017（11）.

⑥ 雷建锋，范尧天. "一带一路"倡议实施中的中印关系［J］. 辽宁大学学报（哲学社会科学版），2018（46）：135~136.

⑦ 郭敏，陈润. "一带一路"倡议下中印贸易关系［J］. 中国经贸导刊，2018（1）：10.

扩大利益契合点。① 兹科娃（2016）认为俄罗斯是丝绸之路的一个重要中转站，"一带一路"的加速实施无论是对俄罗斯还是对全世界都十分有益，将为欧亚间货物互通有无、往来物流提供更加牢固的保障。②

（四）对国内研究文献的评价

根据文章研究的需要，围绕着经贸领域，国内对于金砖国家的研究可以分为三个大的方面：中国与金砖国家经贸研究（中国与金砖国家双边经贸关系的研究、中国与金砖国家整体经贸关系的研究），中国与金砖国家农产品贸易研究（中国与其他金砖国家整体农产品贸易研究、中国与其他金砖国家双边农产品贸易研究），金砖国家与"一带一路"倡议的结合。

第一，金砖国家经贸关系的研究。首先，对于中国与金砖国家双边经贸关系的研究，中俄、中印以及中巴经贸合作的文章颇多，中非经贸合作研究的文献较少。对中俄的研究角度最为广泛，包括合作领域、贸易的潜力、影响因素以及自贸区的建设等；中印经贸研究更多地偏向于合作潜力的研究；中巴经贸的研究侧重于贸易摩擦的原因分析及解决对策上；针对中非的研究主要聚焦在经贸的现状及贸易关系的研究上。其次，关于中国与金砖国家整体经贸关系的研究，国内学者主要是从贸易互补性、贸易潜力及影响因素方面进行了分析，近年来研究的范围扩展到贸易关系持续时间的长短以及贸易隐含碳排放量的等"与时俱进"的热点上。

第二，农产品贸易的研究。中国与其他金砖国家整体的农产品贸易的研究文献不多，但是近几年迅速增加，主要体现在影响因素、竞争力以及贸易关系的研究上。中国与其他金砖国家双边的农产品贸易的研究，对于中俄农产品贸易的研究文献较多，主要体现在农产品贸易关系、现状及对策上；中非的研究主要是农产品贸易现状与潜力上；中印、中巴的研究集中在农产品贸易关系上。

第三，将金砖国家与"一带一路"倡议联系在一起，目前的研究只是停留在合作的可行性以及二者共性的研究，没有能够深入。俄罗斯和印度作为"一带一路"的重要成员国，更多的研究侧重于"一带一路"为其带来的机遇，研究的范围有待拓展。

总之，从现有文献资料来看，在农产品贸易增长及其影响因素、农产品贸

---

① 逄国明．"一带一路"框架下中俄合作问题研究［D］．俄罗斯研究院，2017（3）．
② 兹科娃．"一带一路"背景下中国对俄罗斯投资对策研究［D］．青岛科技大学，2016（5）．

易潜力等方面，已经形成了比较丰富的研究成果。其中，计量经济学分析方法在其研究过程中的应用，尤其是恒定市场模型（CMS）与贸易引力模型的应用，为本书的写作提供了重要的基础与借鉴。

关于中国与其他金砖国家的农产品贸易问题，学者们也进行了大量的研究，研究内容主要集中于贸易格局、贸易竞争性与互补性、产业内贸易及国际竞争力等方面。从贸易增长影响因素、贸易潜力的角度来分析农产品贸易问题的研究，则主要体现在中国与单个金砖国家之间，而将其他金砖国家作为一个整体在该方面的研究相对较少。因此，为弥补以上不足，本书将利用 CMS 模型与引力模型分析方法，从进出口增长影响因素与贸易潜力的角度，将中国与金砖国家双边及整体农产品贸易放到一起研究，进一步丰富和深化了中国与其他金砖国家农产品贸易研究。

第四节　研究的主要内容与技术路线

一、研究的主要内容

在理论分析的基础上，通过实证分析，分别从贸易竞争关系和贸易互补关系两个角度揭示中国与其他金砖国家的农产品贸易关系，确定具有竞争性和互补性的农产品种类，并对影响贸易关系的因素进行分析，提出相应的政策建议，以期为进一步深化中国与金砖国家的农产品贸易关系，增强我国农产品的国际竞争力提供理论和实证依据。

本书将中国与其他金砖国家农产品贸易的研究置于"一带一路"的大背景下，选取农产品贸易关系作为切入点，贸易关系又可以分为贸易竞争关系和贸易互补关系，所以本书从竞争关系和互补关系两方面采用多种实证测度指数进行了测算，结果都具体分析到农产品大类上，非常翔实地对中国与其他金砖国家（整体及双边）农产品贸易关系进行全面而深入的剖析。在此基础上，对农产品贸易额增长的影响因素进行了分析，运用 CMS 模型分阶段分层次地分解影响因素，量化分析了各项因素的作用强度及变化趋势，最后根据分析的结果，提出了深化中国与金砖国家农产品贸易合作的对策建议。包括以下几部分内容。

1. 对农产品贸易关系进行界定并梳理了贸易关系的相关理论。通过对农产品贸易关系的界定，明确了本书研究的角度及方向；对农产品统计口径及分类的总结，确定了本书所选择的农产品涵盖的范围；对贸易关系从理论上进行了梳理，选择了比较优势理论、竞争优势理论以及产业内贸易理论，为后面章节的研究提供了理论依据和方法指导。

2. 金砖国家经济及农产品贸易发展的特征。首先介绍了金砖国家农业合作的历程，这为金砖国家农产品贸易的发展从政治层面做了铺垫。其次是金砖国家的宏观经济，包括经济总量、经济结构、贸易规模及地位等，为下面章节的研究从经济实力方面做了铺垫。再次是农业部门，包括农业土地资源、农业劳动力、农业增加值等，介绍了农业资源状况。最后，分析了其他金砖国家农产品贸易格局，从贸易规模、贸易结构以及主要贸易伙伴国三方面，为后面中国与其他金砖国家的农产品贸易关系的分析提供了一个大的背景和对比的参照。

3. 中国与其他金砖国家农产品贸易的总体形势。主要从农产品的贸易规模及地位、进出口农产品结构以及市场分布三个大的方面分别分析了中国农产品贸易的总体情况以及对中国与其他金砖国家（双边及整体）农产品贸易状况。

4. 中国与其他金砖国家农产品贸易的竞争关系分析。采用了显示性比较优势指数测算了2001—2016年以来金砖国家（整体及各国）农产品贸易在国际上的竞争力，以及金砖国家、中国与其他金砖国家（整体及双边）具有比较优势的农产品大类；采用出口相似度指数，分别从出口农产品的相似程度以及出口市场的相似程度两个角度测算了竞争程度。

5. 中国与其他金砖国家农产品贸易的互补关系分析。主要采用了反映两国联系紧密程度的贸易结合度指数（TII）、显示进出口国的贸易吻合程度的贸易互补性指数（TCI）以及反映同一类产品既进口又出口的产业内贸易指数，从不同角度来分析互补性，每个指数的测算都具体到了农产品大类。产业内贸易作为当今国际贸易的主流模式，分别从静态和动态两个角度测算了产业内贸易指数，并利用引力模型对其影响因素进行了分析。

6. 基于CMS模型进一步研究中国与其他金砖国家农产品贸易关系。主要运用恒定市场份额模型来研究促进贸易额增长的影响因素，量化分析影响中国与金砖国家贸易额增长的各项因素，以及各因素在不同时间段的作用强度，力图探寻中国与金砖国家农产品贸易增长的源泉所在，以期为促进中国与金砖国家农产品贸易的平稳增长提供参考借鉴。

7. 推进中国与其他金砖国家农产品贸易合作的对策建议。从保障农产品供给安全、扩大各自优势农产品贸易规模、提高出口竞争力、拓展互补空间以及支持农业企业"走出去"等多角度提出了深化双方贸易合作的对策。

二、技术路线

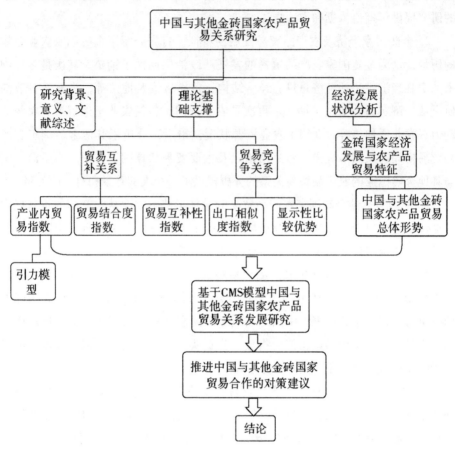

第五节　研究方法及数据来源

一、研究方法

1. 用比较优势指数和出口相似性指数分析中国与其他金砖国家农产品贸易的竞争关系，比较优势指数从农产品出口角度来衡量具体农产品种类的贸易竞争力，出口相似性指数从产品和市场两个角度测算贸易竞争程度；利用贸易结合度指数、贸易互补性指数以及产业内贸易指数分析中国与其他金砖国家农产品贸易的互补关系，分别从贸易关系的紧密程度、贸易的吻合程度以及产业内贸易的规模与水平对互补性进行测算。

2. 在前人对产业内贸易影响因素研究的基础上，结合我国与金砖国家农产品贸易发展的趋势和特点，确定了影响农产品产业内贸易水平的重要因素，包括人均收入、地理距离、贸易开放度、市场规模、贸易不平衡程度、外商直接投资等，并构建引力模型，运用实证分析方法分析了各个因素的影响程度。

3. 采用比较分析法分析中国与其他金砖国家双边及整体的农产品贸易关系，分为纵向比较和横向比较，纵向比较，就是将中国以及其他金砖国家农产品贸易发展的不同历史阶段进行比较，有助于揭示其发展规律，并对未来发展提出启示和预测；横向比较，主要是对中国与其他金砖国家双边的比较，目的在于发现双边发展所遵循的一般规律，找出异同，提出对策。

4. 采用恒定市场份额模型（CMS）对中国与其他金砖国家农产品贸易额变动的影响因素进行了分阶段分层次的分解，量化分析了各项因素作用强度及其变化趋势，揭示了中国与其他金砖国家农产品贸易增长的源泉与阻碍症结。

二、数据来源

主要来自 UN COMTRADE，该数据库是目前世界公认的比较完整和权威的数据库。文章根据 HS 编码加上水产品作为统计口径，将农产品分为谷物、棉麻丝、油籽、植物油、饮品类、蔬菜等 20 大类，选取 2001—2016 年（从金砖概念的提出至今）这个时间段，金砖国家这 20 大类农产品及其细分农产品种类的进出口数据以及金砖各国农产品整体的进出口数据均来自该网站，数据来源的统一，提高了文章分析的准确性和可靠性。

其次在分析金砖国家宏观经济发展指标以及产业内贸易影响因素的相关自变量时，数据来源于世界银行数据库（WORLD BANK）；分析金砖国家贸易占比以及人均 GDP 等指标的数据来自联合国贸易发展数据库（UNCTAD）。

除此之外，还参考了《中国农产品贸易发展报告 2016》、《金砖国家经贸合作发展报告 2013》、《国际农产品贸易统计年鉴 2017》、《金砖国家联合统计手册 2016》、《进出口商品编码查询手册》、《中国统计年鉴 2017》、《国际农业研究 2016》、《2015 国际农业研究报告》、中国海关和国家统计局网站以及金砖各国政府部门的外交网站等。

第六节 创新点与不足

（一）创新点

1. 将国与国之间贸易关系的相关测度指数延伸到对国与国之间具体农产品类别的测度，提高了指数分析的精确性，并结合农产品贸易的实际情况对测算结果进行了验证，进一步明确了双边具有竞争性及互补性的农产品类别。

2. 在既往研究的层面上，运用恒定市场份额（CMS）模型分阶段分解中国对金砖国家农产品贸易额动态波动的影响因素，量化分析了各项因素的作用强度及其变化趋势。并且特别关注了双边具体农产品贸易额变动的影响因素，探明了双边贸易合作的重点领域，这是以往的研究中所没有深入的。

3. 以往在研究中国与金砖国家农产品贸易相关问题时，大都考察的是中国与单个金砖国家的双边贸易情况，本书在对双边贸易关系进行研究的同时，更侧重于将其他金砖四国视为一个整体来进行分析，探讨中国在整个金砖国家市场上农产品贸易的发展状况。二者相互补充、相互印证，进一步增强了文章的说服力和结论的可靠性。

（二）不足之处

1. 只是从农产品进出口贸易额的角度对金砖国家的农产品贸易关系做了研究，没有涉及农产品进出口量，而恰恰有些大宗农产品适合从贸易量角度去分析。

2. 受资料的限制，对中国与其他金砖国家农产品贸易关系的研究没能从产品的生产成本、政府对农业的补贴、汇率以及农产品贸易政策的变动等角度做更精细的研究，这也是今后进一步研究的方向。

第二章

相关概念界定与主要理论支撑

第一节　相关概念的界定

一、农产品

（一）农产品的分类标准

农产品进行分类和定义对农产品贸易的研究非常重要。分类标准不同，农产品的定义就不同，所包含的产品种类也不同。目前国家贸易中常用的农产品分类标准有以下几种。

1. SITC 分类标准

SITC 即《国际贸易标准分类》，是按生产口径对各种农产品进行编码，即按原料、半制成品、制成品分类并反映商品的产业部门来源和加工程度，这种分类方法是联合国推荐采用作为经济分析的贸易分类方法。SITC 的编号设计第一位数字是"类"，第二位数字是"章"，第三位数字是"组"，第四位是"分组"，第五位是"项目"。第四次修订，将商品分为 10 大类产品、67 章、262组、1023 个分组和 2970 个项目，这 10 大类包括：食品及主要供食用的活动物，饮料及烟类，非食用原料（燃料除外），矿物燃料、润滑油和相关原料，动植物油脂及蜡，化学成品及有关产品，按原料分类的制成品，机械及运输设备，杂项制品，没有分类的其他商品。

2. CCCN 编码

《海事合作理事会税则商品分类目录》（CCCN），由海关合作理事会 1953 年公布生效，于 1975 年正式改名为《海事合作理事会税则商品分类目录》，其编码由 4 位数字组成，前两位数字是章号，后两位是章内的顺序，最终形成 21 类 99 章 1011 个税目。按照商品的原料来源，结合加工程度、用途和工业部门划分，是一个系统的商品分类体系。

3. HS 分类标准

该编码由海关合作理事会于 1988 年 1 月 1 日实施，其全称是《商品名称及编码协调制度》，简称为 HS 编码，是一部供海关、统计、进出口管理与国际贸易有关各方共同使用的商品分类编码体系，其涵盖了 CCCN 和 SITC 两大编码体系，已成为国际商品分类的"标准语言"，是世界上最广泛采用的商品目录，每四年修订一次，2012 年 HS 编码将所有商品分为 21 类、97 章，其中第 77 章为保留章。章下再分目和子目。商品编码的前两位数代表"章"，第三、四位为"目"，第五、六位为"子目"。

中国贸易统计采用的分类方法是根据《海关统计商品目录》，该目录从 1992 年以 HS 编码为基础编码，在原有 HS 编码的基础上，加上本国的子目，形成了 8 位码，部分商品为 10 位码，海关总署每年都会发布新的海关商品编码表以及《中国海关统计年鉴》。

（二）农产品统计口径

国际上进行农产品贸易统计时，在以上分类方法的基础上，由于统计主体不同造成统计口径不同，常见的统计口径有以下几种。

1. WTO 统计口径

包括基本农产品和统计农产品，基本农产品统计口径是各个国家或地区参与 WTO 各项谈判时农产品范围，是以 HS 分类标准将农产品分为两部分，第一部分是 HS1～HS24 章的产品，第二部分为其他，包括甘露醇、山梨醇、精油、生毛皮等，这也是乌拉圭回合农业协议界定的农产品范围（HS 产品口径）。这一统计口径不包括水产品和林产品。统计农产品包括基本农产品、水产品以及部分林产品，该口径偏重生产口径，与农业生产相对应，是以 SITC 编码为分类标准，数据公布的主体是 WTO 的《国际贸易统计》与联合国贸易和发展会议的 UNCTAD 统计手册。

2. HS 产品 + 水产品

该统计口径是在 WTO 基本农产品统计口径的基础上加上了水产品，该口径统计更加全面，尤其是以水产品为比较优势产品的国家，更能反映该国农产品出口的实际情况。在实际操作中，由于产品分布在多个章节中，数据的收集整理较为复杂。农业部编制的《中国农产品贸易发展报告》采用的是该种统计方式。

3. HS 编码 1~24 章

这是一种最简单的处理方法，被许多学者所采用，统计口径简单，数据易得，但是该统计所包含的农产品不全面，甚至缺少重要的农产品类别。

除此之外，还有 USDA 农产品口径，美国农业部对农产品统计是以 HS 编码为基础，在《农业协定》统计口径的基础上，剔除了农产品加工产品，林产品和鱼产品也不在其农产品统计范围之内；欧盟农产品统计口径是以 CCCN 编码为基础，剔除了部分农产品加工品，加上了软木、亚麻和大麻；FAO 统计口径是以 SITC 编码为基础将农产品分为 20 大类 540 多种，不包括水产品、软木木材、纸浆等，比 WTO 统计口径要小，且每种产品的分类不如 HS 编码详细具体。

综合以上农产品统计口径，结合国家统计局和海关采用的 HS 分类标准，本书研究选择的是 HS 产品加上水产品作为统计口径，将农产品分为谷物、棉麻丝、油籽、植物油、饮品类、蔬菜、水果、畜产品、水产品等 20 大类，但是不包括林产品（见附录的附表 1）。

二、贸易关系

关系往往是指人与人之间、人与事物之间、事物与事物之间的相互联系，关系体现的是主体之间的一种相互联系。

贸易是在平等互愿的前提下进行商品和劳务交换的活动。① 贸易主体是指从事商品贸易活动的组织和个人。如果把贸易的主体规定为国与国之间，那么国与国之间进行的交换活动就称为国际贸易。通常从狭义上讲，国际贸易指商品（或货物）的跨国流动，而在广义上，国际贸易既包括商品贸易也包括要素贸易。②

通过对"关系"以及"贸易"定义的介绍，可以推导出"贸易关系"即世界各国（地区）之间进行的商品和劳务交换活动中所产生的相互联系。贸易关系基本上可以分为贸易竞争关系和贸易互补关系两大类。生产要素（资本、技术、劳动力、土地等）及其产品的相似程度是贸易的竞争性和互补性的衡量标准。③ 而生产要素只能通过贸易产品得以体现，因此要度量两个或者多个国家

---

① 王珽玖，李小北等. 国际贸易学［M］. 北京：经济管理出版社，2002.

② 薛敬孝，佟家栋等. 国际经济学［M］. 北京：高等教育出版社，2000.

③ 孙林. 中国与东盟农产品贸易竞争与合作研究［D］. 南京农业大学，2005.

（地区）之间的贸易关系，最根本的方法就是从贸易产品入手，分析它们之间贸易产品的构成差别及产品的市场构成差别，从而间接确定了双方的贸易关系，所以本书对贸易关系研究的角度也是从贸易产品切入的。

三、贸易竞争关系

竞争作为一个历史发展的永恒主题，在不同的历史时期、不同的经济体制和社会制度下其内涵有着不同。"竞争"一词最早作为"垄断"的相对概念被提出，即亚里士多德在《政治学》中提到"垄断"是由于没有人"去同他竞争"。达尔文在《物种起源》一书中，提出"物竞天择，适者生存"。马克思指出："竞争贯串了我们生活的各方面，造成了人们今日所处的相互奴役的状况。竞争是一部强大的机器，它一再促使我们的日益衰朽的社会秩序或者更正确地说，无秩序的状况活动起来，但是它每紧张一次，同时就吞噬掉一部分日益衰弱的力量。"恩格斯认为"竞争是经济学家的主要范畴，是他最宠爱的女儿，他始终爱抚着她"。乔治·斯蒂格勒在《新帕尔格雷夫经济学大辞典》中写道，"竞争系个人（或集团或国家）间的角逐；凡两方或多方力图取得并非各方均能获得的某些东西时，就会有竞争"，突出了竞争与资源配置的关系。

将竞争扩展到国际贸易方面，贸易竞争是指出口国之间生产要素及其产品差别较小，由此导致的竞争关系，即两个及以上国家或地区出口产品结构或市场结构相同或者越相似，则这些国家之间存在贸易竞争。它不仅包括出口方面的竞争，也包括了进口方面的竞争，即两国争夺同种商品的进口权，由于后一种情况在农产品贸易中是较为少见的，本书所指的贸易竞争关系主要是指出口方面的竞争关系。

双方或多方国家的农产品贸易竞争关系的研究内涵，一般包括竞争模式、竞争结构、竞争绩效和竞争强度等，主要采用贸易流量指数进行分析。① 分析一国农产品对外贸易竞争关系可从以下三个角度进行：一是分析一国农产品出口到另一国或者世界市场的竞争关系对比，二是分析两国开展农产品贸易往来存在的竞争关系，三是分析两国农产品在第三市场或世界市场上存在的竞争关系。

---

① 蒋琴儿. 农产品贸易竞争关系的研究方法综述［J］. 上海商学院学报，2012，13（6）：51~52.

四、贸易互补关系

互补主要是指两个或多个个体在同一维度互有优势和劣势，可以相互合作，取长补短，实现互利共赢的一个概念。互补性在区域经济中主要反映各成员在集团化的过程中形成的一种互相取长补短、互利共赢的关系。

扩展到国际贸易中，学术界多是从贸易互补类型的角度对贸易互补进行界定的，认为贸易互补可分为两种类型——产业间互补和产业内互补，并一致认为产业内贸易互补具有更重要的意义。产业间互补是指两个国家分别出口优势产品，进口劣势的产品，形成优势互补、调剂余缺、互利共赢的关系。产业内互补是指由于国家间技术水平、产品质量层次、产品属性等方面的差异导致同类产品的差异化，差异化的产品总有对应的需求，从而形成两国间的贸易互补关系。

贸易比较优势的相关理论为贸易的互补性提供了理论分析，按照比较优势理论，国际贸易产生的原因是国际分工和产品的比较优势，也就是说，经济发展水平、产业结构和资源禀赋的差异越大，贸易发生的可能性就越大，国家间贸易的互补性就越大。产业内贸易理论要素禀赋、经济发展水平、技术发展水平、人均收入水平越相似，产业内贸易发生的可能性就越大，继而产业内互补性就越大。无论是产业内互补还是产业间互补，如果一国集中出口的产品与另一国集中进口的产品相吻合，那么两国的贸易就具有互补性，通过消除贸易壁垒与实现规模化生产可以实现贸易双方利益的最大化。

本书对贸易互补关系的界定为：贸易国之间由于产品（包括同类产品）的差异化，导致的国家间彼此出口优势产品，进口劣势产品，从而实现互利共赢的关系。如果一国集中出口的产品恰为另一国集中进口的产品，则双方贸易互补性越强；反之，则越弱。

第二节 贸易比较优势的相关理论

在选择本书的理论支撑时，从比较优势和竞争优势两个角度作为出发点，由于产业内贸易已成为当今国际贸易的主流模式，备受国内外学者的关注，所以在分析理论框架时单独列出。

比较优势理论至今已经取得了重要的研究成果，我们把它分为古典比较优势理论和新古典比较优势理论，古典比较优势理论包括亚当·斯密的绝对优势理论和大卫·李嘉图的比较优势理论，新古典比较优势理论包括赫克歇尔—俄林的要素禀赋理论、斯戴芬·伯伦斯坦·林德的需求相似理论、保罗·萨缪尔森和罗纳德·琼斯的特定要素模型等。

一、古典比较优势理论

（一）亚当·斯密的绝对优势理论

国际贸易产生的原因，即贸易双方如何在国际贸易中获利，亚当·斯密提出了绝对优势理论。亚当·斯密的代表作《国富论》中，对重商主义进行批判并倡导贸易自由，主张对外实现自由贸易政策。认为各国所拥有的土地、矿产、气候等自然优势以及资本、技术等获得性优势的不同，造成劳动生产率的不同，而劳动生产率的高低是国际分工建立的前提，分工又可以提高劳动生产率。

在分析国际分工的基础上，亚当·斯密用他的绝对优势学说说明了贸易是如何进行的。所谓绝对优势（Absolute Advantage，也称绝对利益或绝对成本）是指一个国家在生产某种商品上的劳动生产率比其他国家（贸易伙伴）高，从而在相同的劳动时间里可以生产出更多的这种商品。斯密贸易模型假定两个国家、两种商品、一种生产要素（劳动），两个国家都生产具有绝对优势的产品，然后进行交换，发现在这种专业化分工基础上进行生产和交易，两国两种商品的总产量都会增加，从而在使用相同资源的情况下，生产出了更多的产品，最终提高了两国国民的福利。①

绝对优势学说认为，在国际贸易中各个国家都应该集中生产并出口那些本国具有"绝对优势"的产品，进口具有绝对劣势的产品，其结果是两个国家都能从贸易中获得绝对的好处。

然而亚当·斯密的理论有很大的局限性，如果一国在所有商品的生产上都落后于另一国家，都处于绝对劣势地位，那么按照亚当·斯密的理论，这两个国家不会进行贸易，但事实上世界哪怕是最不发达的国家或地区也会参与到国际贸易之中，这也就有了大卫·李嘉图的比较优势理论。

（二）大卫·李嘉图的比较优势理论

大卫·李嘉图（David Ricardo，1772—1823）的比较优势理论是在亚当·斯密绝对利益说的基础上发展起来的，它完善了绝对优势理论遗留下来的缺陷，

---

① 池元吉. 世界经济概论［M］. 北京：高等教育出版社，2003.

即一国在两种产品的生产上都处于绝对劣势，贸易无法实现。李嘉图在绝对成本说的基础上，提出了相对成本说。所谓"相对成本"，指的是一个产品的单位要素投入与另一产品单位要素投入的比率。如果一国生产某种产品的相对成本低于另一国生产同样产品的相对成本，该国就具有生产该产品的比较优势。①

所谓的比较优势是指，一国在两种商品生产上较之另一国均处于绝对劣势，但劣势的程度不同，该国在劣势较轻的商品生产方面具有比较优势；另一国则在两种商品生产上处于绝对优势，但优势程度不同，该国在优势较大的商品生产方面具有比较优势。每个国家都应集中生产并出口具有比较优势的产品，进口具有比较劣势的产品（"两优相权取其重，两劣相衡取其轻"），双方均可节省劳动力，获得专业化分工提高劳动生产率的好处。因此，即使一个国家不拥有任何绝对优势，仍然可能参加国际分工和国际贸易，并获取比较优势，这正好弥补了亚当·斯密"绝对优势"学说的理论缺陷。

根据其结论进行推导，两国比较优势差距越大，则贸易的空间越大。那么，当前的国际贸易应该主要发生在发达国家与发展中国家之间，但现实的情况却是，国际贸易主要发生在发达国家之间。不过，该理论对国际经济发展的作用仍然是不可低估的，其所提出的比较优势原理，在现实经济中有着重要的意义。

（三）绝对优势理论与比较优势理论的联系

将绝对优势理论与比较优势理论进行比较，一国不必拥有具有绝对优势的商品，只要具有比较优势，参与国际贸易就可以获得贸易利益，即比较优势理论分析研究的经济现象涵盖了绝对优势理论分析研究的经济现象，而不是相反。这说明，斯密的绝对优势理论不过是李嘉图比较优势理论的一种特殊形态，它们之间是特殊与一般的关系。

不管是绝对优势理论还是比较优势理论，都是以劳动价值论为基础的，都是建立在劳动生产率的绝对或相对高低的基础之上的，都认为一国产品的国际竞争力来源于劳动生产率，而忽略了诸如资本、技术和自然资源等生产要素对国际贸易格局的影响。由此也就产生了新古典比较优势理论。

二、新古典比较优势理论

（一）赫克歇尔—俄林的要素禀赋理论

李嘉图在其比较优势理论中并没有对除劳动力之外的其他要素是否能决定

---

① 池元吉. 世界经济概论［M］. 北京：高等教育出版社，2003.

或者影响两国贸易而获得比较利益这一问题给出详尽的解释，赫克歇尔—俄林模型（H-O模型），是对李嘉图比较优势理论的进一步丰富和完善，认为劳动力不是生产商品的唯一生产要素，资本、土地、技术等也是不可或缺的，而且这些生产要素会影响到劳动生产率和生产成本。该理论认为劳动生产率的差异本身应归因于各国要素的初始拥有量，即要素禀赋，认为一国应出口用其富足资源密集生产的产品，进口其稀缺资源密集生产的产品。①

　　一般说来，劳动力相对充裕的国家，劳动力价格会较低，因此，劳动密集型产品的生产成本会相对低一些。而资本相对充足的国家，资本的价格会较低，生产资本密集型产品的成本则相对较低。根据要素禀赋理论（H-O理论），一国如果技术和资本资源比较丰富，劳动力资源相对稀缺，该国应该生产技术、资本密集型产品，进口劳动密集型产品；而另一国劳动力资源丰富，技术和资本比较稀缺，则该国应该专业化生产劳动密集型产品，进口对方国家的技术、资本密集型产品。

　　与李嘉图比较优势原理不同的是，除了生产要素不再仅局限于劳动，而存在着两种或两种以上的生产要素之外，H-O理论认为比较优势的差别来自国家间不同要素禀赋（要素丰裕度）的差异，而劳动生产率（或技术水平）是相同的，李嘉图则认为国际贸易产生的原因主要是各国在劳动生产率上的差异。

　　（二）H-O理论的验证

　　H-O原理提出来之后，学者进行的一系列实证研究，特别是里昂惕夫通过对美国贸易的研究，发现美国出口的是劳动密集型产品，而它进口的则是资本密集产品，这个结论与赫克谢尔—俄林定理所做的预期完全相反，这成为"里昂惕夫之谜"。为解决这一矛盾，许多学者从更广泛的角度来解释要素禀赋结构上的差异，如斯托尔伯—萨缪尔森（SS）定理、要素价格均等化（FPE）定理以及罗伯津斯基定理等。

　　要素价格均等化定理。萨缪尔森于1948年发表《国际贸易与要素价格均等化》一文，在H-O理论的基础上，考察了国际贸易对生产要素价格的影响，论证了自由贸易将导致要素价格均等化，该理论被称为赫克歇尔—俄林—萨缪尔森定理（H-O-S定理）。萨缪尔森认为，在完全竞争和技术不变的条件下，产品的价格等于边际成本，边际成本由生产要素投入的数量和价格决定，国际贸易改变了产品的相对价格，必然也将改变生产要素的相对价格，因此自由贸

---

　　①　薛敬孝，佟家栋等. 国际经济学［M］. 北京：高等教育出版社，2000.

易将带来各国同质生产要素相对和绝对价格的均等化。① 要素价格均等化理论的重要意义在于证明了在各国要素价格存在差异，以及生产要素不能通过国际间自由流动直接实现资源最佳配置的情况下，国际商品贸易可以替代要素的国际流动，可以间接实现世界范围内资源的最佳配置，最终实现要素价格的均等化；也说明了贸易利益在一国内部的分配问题，即从自由贸易中很可能获得更多利益的生产要素，是那些与可出口商品生产相联系的生产要素，而不是与进口竞争的生产相联系的生产要素。

斯托尔伯—萨缪尔森（SS）定理。H－O－S定理说明自由贸易对生产要素价格的影响，从而对收入分配产生影响，斯托尔伯和萨缪尔森却发现，在某种条件下，一国采取保护贸易的措施也能使实际收入趋于增加。SS定理对新古典贸易中只有自由贸易才能产生福利的观点提出了质疑，认为在一国国内要素自由流动条件下，该国对其使用相对稀缺要素的生产部门进行关税保护，可以提高稀缺要素的收入，即如果关税保护的是劳动密集型产品，则劳动要素的收入趋于增加；如果关税保护的是资本密集型产品，则资本要素的收入趋于增加。其基本思想是：关税提高受保护产品的相对价格，将增加该受保护产品密集使用的要素收入。② 此理论表明，国际贸易虽然能提高整个国家的福利水平，但是并不能对每个人有利，一部分人在收入增加的同时，另一部分人的收入却减少了。国际贸易会对一国要素收入分配格局产生实质性的影响。

罗伯津斯基定理。塔德乌什·罗伯津斯基在《要素禀赋与相对商品价格》中（1955）提出罗伯津斯基定理（Rybczynski Theorem）：在商品相对价格不变的前提下，某一要素的增加会导致密集使用该要素部门的生产增加，而另一部门的生产则下降。该理论的结论是在开放条件下，如果一国某一要素增加，对方国家一切保持不变，那么要素增加后，在国际市场上密集使用该要素的商品相对价格要下降。③ 进一步讲，若该商品是要素增加国的出口商品，则该国的贸易条件恶化，相应地，对方国家贸易条件则改善；若该商品是要素增加国的进口商品，则该国贸易条件改善，而对方国家贸易条件则恶化。

（三）赫克歇尔—俄林—凡涅克（H－O－V）模型

Vanek（1968）考虑贸易中要素的含量，使用"贸易中的商品所包含的要素

---

① 池元吉. 世界经济概论［M］. 北京：高等教育出版社，2003.
② 薛敬孝，佟家栋等. 国际经济学［M］. 北京：高等教育出版社，2000.
③ 薛敬孝，佟家栋等. 国际经济学［M］. 北京：高等教育出版社，2000.

服务"对 H－O 定理重新表达，公式表示为：$F^i = V^i - s^i V^w$，F^i 表示一国贸易净出口中的要素含量，V^i 表示该国的要素禀赋，s^i 表示该国 GDP 占世界 GDP 的比例，V^w 表示世界总要素禀赋。H－O－V 模型的结论是一个国家净出口中所含的要素量等于这个国家的要素禀赋减去该国 GDP 在世界 GDP 中的份额与世界要素禀赋的乘积，即一国净出口中的要素含量等于它的要素禀赋减去该国本身所占的消费份额。于是 H－O－V 模型得出在自由贸易条件下，劳动相对丰裕的国家将成为净劳动要素出口国，而资本相对丰裕的国家将成为净资本要素进口国。①

　　总之，以上也是对传统贸易理论形成发展的概述，所谓传统贸易理论是以比较优势贸易理论为基础（斯密的绝对优势理论是比较优势理论的一个特例），包括 H－O 理论、斯托尔伯—萨缪尔森定理、要素价格均等化定理、罗伯津斯基定理的一整套完整而严密的综合体系，其政策结论：政府不应该干预贸易，要鼓励竞争，取消关税和非关税壁垒，这样国家和世界都会从自由贸易中获利。传统贸易理论是建立在一系列严格的假设前提下才成立的，包括规模报酬不变、完全竞争的市场、技术水平不变、要素质量相同、要素在两国间完全不流动、不考虑需求差别、无交易成本、自由贸易等，显然这些前提假设与现实经济有严重背离，对经济发展的指导意义有限。而且传统贸易理论强调的是比较优势的外在性与静态性，只注意到以静态比较优势参与国际分工后贸易所得的绝对增加，而没有看到贸易所得相对减少的方面。所以根据传统静态比较优势原理而进行的自由贸易安排，将扩大发展中国家与发达国家之间的差距，不但不会促进发展中国家福利的改善，反而会延误产业升级的有利时机，不利于经济的发展。

三、比较优势理论在农产品贸易中的局限性

　　应用比较优势理论实施农业比较优势发展战略，虽然可以在一定程度上促进农业发展和扩大农产品的出口，但是比较优势理论在农产品贸易中也存在着一定的局限性，表现在以下几方面。

　　第一，比较优势理论产生的经济社会背景与当今经济社会背景有很大的不同。比较优势理论盛行期间，生产形态是劳动密集而非资本和技术密集；而当今知识经济时代，农业科技含量在日益提高，越来越走向资本和技术密集。

---

① J Vanek. "The Factor Propoptions Theory：The N—factor Case" ［J］. *Kyklos*，1968，21
　　（4）：749～756.

第二，生产要素的重要性和内涵发生了改变。比较优势理论所强调的生产要素主要指劳动力、资本、土地等有形的初级生产要素，而在当今的产业竞争中，这些传统的有形生产要素不再扮演决定性角色，而高级生产要素如人才、技术与知识占据着不可忽视的地位，这些高级生产要素不仅可以弥补传统生产要素的不足，而且是获得持久竞争力的源泉。

第三，比较优势理论的假定条件已经与现实严重脱节。主要表现在生产要素在国际间不可以流动和市场是完全竞争的，政府在国际贸易中不起作用。全球化使得产业竞争者得以在全球范围内使用资源，尤其是大量使用本土化的人力和物力资源去占领当地市场。农产品具有特殊性，农产品贸易历来受到各国政府的干预，比如政府对农业的补贴支持政策、关税及非关税壁垒等，使得各国农产品真实生产成本难以比较。

第四，比较优势的概念是相对的、静态的。表现在一国的农业资源禀赋是有限的，如果长期密集使用这些拥有比较优势的生产要素，其边际收益将呈现递减趋势，从而使一国农业生产要素的比较优势最终被该边际收益递减趋势所抵消。而且以初级生产要素进行生产，往往进入门槛较低，竞争者纷纷加入，往往陷入恶性价格战中，获利空间越来越小。更为重要的是一国如果完全以比较优势战略来指导农业发展，放弃追赶战略，其结果是安于现状，不能实现劣势到优势的转换，其必然导致一国农产品产业结构的畸形，给国家的农产品安全乃至国家安全构成威胁。

总之，比较优势理论在农产品贸易中有着诸多的局限性，不可以夸大其作用，应结合一国农业发展的实际情况，结合其他理论，扬长避短，促进一国农产品贸易的发展。

第三节　竞争优势理论

系统地提出了竞争优势理论的是美国哈佛大学商学院教授迈克尔·波特。在 20 世纪 80 年代到 90 年代初，迈克尔·波特先后出版了《竞争战略》《竞争优势》和《国家竞争优势》三部著作，前两部著作研究的重点是企业战略与企业的竞争力问题，《国家竞争优势》则将研究范围扩展到产业和国家的层面，并构建出了一国特定产业竞争优势的经济分析范式——"钻石模型"。该理论把决定一国特定产业竞争优势的因素划分为四大核心因素——生产要素，需求条件，相关及支持产业，企业的战略、结构以及竞争状态，和两大辅助要素——机遇和政府的作用。①

关于生产要素，波特认为凭借初级要素（自然资源、地理位置等）获得的竞争优势难以持久，一国特定产业要想获取竞争优势，一定要积极投资并开发相对稀缺的高级要素（人力资源、基础设施），高级要素的可获得性决定了竞争优势的质量和持续能力。需求条件主要是指国内市场的需求条件，国内需求主要通过三方面对竞争优势产生重要影响：国内市场消费者需求层次的高低，国内市场相关产品的需求规模是否大于国际需求规模，国内市场的国际化能力。相关及支持产业，不仅包括上游的供应商、下游的销售商，还包括互补产品的制造商和相应的支撑机构如行业协会、中介机构等。企业战略、结构与竞争状态，是指如何创立、组织和管理企业，如何应对同行竞争对手等问题。关于机遇与政府的作用，机遇只有在其他要素条件具备的情况下，才能随时转换成自身的竞争优势；政府能为产业和企业的发展提供良好的制度环境，引导企业竞争力的发展方向。

竞争优势理论揭示了高级要素产生比较优势的可能性与现实性，并把需求因素和微观企业组织管理等重要因素纳入了分析框架，不仅强调六种要素之间的互动关系，而且创造性将竞争力的成长分为四个依次递进（也可能发生折返）的阶段：第一阶段是要素驱动，第二阶段是投资阶段，第三阶段是创新阶段，第四阶段是财富阶段。在这四个阶段中，前三个阶段是产业国际竞争力增长时期。第四阶段则是产业国际竞争力下降时期。

具体来讲，处于第一阶段——要素驱动阶段的国家，企业参与国际竞争的方式，只能依靠丰富的自然资源以较低的价格取胜。这些国家的产业技术层次低，技术主要来源于其他国家而不是自创的，较先进的产品设计和技术是通过被动的投资或外商直接投资获得，进入国际市场的渠道大多数是由外商企业提供的，参与国际竞争的产业对世界经济周期和汇率十分敏感，因为这会直接影响产品的需求和相对价格。这种要素驱动的经济虽然在一段时间内可以维持较高的收入，但缺乏持续增长的基础。按波特的标准，几乎所有的发展中国家都处于这一阶段。第二阶段——投资驱动阶段的国际竞争优势是以国家及其企业的积极投资意愿和能力为基础的。在这一阶段，企业不仅使用外国技术，也改进外国技术。企业具有吸收和改进国外技术的能力，是一国达到投资驱动阶段

①　Porter M. E. *Competitive Advantage of Nations* [M]. New York：free Press，1990.

的关键，也是要素驱动和投资驱动的根本区别。同要素驱动阶段比较，投资驱动阶段的经济不易受外部冲击和汇率变动的影响，但仍是比较脆弱的。在这一阶段，政府能否实施适当的政策是很重要的，政府可以引导稀缺的资本投入特定的产业，增强风险承担的能力。第三阶段——创新驱动阶段的企业不仅运用和改进国外技术，而且创新技术。一国进入创新阶段的显著特点之一是，高水平的服务业占据越来越高的国际地位，这是产业竞争优势不断增强的反映。在创新驱动阶段，政府的作用发生很大的变化，资源配置、贸易保护、许可证控制、出口补贴以及其他形式的直接干预重要性越来越低，政府主要在创造更多的高级要素，以及改善国内需求质量以刺激新产业的形成等方面发挥间接的作用。第四阶段——财富驱动阶段是最终导致产业竞争力衰弱的时期，它的驱动力是已经获得的财富。进入财富驱动阶段的国家，一方面是富裕的，另一方面，又是一个衰落的阶段，失业和潜在失业严重。实践也证明，许多国家产业发展的历史过程确实显示了波特所描述的国际竞争演进阶段的各种特征。

总之，波特的理论对国家竞争优势来源提供了一个比较完整的解释，其分析方法突破了传统理论的束缚，从企业参与国际竞争这个微观角度来解释国际贸易现象，着重突出企业的作用，填补了微观经济基础研究方面的空白，并试图赋予国家作用以新的生命力，解决宏观经济稳定和调整之后政府应该做什么的问题，为后来的研究工作提供了新的理论分析方法和分析框架，非常具有实用价值。

第四节　产业内贸易理论

根据对竞争优势理论的分析，竞争优势涉及的是同一产业内的国际间产品交换，这就涉及产业内贸易理论。

美国经济学家 Balassa（1966）最早将这种国家之间的同一种产业内部产品的相互贸易命名为"产业内贸易"（Intra - Industry Trade）。[①] 在此之后纷纷根据自己的研究对产业内贸易的概念进行了不同的界定。如 Finger（1975）"一国同时进出口某一相同产品类别的活动"，查尔斯·索耶（2003）"一国出口货进口

---

① Balassa. B. ."Tariff Reductions and Trade in Manufactures among the Industrial Countries" [J]. *American Economic Review*, 1996, 56 (3).

的是相同产业或产品组的商品"等。① Grubel 和 Lloyd "同一产业内部具有较为严密的生产替代关系或消费替代关系的产品的双向贸易活动",② 这是对产业内贸易较为完整的定义。

产业内贸易不同于产业间贸易。产业间贸易主要是基于产业间分工而产生的,主要发生在要素禀赋、经济发展水平、技术发展水平、人均收入水平不同的国家之间,两国上述条件的差异越大,产业间贸易发生的可能性就越大;而产业内贸易是上述条件越相似,发生的可能性就越大,产业内贸易是生产力发展和国际分工深化的产物。产业内贸易产品的流向具有双向性,即同一产业产品同时出口又进口的现象;产业间贸易产品的流向一般来说是单向的。产业内贸易是同类产品的相互交换;产业间贸易是产业间非同类产品的交换,贸易的内容也不同。产业内贸易参与的主体相比于产业间贸易的主体更微观,涉及企业与部门,而产业间贸易仅涉及国家和地区。

尽管研究的成果不少,但由于产业内贸易形式的多样性、设计学科的交叉性、各派理论模型存在着局限性,所以现有的产业内贸易理论尚未形成体系化。但其基本的理论仍然是我们所熟悉的的"需求偏好相似""规模经济优势"以及"产品的异质性"。理论界在 20 世纪 70 年代中期以后,研究重点基本上是围绕着同质产品和异质产品进行的,下面重点介绍同质产品和异质产品产业内贸易理论模型。

一、同质产品产业内贸易理论模型

（一）理论模型

赫克歇尔—俄林理论的修正。Grubel 和 Lloyd 的观点是:只要放宽赫克歇尔—俄林模型的假设条件,做出若干修改后就能在其框架内解释同质产品的产业内贸易现象。③ 他们放宽了 H－O 模型中关于"进行贸易时,不考虑运输费用、储存费用、销售费用、信息费用等成本"的假设,引入地理、供需周期等各种因素,认为地理区位的不同、生产时期与消费需求时期不一致、统计口径的不同、

---

① J. M. Finger. "Trade Overlap and Intra – Industry Trade" [J]. *Economic Inquiry*, 1975, 13 (4): 581~589.

② Grubel, H. G., Lloyd, P.. "Intra – Industry Trade: the Theory and Measurement of International Trade in Differentiated Productions" [J]. *Economic Journal*, 1975, 85 (339).

③ Grubel, H. G., Lloyd, P.. "Intra – Industry Trade: the Theory and Measurement of International Trade in Differentiated Productions" [J]. *Economic Journal*, 1975, 85 (339).

信息与服务贸易等使得对于一些同质产品产业内贸易的解释成为可能。Grubel、Lloyd 放宽了 H－O 模型的条件限制，但是对于 H－O 模型的修正在理论上仍未摆脱原有模型的框架，仍未突破完全竞争条件的限制。

双寡头垄断的相互倾销模型。布兰德（Brander）和克鲁格曼（Krugman）证明了在寡头垄断竞争的市场中，即使不存在成本差异和规模经济，由寡头之间竞争性策略选择所导致的"相互倾销"也将形成产业内贸易。模型假设有两个国家，特征、生产函数和消费函数都是完全相同的。每个国家都有一个垄断厂商生产相同的商品，这两个厂商的边际成本相同，两国进行贸易所发生的运输费用也相同。两国分别为相互分离的两个市场，市场存在古诺垄断，即厂商以生产量为战略变量，生产量是由各自市场给定的，且都以对方厂商的产量不变为前提。在开放经济中两个厂商都把国内外市场当作各自的市场，并在每个市场上按利润最大化决定其生产量。这个模型的结论是，如果两个厂商制定的价格相同，就不会发生贸易；如果存在倾斜，贸易就会产生。为了防止国内售价的下跌，两个厂商都会限制国内市场的销售量，但是在对方市场上进行大量销售，不会影响到国内市场，可以将降价的负面影响转嫁给对方。只要定价高于边际成本，即使低于国内价格也仍能增加利润。这就产生了两国的寡头垄断厂商各自以低于国内的价格将产品倾销到国外市场，实现了同质产品的相互贸易。①

除此之外，同质产品的产业内贸易还有 Grimwade 提出的跨国公司国际化经营论，如中间产品的贸易。Hwang、Brande 和 Spencer 等提出的双寡头合谋论，即在不完全竞争条件下，两国的两个厂商为了能在对方市场上获利，避免关税带来的影响，与对方厂商达成某种协议，进行同质产品产业内贸易。

（二）存在的缺陷

以上对同质产品产业内贸易的解释有合理的部分，但也有着众多的缺陷。（1）在 H－O 理论修正中，其前提是完全竞争的假设，这远离现实，而且不能对所有同质产品贸易做出合理解释。（2）在相互倾销模型中，假定边际成本是一定的，而现实经济中有很多案例是随着生产量的扩大，边际成本是递减的。（3）在新古典模型中，厂商都是把价格而不是把生产量作为战略变量，即使把生产量作为战略变量是合理的，那"竞争对手不存在推测变动的产量变化"的

---

① Elhanan Helpman, Paul Krugman. *Market Structure and Foreingn Trade* [M]. The MIT Press, 1985（5）.

假定也是不合理的，即厂商只进行一次产出数量的竞争，而不考虑对方对自己产出决策的反应，以便自己对下一次产出做出调整。显然这样的假定不适合现实经验的检验。

二、异质产品产业内贸易的理论研究

异质产品产业内贸易理论，分为水平型产业内贸易理论和垂直型产业内贸易理论。水平型产业内贸易是指进行贸易的是质量相似的产品，只是在特性或属性上不同；垂直型产业内贸易是指不同质量的相似性物品同时出口和进口。

（一）水平型产业内贸易理论

1977 年 Dixit、Stiglitz 发表的经典论文《垄断竞争和最优产品多样性》，强调消费者对多样性产品的偏好，指出不完全竞争的厂商能够使其产品与其他产品相互区别从而不能被完全替代，这才是各种产品可以在不同国家生产并进行交换的关键原因。① 在此基础上，Krugman 将其模型由封闭条件下扩展到开放条件下，认为本国产品与外国产品组合起来的市场不仅能够增加均衡产量，而且能够增加可消费产品的多样性种类，从而改进每个国家的福利。Krugman 还指出虽然消费者对多样性产品的偏好要求产品种类越多越好，但厂商层面的规模经济的存在使得每个厂商只会选择生产一种或几种产品，最终市场上可以消费的多样性产品的数目由规模经济和市场规模的相互作用决定。Krugman 还通过模型证明了产业内贸易指数等于要素禀赋相似指数，两个国家的要素禀赋越接近，产业内贸易指数越高，反之则越低。②

Lancaster 解释了生产中规模经济可以带来同一产业内部不同特色产品之间的产业内贸易，承认水平型产品差异和规模经济的存在，但与 Krugman 模型不同的是，Krugman 模型中假定消费者对所有产品品种的偏好是对称的，Lancaster 假定不同消费者对同一产品的不同品种具有不同的偏好。Lancaster 指出两个完全相同的经济体，如果不存在贸易壁垒和运输成本，由于受规模收益最大化和消费偏好差异的影响，有关国家同一部门的两个厂商，不会生产完全一致的产

---

① Avinash Kamalakar Dixit, Joseph E. Stiglitz. "Monopolistic Competition and Optimum Product Diversity" [J]. *American Economic Review*, 67 (3): 297~310.

② Krugman, P.. "Increasing return and economic geography" [J]. *Journal of Political Economy*, 1991, 99 (3): 483~499.

品的。①

Helpman 将 Lancaster 模型放到 H - O 理论框架下进行分析，于是在新模型中就有了两个部门，一个部门生产同质性产品，另一个部门生产水平差异产品。该模型的结论是两国同时存在产业间贸易和产业内贸易，二者的重要性取决于要素禀赋的不同，在其他条件相同的情况下，两国的要素禀赋差异越大，产业间贸易越重要，而要素禀赋差异越小，产业内贸易越重要。②

上述的产业内贸易模型都认为在产品水平差异下，厂商层面的规模经济是产业内贸易模式大量存在和发展的原因。此外，还有一些学者给出了水平产品差异下可能促成产业内贸易发生的其他原因。例如，市场结构本身也会产生产业内贸易：Brander、Krugman 认为不完全竞争的市场结构本身也是引发产业内贸易的重要原因；Eaton、Grossman 等从市场行为产生的结果角度，考察了垄断厂商针对价格定价而不是针对数量定价时，所引起的产业内贸易。③

（二）垂直型产业内贸易理论

新 H - O 理论。Falvery 在其论文《商业政策和产业内贸易研究》中指出在不使用规模经济和不完全竞争模型，而是承袭 H - O 理论中的要素禀赋思路时，仍然可以解释产业内贸易的产生。他认为要素禀赋学说在贸易理论中扮演着决定性的重要角色，在探索新的分析方法时，不应该将 H - O 理论模型完全放弃，但与 H - O 理论不同的是，Falvery 认为同一产业内产品的差异，可以表现在用资本与劳动力比率衡量的质量档次的不同上，与劳动相比，资本量越大，产品的质量档次也就越高，从而有利于本国专业生产较高质量档次的产品，而劳动丰裕度高的外国专业生产低质量档次的产品，由此出现了同一产业中质量档次差异上的产业内贸易。④ 他强调资本只能在本国某一产业内的企业之间自由移动，但不能在产业间移动。同时他认为需求是价格与所得的函数，即需求受到收入所得制约，也受到产品相对价格的影响。如果收入水平高，消费者偏好选择高质量档次的产品，反之收入水平较低，消费者选择低质量档次的产品。在

① K. Lancaster. "Intra - Industry Trade Under Perfect Monopolistic Competition" [J]. *Journal of International Economics*, 1980, 10 (2): 151~175.

② Flam. H, E. Helpman. "Vertical Product Differentiation and North - South Trade" [J]. *American Economic Review*, 1987, 77 (5): 810~822.

③ J. Eaton, G. M. Grossman. "Tariffs as Insurance: Optimal Commercial Policy When Domestic Markets Are Incomplete" [J]. *Canadian Journal of Economics*, 1985, 18 (2): 258~327.

④ Falvey R. E. "Commercial Policy and Intra - IndustryTrade" [J]. *Journal of International Economics*, 1981, 11 (4): 495~511.

资本丰裕的国家，也有低收入人群对低质量档次产品的需求；在劳动丰裕的国家也有高收入人群对高档次产品的需求，只要两国对于高质量和低质量档次的产品都有需求，就会产生异质产品的产业内贸易。

Falvery、Kierzkowski 对国家间要素禀赋差异导致的产业内贸易进行了更详细的说明，认为实际的贸易类型依赖于要素禀赋、技术和收入分配这三个要素对不同国家的影响程度。例如，在要素禀赋一致、技术不一致的情况下，拥有高技术的国家将出口高质量的产品，进口低质量的产品；两个国家中都会既有高收入人群也有低收入人群，高收入人群将购买高质量产品，低收入人群将购买低收入产品。①

新 H-O 模型较好地解释了垂直型产业内贸易产生的原因，与 H-O 模型的观点一致，即各国集中使用相对丰裕要素生产并出口产品，这对发展中国家与发达国家之间的产业内贸易也具有一定的解释力。但新 H-O 理论也存在一定的局限性，即对于资本在不同产业之间、不同国家之间的流动性做了严格的限定，显然不符合当今国际发展的现实。

垂直产品差异的产业内贸易模型强调产业内贸易的现象可以放在传统贸易理论框架中进行解释，其得出的结论也与新古典贸易理论的结论非常相似。但这些模型也存在一定的局限性，如摒弃了 Krugman 等学者关于规模经济、垄断竞争等许多重要思想，也没有涉及要素密集度相似产品之间的产业内贸易问题。

三、产业内贸易理论在农产品贸易中的适用性分析

产业内贸易理论围绕着"产品的差异性""规模经济"以及"需求偏好相似"等理论展开，认为产品的差异性是产业内贸易的动因、需求偏好相似性是产业内贸易的保证、规模经济是产业内贸易的利益源泉。

农产品存在差异性。长期以来，学者们经常将农产品归为无差异产品，事实上农产品存在着多样化和差异化。产品的异质性是产业内贸易的动因。从生产的角度看，农产品的生产有很强的季节性，不同地区、不同季节所生产出来的同类农产品就存在很大差异，为了在不同季节满足人们对这些产品的需求，产业内贸易就会产生。还有一些农产品受技术水平的影响很大，技术水平不同加工出来的产品质量存在很大的差异，相互之间也不能完全替代。从需求的角

---

① Falvey R. E. , H. Kierzkowski. *Pruduct Quality*, *Intra - Industry Trade and Im perfect* [M]. Oxford: Basil Blackwell, 1987.

度来说，随着人们生活水平的提高，人们对农产品的品种、质量和种类等都提出了很多新的要求，特别是近年来的有机、绿色和无公害农产品日益成为人们消费的热点。消费者对于农产品需求的多样化也进一步促进了农产品生产的多样化和差异化发展。另外，现代食品加工技术的发展为人们的多样化偏好提供了技术保障，农产品加工向深度、精度及专业化方向发展，满足了消费者对于农产品外观、品质、生鲜性和保健性的要求，使得农产品的多样化和差异化得到了快速的发展，进一步促进了农产品产业内贸易的发展。

农产品生产中存在规模经济。在农产品生产过程中，规模经济（主要是指内部规模经济）意味着一个农产品生产者通过自身生产规模的扩大，能够提高农产品的生产效率，降低农产品的平均成本，从而引起该类农产品生产产量和收益的增加。这也就是说一国在某一种农产品的生产上具有规模经济优势，那么它就会生产这种农产品，而另外一国在同类农产品的其他款式或产品的生产上具有规模经济优势，那它也会生产自己具有规模经济优势的农产品。而为了满足各国不同消费水平的消费者对农产品的不同需求，这两国之间的农产品产业内贸易就有可能发生。但是由于农业生产的特点，即农业生产的分工不像制造业那样细化、专业，而且资本密集度远远低于工业生产，所以农业生产的规模经济效益不如工业生产明显，也就导致规模经济对农产品产业内贸易的影响没有工业制成品大。在我国的农业主要是家庭联产承包责任制，从单个生产单位来看，规模不大，缺乏内部规模经济，但由于不少地方的农村成片地生产同一种产品，就具有外部规模经济。而且我国的农产品产业内贸易主要发生在部分农产品加工产品上，这些加工企业的规模也在扩大。所以，规模经济仍然是农产品产业内贸易的一个重要影响因素。

农产品市场是不完全竞争的。西方经济学一般假设农产品市场是完全竞争的，事实上在国际市场上，农产品的不完全竞争性体现得非常突出。国际市场上许多国家给予农业较高的国内支持和补贴额，而且对部分农产品实行高关税以及非关税贸易壁垒，限制了农产品市场上的完全竞争性。特别是近年来转向了隐蔽性更强的贸易保护手段，如质量认证、技术标准、检验程序和环境保护等，此外，涉足农产品生产经营的跨国公司也加剧了农产品国际市场上的不完全竞争性。

第五节 产业内贸易理论、比较优势贸易理论、竞争优势理论的比较

一、产业内贸易理论与比较优势贸易理论的比较

1. 客观基础不同。比较优势贸易理论产生的客观基础是相对较低的生产力的发展水平，相对较低的社会大生产和分工程度，相对较低的国际经济合作程度和相对不成熟的社会发展阶段；而产业内贸易理论则产生于社会生产力高度发展的 20 世纪 70 年代以后，产生于更加深入发展的社会大生产和生产分工，产生于密切的国际经济联系和相对成熟的社会发展阶段。

2. 假设前提不同。传统贸易理论一般假设：从供给角度分析贸易行为，要素和商品市场是完全竞争的，规模收益不变，两国需求无差别，贸易中不存在市场垄断力量或政府控制行为，商品无差异。而产业内贸易理论假设：不仅从供给的角度，更考虑了人们需求的多样化，经济中存在垄断竞争的行业，经济中存在收益递增的情况和政府的干预行为，商品是有差异的，突破了传统贸易理论的局限性，更接近于贸易世界的现实。

3. 贸易动因不同。比较优势贸易理论认为，国际贸易发生的原因是劳动生产率相对差别以及由此产生的相对成本差异，认为按比较优势进行国际分工对各国都有利益可得，建立在比较优势贸易理论基础上的要素禀赋理论又进一步从生产要素比例的差别来阐释贸易的原因。产业内贸易理论则证明贸易不一定是比较优势的结果，认为产品的异质性可以满足消费者不同层次和不同习惯的需求，是产业内贸易产生的动因；需求偏好相似便于产品进入国外市场，是产业内贸易的保证；规模经济能够降低产品成本，进而占领国外市场而获利，是产业内贸易的利益来源。

4. 贸易的结构和模式不同。比较优势理论认为贸易主要发生在不同的产业之间，产业内贸易是不存在的，认为两国之间的要素禀赋差异越大，贸易量也就越大。产业内贸易论认为现实中大量的贸易发生在同一产业内部，而不是不同的产业之间。

产业内贸易理论与传统的国际贸易理论虽有差别，但二者并不相悖。产业内贸易理论是对传统贸易理论的补充和发展，如同质产品的产业内贸易理论，

保持了 H - O 模型基本框架的前提，只不过是对 H - O 模型的假设前提进行了修正；而新 H - O 模型是以生产要素禀赋为基础，强调比较优势的作用。

二、产业内贸易理论与竞争优势理论的比较

产业内贸易理论与竞争优势理论，二者有着密切的联系，竞争优势涉及的是同一产业内的贸易，而产业内贸易理论强调竞争优势。在产业内贸易中，各国的优势主要表现为公司的特定竞争优势，而不像产业间贸易那样表现为国家的比较优势。公司的特定优势是一个公司相对于其他竞争对手所具有的垄断优势，主要包括两类知识资产优势和规模经济优势。知识资产包括技术、管理与组织技能、销售技能等一切无形技能。公司拥有并控制了这些知识资产，就能生产出差别产品到国际市场上进行竞争。同时，这类公司通常也容易迅速扩大生产，获得规模经济的效益，增强国际竞争能力。无论是发达国家还是发展中国家，从生产规模化和多样化中获得的利益都明显地表现在两方面：一是生产效益将依赖于规模优势而不断提高；二是消费者可以从产品多样化或更便宜的价格水平中得到更大的满足，从而提高社会福利水平。这表明产业内贸易竞争优势更多地依赖于规模经济导致的规模报酬递增，以及产品创新等动态性竞争优势。

三、比较优势理论与竞争优势理论的比较

比较优势和竞争优势都是衡量一国国际竞争力强弱的指标，其关系是密不可分的。表现在一方面比较优势和竞争优势在一国的对外经济关系中，二者是相互依存且可以相互转化的，一国具有比较优势的行业或产品，往往比较容易形成较强的国际竞争优势，对有关行业或产品国际竞争力的提高起到巨大的促进作用；一国某行业或某产品的比较优势只有通过竞争优势才能得以体现，具有比较优势的行业或产品，如果缺乏国际竞争优势，则其比较优势是无法实现的。另一方面，二者都受资源稀缺性的约束，比较优势和竞争优势只是出现在一国的某些产品或产业中；二者的实质都是生产率的国际比较，是各国行业或产品生产率优势的不同表现。

尽管比较优势和竞争优势存在着密切的联系，但还是有所区别。第一，比较优势理论的实践意义是论证国家间产业分工与产业互补的合理性，并主要涉及国际贸易中的经济关系，竞争优势理论则不仅涉及国际贸易，而且涉及国际投资，无论是接受外商的直接投资还是本国优势企业的跨国经营，都是参与国

际竞争提高竞争力的方式。第二，比较优势强调的是各国不同产业之间生产率的比较，而竞争优势所强调的是各国相同产业之间生产率的比较。比较优势所体现的是生产率的相对优势，而国际竞争优势的实质则是本国某产业与他国相同产业比较时生产率的绝对优势。第三，竞争优势理论体现的产品差异型竞争优势主要来源于持续的"创新"活动，属于"新贸易理论"的范畴，而比较优势理论则属于传统贸易理论。第四，比较优势是一个经济学概念，而竞争优势是一个管理学概念。比较优势强调的是价格竞争，竞争优势强调更多的是非价格竞争和创新竞争。第五，分析方法不同，比较优势采用的是一般均衡、静态均衡的分析方法，而竞争优势采用的是非均衡的动态分析和局部分析方法。第六，比较优势最终可以归结为一国的资源禀赋或某产品发展的有利条件，而竞争优势则更注重策略行为。

第三章

金砖国家经济及农产品贸易发展特征

第一节　金砖国家农业合作的历程

　　金砖国家都是重要农业大国，对全球农业发展有着举足轻重的影响和作用。自 2010 年首届金砖国家农业部长会议以来，金砖国家农业国际地位不断提升，生产总值从 1.4 万亿美元增至 2.3 万亿美元，占世界农业生产总值的比重从 47% 增至 57%，占到了世界农业产值的一半，同时金砖国家内部农产品贸易以及农业投资快速增长，在全球经济复苏乏力、贸易增长低迷的大环境下，成为难得的一道风景线。金砖国家拥有世界 35.6% 的耕地，农业的稳定发展对全球农业有着举足轻重的作用，推进农业合作、农业贸易更加公平有序，农业投资更加便捷高效是金砖国家农业发展的必由之路。

　　农业话题已成为金砖国家历届峰会的重要内容，金砖各国政府给予了高度重视。在金砖国家第二次峰会之前，各国农业部长在莫斯科召开了第一次农业部长会议，签署了《"金砖四国"农业和农业发展部长莫斯科宣言》，就双边农业发展交换了想法，承诺加强农业合作。第二次峰会上讨论了推进四国在农业领域特别是家庭农场方面的合作。"三亚宣言"的行动计划中提出，2011 年要在中国举办农业合作专家工作组会议、第二届农业部长会议，并在建立金砖国家农业信息系统及举办食品安全研讨会等方面合作。在随后召开的第二届农业部长会议上通过了《2012—2016 年金砖国家农业合作行动计划》，明确了五个重点合作领域与努力方向。每个重点领域均由一个国家牵头协调。"德里宣言"提出要重点挖掘金砖国家在增进全球粮食安全和营养合作方面的潜力，提高农业产量和生产率，提高市场透明度，减少大宗商品价格过度波动。"德班宣言"

中指出粮食和其他大宗商品价格波动凸显了粮食安全问题并制约了政府的收入。"乌法宣言"中重申将继续深化农业合作，特别是农业技术和创新、为脆弱群体提供食物、农业对气候变化的适应性、减少粮食市场价格波动等，并在随后召开的第五届农业部长会议上将"发展相互贸易与投资——金砖国家农业可持续发展的基础"作为论坛主题，金砖国家农业基础信息系统建设方案进入实施阶段。"果阿宣言"强调通过提高农业生产和生产力、促进自然资源可持续管理以及金砖国家间农业贸易，确保粮食安全，解决营养不良，消除饥饿、不平等、贫困；呼吁发展灌溉基础设施，帮助农民提高对旱情的抵抗力等，并签署了《关于建立金砖国家农业研究平台的谅解备忘录》。"厦门宣言"中强调要在粮食安全与营养、农业适应气候变化、农业技术合作与创新、农业投资贸易以及农业信息技术应用五大重点领域加强合作，并提出建立金砖国家农业研究平台协调中心，并在2017年第七届金砖国家农业部长会议上，围绕"创新与共享，共同培育农业发展新动能"这个主题，进行了深入而坦诚的交流，联合发布了《金砖国家农业部长会议共同宣言》和《金砖国家农业合作行动计划（2017—2020）》等成果文件。

金砖国家领导人会晤机制为金砖国家农业合作创造了良好的政治环境，金砖国家农业合作取得了积极进展。随着金砖国家合作不断深化，金砖国家在促进全球粮食安全治理、应对气候变化、消除贫困、实现联合国千年发展目标等方面，发挥着越来越大的作用，金砖国家已成为推动当今世界政治稳定和经济发展的重要力量。

第二节　金砖国家经济发展及农业资源的比较

金砖国家无论是在国土面积方面还是在人口方面，在世界上都占据着举足轻重的地位。2016年金砖五国的国土面积占世界29.53%，接近世界总面积的1/3；人口总量为41.80%，超过世界人口的2/5。金砖国家人口众多，国内市场巨大，这为金砖国家的进一步发展提供了巨大的潜力。

一、经济总量及经济结构的比较
（一）经济总量
国内生产总值（GDP）是衡量各国经济发展水平的最重要指标，从该指标的对比来看，金砖国家的经济总量在过去十年间发生了巨大变化，世界主要经济体的地位日益突出。（见表 3-1）1996 年，美国和日本经济位于全球前列，占据着全球当年 GDP 总量的 40.99%，金砖国家 GDP 总和仅占世界的 8.37%，比日本的一半多点；同年中国 GDP 在金砖国家中最高，略高于巴西。2006 年，全球经济格局并未发生太大变化，美、日两国 GDP 仍占据全球 GDP 的 35% 以上，金砖国家经济总量世界占比为 11.76%，相比 1996 年仅增加了 3.39 个百分点。但是，分国家来看变动差异较大，其中中国成为世界第六大经济体，世界占比增长了 2.62 个百分点，位于金砖国家首位。印度、俄罗斯和南非世界占比也在提升，而巴西世界占比下降。2016 年，全球经济格局发生深刻变化，金砖国家经济地位出现明显提升，经济占比接近世界的 1/4，较 2006 年提升了 10.44 个百分点。尤为瞩目的是，除南非的世界占比下降外，其他金砖四国的经济总量和世界占比都出现不同程度的上升，中国超越日本等国家，成为世界第二大经济体，GDP 世界占比提升至 14.77%，占到金砖国家 GDP 总量的 66.51%。

表 3-1　金砖国家 GDP 与人均 GDP 情况变动表

单位：亿美元（%）现价美元

国家	1996			2006			2016 年		
	GDP	世界占比	人均GDP	GDP	世界占比	人均GDP	GDP	世界占比	人均GDP
巴西	8504	2.70	5157	11076	2.16	5860	17962	2.37	8650
中国	8637	2.74	709	27521	5.36	2099	111991	14.77	8123
印度	3877	1.23	396	9203	1.79	792	22638	2.98	1710
俄罗斯	3917	1.24	2644	9899	1.93	6920	12832	1.69	8748
南非	1476	0.47	3441	2718	0.53	5506	2955	0.39	5275
金砖国家	26411	8.38	12347	60417	11.77	21177	168378	22.20	32506
美国	81002	25.67	30068	138559	26.98	46437	186245	24.56	57638
日本	48337	15.32	38437	45304	8.82	35434	49402	6.51	38901
世界	315535	—	5443	513642	—	7781	758478	—	10190

资料来源：世界银行数据库

人均 GDP 是重要的宏观经济衡量指标之一，它是人们了解和把握一个国家

或地区的宏观经济运行状况的有效工具。1996—2016 年，金砖国家的人均 GDP
远低于全球平均水平，更低于美、日等发达国家。1996 年金砖国家平均人均
GDP 为 2469.40 美元，美国是它的 11.18 倍，日本是它的 14.57 倍；2016 年美国
是它的 7.87 倍，日本已不足 5 倍。金砖国家中，巴西的人均 GDP 一直处于高
位，之后被俄罗斯超过；其次是南非，印度最低。而人均 GDP 增速最快的是中
国，2016 年相对于 1996 年，提高了 10 倍多，而俄罗斯提高了 2 倍多，巴西不
足 1 倍。

（二）经济增长速度

GDP 增长率是衡量一国经济发展速度的主要指标。总体来看，金砖国家经
济增长速度较快，1996—2016 年以来，金砖国家整体平均增长率为 4.90%，高
于 2.93% 的全球平均增长率，是发展中国家中的佼佼者。分国家来看，中国增
长率最高，平均增长率为 9.28%，印度为 6.93%，巴西和南非较为接近全球平
均增长率。俄罗斯波动幅度最大，90 年代俄罗斯的 GDP 增长率多为负值，主要
来自俄罗斯独立后经济体制转型的阵痛，再加上 1997 年亚洲金融危机的影响；
2009 年、2015 和 2016 年再次出现负值，主要是受到国际经济危机以及由此带来
的全球经济低迷的影响，由此可见，俄罗斯经济易受到国际政治经济的影响，
且表现非常敏感，这也提醒我们在与俄罗斯的合作中，要时刻分析大的国际环
境，并据此做出预测，提前采取行动。具体年份的 GDP 增长率见图 3 - 1。

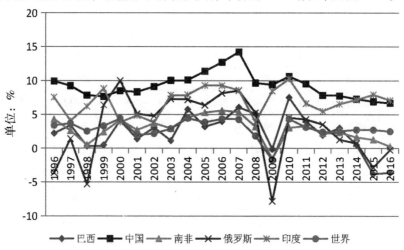

图 3 - 1　金砖国家 1996—2016 年 GDP 增长率变化图

资料来源：世界银行数据库

（三）经济结构

从 1996 到 2016 年的二十年间，金砖国家的产业结构变化遵循了钱纳里和库兹涅茨等人研究的一般结论，即随着经济的发展，农业增加值占 GDP 的比重处于下降态势，工业增加值占 GDP 的比重会在工业化前期处于上升态势，但会在后期趋于稳定和下降，服务业增加值占 GDP 的比重基本上会持续上升。

农业方面（图 3 - 2），印度农业增加值所占 GDP 的比例最高，2016 年为17.46%，高出世界平均水平近 14 个百分点，因此，印度在今后的发展中，应当降低农业产值比重，大力发展第二、第三产业。其次是中国低于印度但远高于世界平均水平，俄罗斯和巴西略高于世界平均水平，南非农业产值所占比例最低，位于世界平均水平之下。

工业方面（图 3 - 3），中国工业增加值占 GDP 的比重最高，远高于世界平均水平，2016 年为 40.93%，高出世界平均水平近 15 个百分点，这说明中国的工业化仍处于快速发展阶段，这也符合中国"世界工厂"的身份。俄罗斯工业产值的比重也高于世界平均水平，但低于中国。巴西略低于世界平均水平，印度和南非徘徊于世界平均水平。印度工业产值的占比呈现明显的上升趋势，且在 2006 年之前低于全球水平，之后高于平均水平，可见印度仍处于工业化发展的上升阶段。

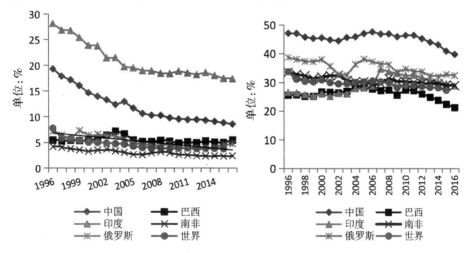

图 3 - 2 金砖国家农业增加值占 GDP 的比重   图 3 - 3 金砖国家工业增加值占 GDP 的比重

服务业方面（图 3 - 4），巴西和南非服务业比重最高，俄罗斯次之，中国最低，但是中国服务业发展的速度非常快，由 1996 年占 GDP 的 33.57% 提高到2016 年的 51.63%，服务业仍是我国今后大力发展的产业。

　　金砖五国三大产业的比重（图 3 - 5），以 2016 年为例，可以看出南非三大产业的比重较为合理，其次是巴西和俄罗斯，印度主要存在的问题是第一产业比重过高，第三产业有待进一步发展。中国存在的问题是第二产业产值过高，第三产业产值过低，说明中国近些年大力发展工业使工业产值得到很大提高，而服务业发展相对落后，今后应加大服务业发展的力度。

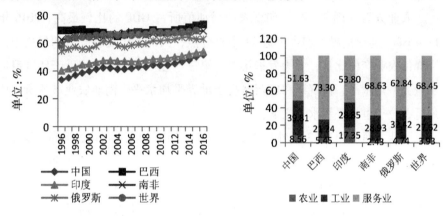

图 3 - 4　金砖国家服务业增加值占 GDP 的比重　　图 3 - 5　2016 年金砖国家三大产业比重

资料来源：世界银行数据库

　　注：2016 年世界三大产业占 GDP 的比重数据还没有出来，所以图 3 - 5 金砖国家三大产业的比重所采用的数据是 2015 年的。

二、国际贸易规模及地位的比较

（一）贸易规模的变化

　　金砖国家在世界经济中的地位不断提高，在对外贸易中的作用也越来越大。从图 3 - 6 可以看出，自 1996 年以来的二十多年里除个别年份外，商品贸易进出口总额基本保持上升的趋势，由 1996 年的 6829.46 亿美元飙升到 2016 年的 52785.12 亿美元，涨幅高达 6.73 倍。其中出口值由 3508.06 亿美元上升至 29040.86 亿美元，涨幅约为 7.29 倍；进口值由 3321.40 亿美元上升至 23744.26 亿美元，涨幅约为 6.15 倍。从贸易差额上来看，金砖国家整体上维持着贸易盈余的状况。2009 年金砖国家进出口总额比之前一年急速下降，从 48739.10 亿美元下降至 39784.78 亿美元，这源于 2008 年全球金融危机对国际贸易造成的重创，经过调整 2010 年超过了危机前的水平。2015—2016 年的金砖国家贸易额下跌主要是由于贸易价格下降，特别是能源和资源产品的价格下跌引起的，以及全球经济低迷在一定程度上增大了贸易保护的风险。

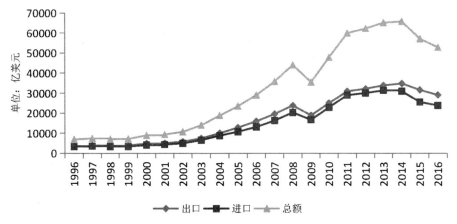

图 3 - 6 金砖国家商品贸易进出口总额变化

资料来源：UNCTAD 数据库

（二）贸易依存度

贸易依存度是指商品贸易额占 GDP 的比重，是商品出口和进口的总和除以 GDP 的价值，这个指标显示了各国贸易量占本国经济的份额变化，数值越大，说明与世界各国的经济贸易往来越密切。图 3 - 7 显示了近 20 年来世界经济中商品贸易额占 GDP 的比重呈稳步上升趋势，说明世界各国间的经济交流日益加深。中国自 1979 年实施改革开放政策后，中国与国际间的贸易往来不断深化，中国商品贸易占比大幅上升，将印度远远甩在了后面。南非是一个资源大国，对外贸易在南非经济中占有十分重要的地位。俄罗斯的出口以能源和原材料为主，1999—2000 年俄罗斯商品贸易额比重接近 60%，得益于国际石油、天然气以及其他能源商品的价格大幅度上涨。巴西经济的特点在于国内需求为主，外部需求的贡献度较低，使得商品贸易额的占比不及世界平均水平的 1/2，成为金砖国家占比最低的国家。

（三）贸易额占世界贸易额的比重

从整体上来看，金砖国家贸易总额占世界贸易总额的比重、出口额占世界出口额的比重以及进口额占世界进口额的比重均呈现一致上升的趋势，且增速基本保持一致，出口的占比略大于进口的占比。如图 3 - 8 所示，金砖国家贸易总额占世界贸易总额的比重从 1996 年的 6.48% 上升到 2016 年的 18.17%，上升了 11 个多百分点；出口占比上升了 8 个多百分点；进口占比上升了 10 个多百分

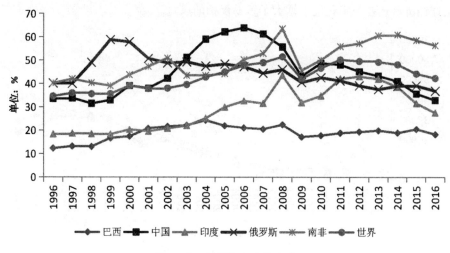

图 3 - 7　贸易依存度的变化

资料来源：世界银行数据库

点。近二十年来金砖国家对外贸易发展很快，在世界经济中的地位越来越重要，特别是自 2006 年以来金砖国家贸易额世界占比均在 10% 之上，2016 年的贸易总额世界占比达到 19.13% ，接近世界贸易总额的 1/5。

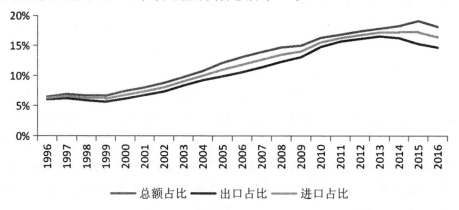

图 3 - 8　金砖国家贸易额占世界贸易额的比重

资料来源：根据 UNCTAD 数据库计算整理

（四）贸易的市场分布

根据表 3 - 2，2016 年，在金砖国家出口前五位货物贸易中，有 14 个国家和集团，其中出现次数最多的外部国家和地区是美、德、中各 4 次，中国香港、荷兰各 2 次，其余均为 1 次；内部对象是中国，出现 4 次。在金砖国家进口前五位的国家和地区也是13个，出现次数最多的外部国家为美国5次，中国、德国各4次，沙特、韩国各为2次，其余均为1次；出现次数最多的内部国家为中国，达到4次。总之，金砖国家外部货物贸易对象主要集中在美国和欧洲少数发达国家，它们的经济贸易和金融波动对金砖国家会有很大的影响。内部货物贸易对象主要为中国，表明中国与金砖国家贸易关系在密切发展，为扩大合作奠定了基础。

表3-2 2016年金砖国家进出口贸易前五位的伙伴国　单位：亿美元（%）

	出口					进口				
中国	美国	中国香港	日本	韩国	德国	韩国	日本	美国	德国	澳大利亚
	3856.78	2872.52	1292.68	937.07	652.14	1589.75	1456.71	1351.20	861.09	708.95
	18.39	13.69	6.16	4.47	3.11	10.01	9.17	8.51	5.42	4.46
巴西	中国	美国	阿根廷	荷兰	德国	美国	中国	德国	阿根廷	韩国
	351.34	233.00	134.18	103.23	48.61	241.00	233.64	91.31	90.84	54.49
	18.97	12.58	7.24	5.57	2.62	17.52	16.99	6.64	6.60	3.96
印度	美国	阿联酋	中国香港	中国	英国	中国	美国	阿联酋	沙特	瑞士
	419.92	300.42	132.10	89.16	85.65	604.83	203.95	192.41	184.61	148.55
	16.13	11.54	5.07	3.42	3.29	16.96	5.72	5.39	5.18	4.16
俄罗斯	荷兰	中国	德国	白俄罗斯	意大利	中国	德国	美国	白俄罗斯	法国
	292.55	280.21	212.58	140.51	136.98	380.87	194.49	110.66	94.06	84.92
	10.25	9.82	7.45	4.92	4.80	20.90	10.67	6.07	5.16	4.66
南非	中国	美国	德国	博兹瓦纳	纳米比亚	中国	德国	美国	印度	沙特
	68.12	54.74	52.60	41.49	37.12	135.37	88.17	49.78	31.04	28.36
	9.19	7.39	7.10	5.60	5.01	18.11	11.80	6.66	4.15	3.79

资料来源：根据 UN COMTRADE 数据库计算整理所得

（五）内部贸易规模及占比

由表3-3可见，2016年金砖国家间商品进出口贸易额，中国无论是进口还是出口，所占比例都最大，贡献也最大。中国对其他金砖国家的进口额为1121.08亿美元，占金砖国家内部进口额的40.60%；出口额为1305.64亿美元，占金砖国家内部出口额的55.61%。中国在金砖国家内部贸易中起到了引领作用，但是中国对金砖国家的进出口额占其对全球进出口额的比重不足10%，有着巨大合作潜力。金砖内部出口额排在第二的是巴西，约占内部总出口额的17.89%，进口额所占内部总进口额的比例仅为10.21%，但巴西对其他金砖国家的进出口额占到对世界总进出口额的20.50%和22.67%，说明金砖国家是巴西非常重要的商品进出口国。印度从其他金砖国家的进口额占到内部总进口额的26.79%，占到其对世界总进口额的20.74%，表明金砖国家是印度商品贸易的主要进口市场，出口额的占比低于10%，出口市场的地位有待提高。俄罗斯对其他金砖国家的进出口额占其全部进出口额的比重分别为23.88%和12.37%，可见金砖国家对俄罗斯的进口市场地位优于出口市场地位。南非无论是进口还是出口，都在金砖内部占最小的比例，但占到其全球进出口的24.48%和14.34%，因此，对于南非来讲金砖国家更是比较重要的商品进口市场。其他金砖国家从中国的进口均占到其从全球进口的16%以上，中国是其他金砖国家重要的进口来源地；巴西对中国的出口占到其出口总额的将近19%，中国是巴西最主要的出口目的地。

表3-3　2016年金砖国家间商品贸易进出口额及比重　单位：亿美元（%）

	中国	巴西	俄罗斯	印度	南非	对内贸易额	金砖内占比	对世界贸易额	对内/对世界
进口									
中国	—	458.55	322.60	117.64	222.29	1121.08	40.60	15879.21	7.06
巴西	233.64	—	20.21	24.83	3.36	282.04	10.21	1375.52	20.50
俄罗斯	380.87	25.23	—	23.97	5.21	435.28	15.76	1822.57	23.88
印度	604.83	36.15	47.82	—	50.92	739.72	26.79	3567.05	20.74
南非	135.37	14.02	2.57	31.04	—	183.00	6.63	747.44	24.48
出口									
中国	—	219.76	373.40	583.98	128.50	1305.64	55.61	20976.37	6.22
巴西	351.34	—	23.00	31.61	13.97	419.92	17.89	1852.35	22.67
俄罗斯	280.21	17.86	—	53.13	1.97	353.17	15.04	2854.91	12.37
印度	89.16	23.00	18.14	—	32.43	162.73	6.93	2603.27	6.25
南非	68.12	3.79	2.83	31.51	—	106.25	4.53	741.11	14.34

资料来源：根据 UN COMTRADE 数据库计算整理所得

三、农业资源状况分析

（一）农业土地资源

土地资源是农业生产最基本的自然资源，农业土地资源禀赋直接影响着一国农业生产的形态。通过表3-4可以看出，在金砖国家中，印度的农业土地禀赋最为突出，2016年农业用地面积占到全国土地面积的60.45%，可耕地面积占到土地面积的52.62%，良好的土地资源禀赋为印度农业发展提供了一定物质基础；与印度不同，尽管中国农业用地占土地面积的比例也很高，2016年达到56.22%，但可耕地面积占土地的比例仅为12.68%，略高于全球水平，远低于印度的水平；俄罗斯和巴西的农业土地资源禀赋最差；南非农业用地占土地比例高达79.83%，但可耕地比例仅为10.30%。

中国与印度因人口密度较大，在平均农业土地占有水平与人均可耕地面积占有量方面，明显处于劣势。从人均可耕地面积占有量看，俄罗斯的可耕地资源最为丰裕；中国最为贫瘠，中国的人均可耕地面积仅为0.09公顷，不及全球水平的一半；而印度的情况比中国略好些，人均耕地占有面积为0.12公顷，为全球水平的60%左右。

表3-4　2016年金砖国家农业用地与可耕地面积

国家	农业用地（平方公里）	占本国土地面积比例（%）	可耕地面积比例（%）	人均可耕地面积（公顷）
中国	5278330	56.22	12.68	0.09
巴西	2825890	33.81	9.57	0.39
印度	1797210	60.45	52.62	0.12
俄罗斯	2177218	13.29	7.52	0.85
南非	968410	79.83	10.30	0.23
世界	48626474	37.27	10.99	0.19

注：国土面积是一个国家的总面积，其中包括内陆水体和边海的水域面积。土地面积是指一国国土总面积，不包括内陆水体、提出主权主张的大陆架和专属经济区。在大部分情况下，内陆水体的定义包括主要河流和湖泊。

资料来源：世界银行数据库

（二）农业劳动力资源

由于劳动力的生产周期长，短期内不易看出其变化趋势，所以选取的时间点定在了 1985 年至今的三十来年。从农业劳动力占总劳动力比重看，金砖国家农业就业人员比率总体呈下降趋势，其中中国变化较大，由 1985 年的 62.42% 下降到 2017 年的 27.00%。印度农业就业人员占全国总就业人口比重最高，目前仍旧保持在 40% 以上，2017 年为 44.30%。俄罗斯和南非农业劳动力就业比重较低，在 2004 年之后降到了 10% 以下，如图 3-9 所示。

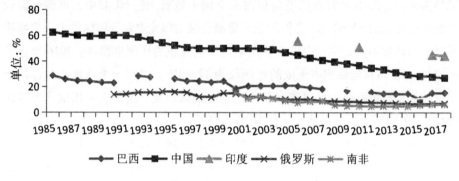

图 3-9　金砖国家农业就业人员占就业人口比率

资料来源：世界银行数据库

（三）农业发展规模及速度

农业发展规模最重要的衡量指标就是农业增加值，如表 3-5 所示，从 1985 年到 2016 年的三十年间，全球农业增加值不断增加，金砖国家农业增加值整体上呈现增加趋势。从农业增加值全球占比来看，金砖国家由 1985 年的 22.53% 上升到 2016 年的 45.95%，增长了 23 个多百分点，金砖国家已成为世界重要的农业大国，全球农业增加值的近一半来自金砖国家。分国家来看，中国农业增加值的总量最高，2016 年达到 9582.47 亿美元，是巴西的 10.33 倍，俄罗斯的 16.49 倍，印度的近 2 倍。从增长速度看，增长最快的也是中国，三十年间增长了 10 倍多，而南非和俄罗斯仅增长了 1 倍多。

表 3-5　各国农业增加值变化情况　　　　单位：亿美元

	1985	1995	2005	2010	2012	2014	2016
巴西	234.17	387.44	414.71	909.12	1027.57	1062.37	846.11
中国	864.52	1439.46	2661.20	5814.01	8063.99	9496.94	9582.47
印度	663.21	877.71	1440.52	2901.70	3089.19	3382.10	3536.62
俄罗斯	—	264.70	325.16	509.92	687.21	730.13	547.92

	1985	1995	2005	2010	2012	2014	2016
南非	32.01	54.99	61.60	89.61	85.98	76.49	64.18
金砖合计	1793.91	3024.30	4903.19	10224.36	12953.94	14748.03	14577.30
世界合计	7962.13	11807.73	15088.16	25589.72	30660.51	33345.77	31724.64
金砖占比（%）	22.53	25.61	32.50	39.95	41.08	44.23	45.95

注：以现价美元计算。
资料来源：世界银行数据库

第三节　其他金砖国家农产品贸易格局分析

一、农产品贸易规模及地位比较

（一）对外农产品贸易额及在世界农产品贸易中的地位

从图3-10可以看出，2001—2016年巴西、俄罗斯、印度和南非四国的农产品贸易规模不断扩大，尽管2009年与2014—2016年贸易规模有所下降，主要是受到金融危机以及全球经济低迷的影响，其他年份均呈增长的态势。2001年四国农产品贸易总额为456.82亿美元，2016年增加到2000.69亿美元，年均增长率为10.35%；进口总额增加了520.36亿美元，年均增长率为9.77%；出口总额增加了1033.96亿美元，年均增长率为10.95%。四国农产品贸易总出口大于总进口，处于顺差状态，2016年相对于2001年顺差增加了513.60亿美元，主要是巴西强势顺差的拉动。

分国家来看，2001年以来俄罗斯农产品贸易一直处于逆差状态，2014—2016年逆差有所回落，俄罗斯政府制定的一系列稳定农业的政策与措施起到了重要作用，但其农产品出口仅占总出口的5%左右，仍是农产品净进口国家。其余三国为贸易顺差，特别是巴西，2016年出口额达到715.58亿美元，占商品总出口额的40%左右，贸易顺差额较2001年2016年增长了近4倍，是名副其实的农产品出口大国。2016年南非的进出口较2001年均有较高增长，但贸易顺差额变化不大，2016年顺差32.18亿美元，较2001年仅增加了13.86亿美元，南非农产品出口占到总出口的 13% 左右，所以农产品贸易在南非有着重要的地位。印度一直是农产品净出口国，2016 年农产品出口 330.11 亿美元，占总出口的 17% 左右，2001 年农产品出口 64.46 亿美元，扩大了 4.12 倍，年均增长率为 12.37%；2016 年比 2001 年农产品进口额增加了 220.29 亿美元，增加了 6.07 倍，年均增长率 14.99%，农产品进口的增速略大于出口的增速。

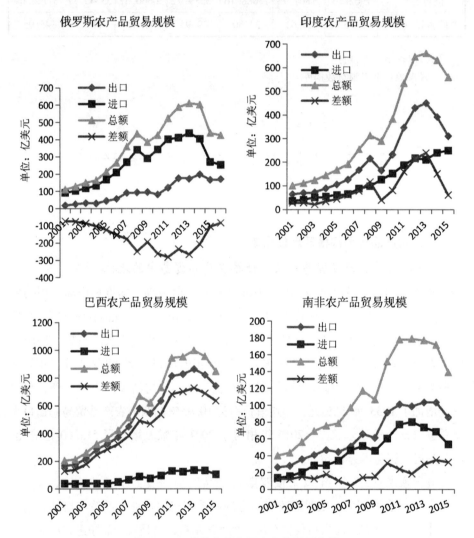

图 3-10　其他金砖各国农产品贸易规模

资料来源：根据 UN COMTRADE 数据库计算整理所得

通过对表 3-6 的分析，2001—2016 年以来，金砖国家农产品进出口平均占世界农产品进出口的比重分别为 10.48% 和 11.97%，总额占到世界农产品贸易额的 11.21%，可见金砖国家的农产品贸易在世界农产品贸易中有着重要的地位。进出口的占比均呈缓慢递增趋势，年均增长率分别为 5.82%、3.19%，进口占比的增长幅度略大于出口占比的增长幅度。但是，金砖国家农产品的出口合计要大于进口合计，金砖国家整体的农产品贸易处于贸易顺差，但顺差的幅度在缩小，2016 年顺差为 233 亿美元，相对于 2001 年的 119.34 亿美元，减少了 113.66 亿美元，其主要原因在于俄罗斯和中国农产品进口的大幅增加，远远抵消了巴西、印度和南非的顺差。

表 3-6　2001—2016 金砖国家（整体）农产品贸易合计占世界农产品贸易的比重

单位：亿美元（%）

年份	出口		进口		总额	
	出口额	占比	进口额	占比	总额	占比
2001	437.08	9.06	317.74	6.22	754.82	7.60
2002	480.82	9.42	344.10	6.38	824.92	7.86
2003	574.58	9.64	453.32	7.21	1027.90	8.39
2004	682.51	9.96	588.74	8.14	1271.25	9.03
2005	800.03	10.79	646.62	8.33	1446.65	9.53
2006	917.38	11.16	739.70	8.67	1657.08	9.89
2007	1134.74	11.51	964.88	9.42	2099.62	10.45
2008	1366.71	11.47	1257.76	10.18	2624.47	10.81
2009	1268.73	11.96	1137.33	10.45	2406.06	11.20
2010	1541.56	12.73	1493.31	12.09	3034.87	12.40
2011	2000.60	13.56	1895.04	12.55	3895.64	13.05
2012	2132.04	14.23	2090.19	13.90	4222.23	14.06
2013	2236.06	14.18	2193.82	14.01	4429.88	14.10
2014	2205.71	13.80	2205.19	13.90	4410.90	13.85
2015	1986.36	14.06	1969.74	13.74	3956.10	13.90
2016	2039.62	13.92	1806.62	12.50	3846.24	13.21

资料来源：根据 UN COMTRADE 数据库计算整理所得（包括中国在内）

具体到各国，通过表3-7以看出，俄罗斯农产品进口占比位居四国之首，2001—2016年俄罗斯农产品的进口平均占比为2.33%。巴西的农产品出口占比和总额占比均是四国首位，2001—2016年出口平均占比达到4.70%，总额平均占比为2.69%，巴西仅次于欧盟和美国已成为世界第三大农产品出口国。占比增幅最大的是巴西的出口占比，2016年出口占比为4.88%，比2001年的3.46%，增长了1.42个百分点，其次是印度进口占比，2016年比2001年增加了1.06个百分点。从占比上也可以看出巴西、印度、南非的出口占比均大于进口占比，三国的农产品贸易处于顺差，俄罗斯的进口占比远大于出口占比，俄罗斯是农产品净进口国家，农产品贸易处于逆差。

表3-7 2001—2016年其他金砖四国农产品贸易占世界农产品的份额　　单位（%）

年份	俄罗斯			印度			巴西			南非		
	出口	进口	总额	出口	进口	总额	出口	进口	总额	出口	进口	总额
2001	0.38	1.81	1.12	1.34	0.71	1.01	3.46	0.74	2.07	0.55	0.27	0.40
2002	0.51	1.90	1.22	1.37	0.77	1.06	3.44	0.69	2.03	0.55	0.29	0.42
2003	0.54	1.87	1.22	1.22	0.82	1.01	3.67	0.65	2.12	0.60	0.33	0.46
2004	0.45	1.85	1.17	1.30	0.76	1.03	4.17	0.53	2.30	0.60	0.39	0.49
2005	0.61	2.17	1.41	1.42	0.79	1.10	4.37	0.51	2.39	0.63	0.37	0.50
2006	0.68	2.46	1.59	1.54	0.76	1.14	4.52	0.58	2.51	0.54	0.40	0.47
2007	0.93	2.62	1.79	1.69	0.86	1.27	4.55	0.65	2.56	0.52	0.45	0.48
2008	0.79	2.76	1.79	1.80	0.80	1.29	4.87	0.72	2.76	0.55	0.42	0.48
2009	0.91	2.67	1.80	1.55	1.16	1.35	5.14	0.70	2.90	0.58	0.42	0.50
2010	0.68	2.78	1.74	1.92	1.23	1.57	5.24	0.79	2.99	0.75	0.49	0.62
2011	0.82	2.67	1.75	2.35	1.24	1.79	5.52	0.86	3.16	0.68	0.51	0.60
2012	1.17	2.74	1.96	2.87	1.44	2.15	5.52	0.83	3.17	0.66	0.53	0.60
2013	1.09	2.80	1.94	2.86	1.35	2.10	5.48	0.87	3.18	0.66	0.47	0.56
2014	1.24	2.56	1.90	2.45	1.52	1.98	5.15	0.84	3.0	0.65	0.43	0.54
2015	1.19	1.89	1.54	2.20	1.74	1.97	5.26	0.74	2.98	0.61	0.37	0.49
2016	1.17	1.76	1.46	2.25	1.77	2.02	4.88	0.79	2.85	0.63	0.46	0.55
均值	0.82	2.33	1.59	1.88	1.11	1.49	4.70	0.72	2.69	0.61	0.41	0.51

资料来源：根据UN COMTRADE数据库计算整理所得

（二）对内贸易规模及所处地位

1. 俄罗斯对其他金砖国家农产品贸易规模及占比

表 3-8 显示 2001—2016 年俄罗斯对其他金砖国家贸易额逐年增加，但各国增加的幅度不同。出口值最大的是中国，俄罗斯对中国的农产品出口 2016 年达到 16.27 亿美元，比 2001 年的 1.33 亿美元增加了 11.23 倍，年均增长率为 18.17%。俄罗斯对南非的出口涨幅是最大的，尽管数值少，但 2016 年俄罗斯对南非出口 1.21 亿美元，相比于 2001 年 2 万多美元，翻了几千倍，年均增长率达到 90.97%。俄罗斯从金砖国家的农产品进口远远大于对其出口，特别是巴西，2016 年从巴西的进口额为 21.94 亿美元，对巴西的出口额仅有 0.02 亿美元，存在严重的贸易逆差，但是进口增长率较为缓慢，2001—2016 年年均增长率仅有 7.79%。对中国农产品的进口额虽然低于巴西，但是增长幅度大，年均增长率为 15.98%。对南非进口额仍然最低，但年均增速也在 10% 以上。从贸易总额上来看，对巴西的贸易值最大，其次是中国（2015 年中国首次超过巴西），再次是印度，南非仍排在最后。

表 3-8 俄罗斯对其他金砖国家农产品贸易规模及占比　　单位：亿美元（%）

	2001	2003	2005	2007	2009	2011	2013	2016	2016 年金砖内占比	2016 年占对世界贸易额比重
出口										
中国	1.33	1.75	2.32	4.09	7.99	11.29	12.43	16.27	4.87	8.60
南非	0.00	0.02	0.01	0.00	0.09	0.34	1.35	1.21	0.58	1.03
巴西	0.00	0.00	0.00	0.02	0.00	0.01	0.14	0.02	0.01	0.01
印度	0.03	0.04	0.01	3.49	0.52	0.47	0.51	0.70	0.24	0.42
合计	1.36	1.81	2.34	7.60	8.60	12.11	14.43	18.20	5.70	10.06
进口										
中国	1.85	4.06	6.30	11.36	12.35	18.26	17.11	17.09	5.05	5.99
南非	0.32	0.67	0.56	1.37	1.81	2.44	3.23	2.04	0.80	0.95
巴西	8.99	14.13	23.90	35.82	33.21	40.15	29.38	21.94	7.98	9.46
印度	2.08	1.80	2.19	3.33	3.66	5.57	5.08	6.34	1.79	2.13
合计	13.24	20.66	32.95	51.88	51.03	66.42	54.80	47.41	15.62	18.53

	2001	2003	2005	2007	2009	2011	2013	2016	2016年金砖内占比	2016年占对世界贸易额比重
总额										
中国	3.18	5.81	8.62	15.45	20.34	29.55	29.54	33.36	4.96	6.98
南非	0.32	0.69	0.57	1.37	1.90	2.78	4.58	3.25	0.70	0.98
巴西	8.99	14.13	23.90	35.84	33.21	40.16	29.52	21.96	4.16	5.86
印度	2.11	1.84	2.20	6.82	4.18	6.04	5.59	7.04	1.05	1.48
合计	14.60	22.47	35.29	59.48	59.63	78.53	69.23	65.61	10.87	15.30

资料来源：根据 UN COMTRADE 数据库计算整理所得

从占比上看，以 2016 年为例，俄罗斯对其他金砖国家的出口额为 18.20 亿美元，占到内部总出口额的 5.69%，从其他金砖国家的进口额 47.41 亿美元，占到内部进口总额的 15.63%，但是俄罗斯对其他金砖国家的进出口额占到对全世界进出口额的 18.53% 和 10.06%，进口占比远大于出口占比，可见金砖国家是俄罗斯重要的农产品进口国。出口占比最高的是中国 4.87%，进口占比最高的是巴西 7.98%，说明金砖内部中国是其农产品的主要出口市场，巴西是其农产品的主要进口来源地。

2. 巴西对其他金砖国家农产品贸易规模及占比

表 3 - 9 显示，巴西对其他金砖国家的农产品贸易额也一直保持着增长的趋势，尽管个别年份略有下降。对中国的出口额最大，2016 年为 178.19 亿美元，比 2001 年的 6.50 亿美元，增加了 171.69 亿美元，增长了 26.41 倍，增速最快，年均增长率 24.70%。其次是对俄罗斯的出口，2016 年达到 20.71 亿美元，比 2001 年增加了 9.88 亿美元，但其增速较为缓慢，2001—2016 年年均增长率仅为 4.42%。金砖内部，中国也是巴西最大的农产品进口国，巴西 2016 年从中国进口 6.90 亿美元，是其他三国进口总额的 6.42 倍，年均增速达到 25.45%。

从占比上看，以 2016 年为例，巴西对其他金砖国家的出口额为 216.19 亿美元，占到内部总出口额的 75.65%，超过了 3/5，占其对全球总出口额的 30.17%，金砖国家成为巴西最主要的农产品销售市场，主要来源于对中国出口的快速增长，2016 年对中国出口占对内部总出口额的 62.88%，占对全球出口额的 25.07%。中国成为巴西名副其实的第一大农产品出口国。巴西从其他金砖国家的进口，无论是进口额还是占比中国都处于首位，2016 年从中国进口农产品 6.90 亿美元，占到了巴西从金砖国家进口额的 2.09%，占全球农产品进口额的 6.34%，说明中国也是巴西重要的农产品进口来源地。总之，金砖国家对于巴西来说，出口市场的地位明显优于进口市场的地位。

表 3-9　巴西对其他金砖国家农产品贸易规模及占比　　　单位：亿美元（%）

	2001	2003	2005	2007	2009	2011	2013	2016	2016年金砖内占比	2016年占对世界贸易额比重
出口										
俄罗斯	10.83	14.21	27.06	33.59	27.69	40.16	27.20	20.71	7.60	3.03
南非	0.80	1.73	4.10	5.48	4.43	5.73	5.02	3.69	1.32	0.53
中国	6.50	17.11	23.99	36.17	74.56	146.51	205.11	178.19	62.88	25.07
印度	1.64	1.41	5.71	2.21	17.61	3.46	7.27	13.60	3.85	1.54
合计	19.77	34.46	60.86	77.45	124.29	195.86	244.60	216.19	75.65	30.17
进口										
俄罗斯	0.14	0.06	0.00	0.08	0.01	0.01	0.19	0.10	0.01	0.04
南非	0.09	0.08	0.13	0.17	0.11	0.17	0.23	0.20	0.08	0.24
中国	0.23	0.29	0.77	1.33	2.64	6.87	9.28	6.90	2.09	6.34
印度	0.13	0.13	0.17	0.46	0.72	0.96	1.16	0.63	0.23	0.70
合计	0.59	0.56	1.07	2.04	3.48	8.01	10.86	7.83	2.41	7.32
总额										
俄罗斯	10.97	14.26	27.06	33.67	27.70	40.16	27.40	20.81	3.65	2.66
南非	0.89	1.82	4.23	5.65	4.55	5.90	5.25	3.89	0.67	0.49
中国	6.73	17.40	24.75	37.49	77.20	153.38	214.40	185.09	31.20	22.73
印度	1.77	1.54	5.88	2.67	18.32	4.42	8.43	14.23	1.96	1.43
合计	20.36	35.02	61.92	79.48	127.77	203.86	255.48	224.02	37.48	27.31

资料来源：根据 UN COMTRADE 数据库计算整理所得

3. 印度对其他金砖国家农产品贸易规模及占比

通过对表 3-10 的分析可以看出，印度对其他金砖国家的农产品贸易额处于波动上涨的态势，个别年份有所回落，但很快反弹。从出口上来看，金砖内部，中国市场是其最大的农产品出口市场，2013 年曾达到 41.29 亿美元，占到其对金砖国家出口额的 84.96%，2016 年出口额尽管大幅下降，但仍占到对内出口的一半以上，且中国是其增速最快的国家，2001—2016 年年均增长率为 14.09%，高于巴西的 11.88%、南非的 12.41% 和俄罗斯的 5.28%。从进口来讲，巴西是其在金砖国家进口额最高的国家，2016 年达到历史最高水平 15.36 亿美元，比 2001 年的 1.32 亿美元，增加了 14.04 亿美元，年均增长率达到 17.78%。中国紧随巴西排在第二位，2016 年 6.03 亿美元，增速 9.29%，相比巴西要慢些，但是多数年份从中国的进口额略高于对巴西的进口额。进口增速最快的国家是俄罗斯，尽管进口额比较低，但 2001—2015 年年均增长率达到 36.59%。

表 3-10　印度对其他金砖国家农产品贸易规模及占比　单位：亿美元（%）

	2001	2003	2005	2007	2009	2011	2013	2016	2016年金砖内占比	2016年占对世界贸易额比重
出口										
俄罗斯	2.26	1.72	2.34	1.80	2.01	3.44	3.40	4.89	1.12	1.06
南非	0.42	1.03	1.67	1.60	0.68	1.92	2.76	2.43	0.62	0.59
巴西	0.13	0.14	0.15	0.46	0.58	1.31	1.15	0.70	0.22	0.21
中国	1.43	1.99	6.03	14.36	10.61	36.97	41.29	10.34	3.77	3.59
合计	4.24	4.88	10.19	18.22	13.88	43.64	48.60	18.36	5.73	5.45
进口										
俄罗斯	0.02	0.13	0.07	5.55	0.78	0.76	1.14	2.15	0.67	0.86
南非	0.19	0.25	0.42	0.19	0.35	0.40	0.39	0.48	0.11	0.14
巴西	1.32	1.43	5.19	1.58	10.83	2.72	5.86	15.36	3.44	4.43
中国	1.59	2.01	2.90	3.98	5.32	9.38	6.58	6.03	1.90	2.45
合计	3.12	3.82	8.58	11.30	17.28	13.26	13.97	24.02	6.12	7.88
总额										
俄罗斯	2.28	1.86	2.41	7.35	2.80	4.21	4.54	7.04	0.88	0.97
南非	0.61	1.28	2.08	1.79	1.04	2.33	3.15	2.91	0.35	0.39
巴西	1.46	1.57	5.34	2.03	11.41	4.03	7.00	16.06	1.90	2.09
中国	3.02	4.01	8.93	18.34	15.93	46.35	47.87	16.37	2.79	3.08
合计	7.37	8.72	18.76	29.51	31.18	56.92	62.56	42.38	5.92	6.53

资料来源：根据 UN COMTRADE 数据库计算整理所得

从占比上看，以 2016 年为例，印度对其他金砖国家的出口总额为 18.36 亿美元，占内部总出口额的 5.73%，占其对全球总出口额的 5.45%，但是出口额的最高年份 2013 年对内对外的占比均在 16% 左右；从金砖国家的进口额 2016 年达到 24.02 亿美元，分别占对内和对世界进口额的 6.12% 和 7.88%；进出口总额的对内对外占比分别为 5.92% 和 6.53%，由此可见，金砖国家并不是印度农产品重要的进出口市场。

4. 南非对其他金砖国家农产品贸易规模及占比

南非对其他金砖国家的农产品贸易，无论是贸易额还是占比都是金砖国家中比例最小的。如表 3－11 显示，从出口上来看，2016 年对其他金砖国家的总的出口额为 5.96 亿美元，比 2001 年的 0.62 亿美元，增加了 5.34 亿美元，约占内部总进口额的 1.78%，占到其对全球农产品出口额的 6.18%；对中国的出口额最大，2016 年为 4.02 亿美元，占到对内出口的一半以上，增长速度也最快，2001—2016 年年均增长率为 20.34%。从进口上来看，2016 年从其他金砖国家进口合计 10.05 亿美元，比 2001 年增加了 8.67 亿美元，对内占比仅为 2.73%，但是占到南非对全球进口的 16.45%，可见金砖国家已成为南非重要的农产品进口国。从巴西的进口额最高，2001—2016 年平均进口额为 3.32 亿美元，占到南非对全球进口的 6% 左右。总之，金砖国家对于南非农产品的进口市场地位远高于出口市场地位，农产品贸易有很大的发展空间。

表 3－11 南非对其他金砖国家农产品贸易规模及占比 单位：亿美元（%）

	2001	2003	2005	2007	2009	2011	2013	2016	2016 年金砖内占比	2016 年占对世界贸易额比重
出口										
俄罗斯	0.20	0.53	0.40	0.89	1.17	1.73	1.95	1.48	0.57	1.98
中国	0.25	0.62	1.05	1.59	2.08	2.91	4.07	4.02	1.02	3.54
巴西	0.06	0.07	0.16	0.15	0.13	0.20	0.25	0.18	0.07	0.24
印度	0.11	0.15	0.31	0.37	0.42	0.64	0.63	0.28	0.12	0.42
合计	0.62	1.37	1.92	3.00	3.80	5.48	6.90	5.96	1.78	6.18

续表

	2001	2003	2005	2007	2009	2011	2013	2016	2016年金砖内占比	2016年占对世界贸易额比重
进口										
俄罗斯	0.03	0.06	0.02	0.02	0.24	0.26	0.84	1.35	0.15	0.92
中国	0.33	1.18	1.05	2.07	2.69	3.34	5.02	2.90	0.88	5.30
巴西	0.66	1.42	3.27	3.97	4.10	4.96	4.93	3.25	1.03	6.19
印度	0.36	0.85	1.37	2.02	1.32	2.62	3.23	2.55	0.67	4.04
合计	1.38	3.51	5.71	8.08	8.35	11.18	14.02	10.05	2.73	16.45
总额										
俄罗斯	0.23	0.59	0.42	0.90	1.41	1.98	2.79	2.83	0.35	1.57
中国	0.58	1.80	2.09	3.66	4.77	6.25	9.10	6.92	0.95	4.22
巴西	0.72	1.49	3.43	4.12	4.22	5.16	5.18	3.43	0.57	2.52
印度	0.47	1.00	1.68	2.38	1.75	3.26	3.87	2.83	0.41	1.81
合计	2.00	4.88	7.62	11.06	12.15	16.65	20.94	16.01	2.28	10.12

资料来源：根据 UN COMTRADE 数据库计算整理所得

二、进出口的主要农产品类别分析

(一) 在国际市场上的主要农产品类别

在分析农产品进出口品种结构时，文章根据农业的资源禀赋和比较优势特点，对 HS 编码数据进行细分，将农产品分为劳动密集型农产品和土地密集型农产品，其中劳动密集型农产品包括蔬菜、水果、畜产品和水产品等产品，土地密集型产品包括谷物、油籽类、薯类、糖料及糖类等产品。其他金砖国家对外主要农产品类别见表 3-12。

表 3 – 12 2016 年金砖国家进出口农产品结构 单位：亿美元（%）

	出口种类	金额	占出口额的比重	进口种类	金额	占进口额的比重
俄罗斯	谷物	57.60	33.60	畜产品	48.64	19.11
	水产品	31.71	18.50	饮品类	42.84	16.83
	植物油	20.02	11.68	水果	46.51	18.27
	饮品类	11.66	6.80	蔬菜	21.57	8.47
	畜产品	6.71	3.91	水产品	17.11	6.72
南非	水果	32.52	35.10	畜产品	9.26	13.98
	饮品类	13.09	14.13	谷物	14.08	21.25
	畜产品	10.23	11.04	饮品类	7.69	11.61
	谷物	6.14	6.63	植物油	5.78	8.72
	水产品	6.59	7.11	水产品	3.74	5.65
巴西	油籽	195.13	27.27	谷物	24.39	21.47
	畜产品	150.20	20.99	水产品	12.42	10.94
	糖类	104.36	14.58	饮品类	12.89	11.35
	饮品类	69.77	9.75	畜产品	11.72	10.32
	饼粕	51.95	7.26	蔬菜	11.34	9.98
印度	谷物	56.91	17.24	植物油	103.63	40.39
	畜产品	43.58	13.20	干豆	40.17	15.66
	棉麻丝	17.42	5.28	坚果	21.44	8.36
	饮品类	20.18	6.11	水产品	17.04	6.64
	水产品	56.06	16.98	饮品类	10.29	4.01

资料来源：根据 UN COMTRADE 数据库计算整理所得

　　俄罗斯土地辽阔，具有丰富的农业生产资源，但从事农业生产的人口少，所以农产品的生产多以土地密集型产品为主，进口的多为劳动密集型产品。俄罗斯适宜的气候条件和广袤的耕地使其成为世界小麦的主产区，2016 年小麦出口额为 43.03 亿美元，占到俄罗斯农产品总出口额的 25.10%。俄罗斯濒临北冰洋和太平洋，内陆有伏尔加河、鄂毕河、勒拿河等河流，水产养殖以及海洋捕捞使俄罗斯的水产品成为仅次于谷物的出口产品，出口额为31.71亿美元，占总出口额的18.50%。俄罗斯长期以来的工农二元经济结构，造成工农业产品价格剪刀差，导致农业生产成本上升，农业企业亏本，以及农业劳动力收入低下等，使俄罗斯需进口大量的农产品以满足市场需求。2016年畜产品的进口额达到48.64亿美元，近4/5是牛猪产品以及乳品的进口；饮品类的进口额为42.84亿美元，近1/2的饮品类是酒精及酒类产品的进口，这与俄罗斯的饮食习惯也有着重要的关系。俄罗斯冬季漫长夏季短暂，一年中只有3个月的水果蔬菜供应期，供不应求，大量依赖进口，2016年水果蔬菜进口额分别为46.51亿美元和21.57亿美元，分别占到进口总额的18.27%和8.47%。俄罗斯进口额前五位的畜产品、饮品类、水果蔬菜以及水产品占到进口总额的近70%。

南非大部分地区的自然条件适宜水果的生长，水果的大量生产带动了各类罐头食品、饮料和酒制作，南非出口的葡萄酒在国际市场上享有盛誉。2016年水果出口额为32.52亿美元，占到农产品出口总额的35.10%；酒类的出口额为10.31亿美元，占到农产品总出口额的11.13%，其次是饮品类、畜产品和水产品，前五类农产品出口额占到农产品出口总额的74.01%，可见南非出口的种类非常集中。畜产品进口的2/5来自家禽类产品；干旱的气候环境，使得南非成为大米净进口国，一半以上的谷物进口来自稻谷的进口，发展水利设施已成为南非农业生产的关键。

巴西出口第一位的是油籽，占到出口额的近1/3，油籽中99.37%来自大豆的出口，大豆是巴西农作物中最主要的产品，种植面积和产量均相当于全国农作物总种植面积和产量的一半，2016年对世界出口额为193.31亿美元，占到巴西农产品总出口额的近1/3。巴西的草原面积广阔，相当于耕地面积的3倍，广阔的草场为畜牧业的发展创造了良好的条件。北部的亚马孙平原、中部的巴西高原和西部的巴拉圭盆地都是重要的畜牧业地区。畜产品的出口在巴西畜牧业生产中占重要地位，2016年牛肉的出口额为43.45亿美元，猪肉的出口额为13.49亿美元，家禽产品出口额达到70.53亿美元，仅此三类就占到畜产品出口总额的84.87%，占到农产品出口总额的1/5多。巴西水产品的进口以鲜冷冻鱼类为主，2016年进口额为9.06亿美元，占到水产品进口总额的74.02%；小麦的进口额为14.58亿美元，占到谷物进口总额的59.78%，占农产品进口总额的12.84%，小麦的进口主要来自阿根廷；酒精及酒类的进口在巴西也占有很大比例，巴西政府十分重视替代能源的开发利用，酒精汽车技术处于世界领先地位，酒精销售量要远大于汽油。

印度是世界第二大小麦生产国，为确保国家粮食安全，印度政府连续增加播种面积，再加上季风气候适宜小麦生长，小麦产量连年保持高位，2012年出口量最高，达到479.61万吨，2016年出口量仅有39.34万吨，小麦出口量降至4年来最低水平，因为国际麦价接近4年低点，削弱了印度小麦的出口潜力。2016年大米的出口额为53.26亿美元，占到印度农产品总额的16.13%，出口量为992.01万吨，比上年同期减少111.69万吨，下降10.13个百分点，主要原因是伊朗和尼日利亚等主要进口国家的进口量减少，以及国际大米价格下跌。印度畜牧资源丰富，畜牧业对印度农业GDP的贡献率达到20%，成为印度农业的经济支柱。印度水牛产量占世界第一位，还是奶牛养殖量最大的国家，2016年牛肉的出口额达到37.36亿美元，占到畜产品出口总额的85.73%。由于宗教原因，印度一直是肉类低消耗国家，往往以优惠的价格对外出口，2016年畜产品的出口额为43.58亿美元，占到农产品出口总额的13.20%。印度是世界上最大的植物油进口国，过半的食用油需求依赖进口满足。印度主要从印度尼西亚和马来西亚进口棕榈油，从美国、巴西和阿根廷进口豆油，从乌克兰进口葵花油。由于棕榈油国际价格大幅下降，以及印度尼西亚和马来西亚两国为降低库存而采取的零出口税政策的刺激效应，2015年印度棕榈油进口量达到953.62万吨，较上年同期增长20.21%，基本达到饱和，2016年进口量减少了128.36万吨，相对于2015年同期减少了13.46%。

（二）在金砖国家内部市场的主要农产品类别

以2016年为例，见表3-13，俄罗斯农产品对其他金砖国家农产品出口量最多的依次是水产品、谷物、油籽、植物油、干豆等。第一位是水产品，2016年中国水产品出口额10.91亿美元，占到对金砖国家内部水产品出口额的99.99%，占到其对全球水产品出口额的36.06%，可见中国是俄罗斯水产品的重要出口国，也占到对中国农产品出口额的71.58%；对中国出口的油籽和植物油分别为1.44亿美元和1.70亿美元，分别占到对内出口额的99.70%和99.76%，占到对中国农产品出口额的8.67%和6.29%，仅此三类农产品就占到了对中国农产品出口额的86.54%。2016年对南非出口谷物1.19亿美元，占到对金砖国家谷物出口额的87.76%，占到对南非农产品出口额的99.12%；对印度的干豆占到了对内干豆出口额的99.99%，占到了对印度农产品出口额的70.30%；对巴西出口的粮食制品占到了对巴西农产品出口额的97.53%。总之，俄罗斯对其他金砖国家农产品出口的种类非常集中，且对内同类农产品的出口分布较为极端。

俄罗斯从其他金砖国家进口的农产品依次是畜产品、蔬菜、水果、饮品类、油籽。畜产品的进口主要来自巴西,2016 年进口额为 11.49 亿美元,占到对内畜产品进口额的 96.46%,占到其对外畜产品进口额的 27.38%,可见巴西是俄罗斯畜产品进口的主要来源地。蔬菜的进口在中国、南非和印度均是排在前三位的产品,其中中国占到对内蔬菜进口额的 92.9%,所以俄罗斯对内蔬菜的进口主要来自中国。对内水果的进口主要来自中国和南非,尽管南非的进口额和对内占比要低于中国,但是占到其农产品进口额的 90.44%,可见俄罗斯从南非主要进口水果。饮品类的进口在巴西、印度和南非也均是排在前三位的农产品,印度的进口额最高,占对印度农产品进口额的比例也最高,可见饮品类是俄罗斯从印度进口的主要产品。总之相比于进口,俄罗斯对内农产品的出口种类依旧集中,但是就占比分布而言较分散些。

表 3 - 13　2016 年俄罗斯对其他金砖国家的农产品贸易结构　　单位:亿美元(%)

国别	种类	金额	对内同类产品占比	对外同类产品占比	占对目标国进出口的比重
出口					
巴西	粮食制品	0.0117	20.76	0.44	97.53
	饮品类	0.0009	0.13	0.005	2.24
	—	—			
中国	水产品	10.9139	99.99	36.06	71.58
	油籽	1.4434	99.70	33.12	8.67
	植物油	1.7037	99.76	5.32	6.29
南非	谷物	1.1904	87.76	2.95	99.12
	调味香料	0.0005	0.93	0.26	0.04
	饮品类	0.0027	0.07	0.0024	0.02
印度	干豆	0.5180	99.99	17.17	70.30
	调味香料	0.1598	99.00	27.27	9.93
	畜产品	0.0733	14.06	0.84	6.08
进口					
巴西	畜产品	11.4929	96.46	27.38	60.07
	油籽	4.6022	84.54	21.32	10.91
	饮品类	1.7927	33.97	3.78	6.35

国别	种类	金额	对内同类产品占比	对外同类产品占比	占对目标国进出口的比重
出口					
中国	蔬菜	5.5821	92.90	24.36	36.67
	水果	4.2771	47.99	7.91	18.77
	水产品	2.9183	96.99	13.15	11.75
南非	水果	1.7321	33.84	5.58	90.44
	饮品类	0.2338	4.09	0.46	7.59
	蔬菜	0.0043	0.18	0.05	0.45
印度	饮品类	2.3213	45.32	5.04	37.67
	蔬菜	0.3772	6.63	1.74	7.35
	油籽	0.2064	9.90	2.50	5.68

注：为确保精准，数值保留到小数点后四位。2015 年俄罗斯对巴西的农产出口仅有粮食制品和饮品类两大类产品以及其他农产品。

资料来源：根据 UN COMTRADE 数据库计算整理所得

　　通过表 3-14 可以看出，2016 年印度出口到其他金砖国家的农产品按出口额大小依次是棉麻丝、植物油、饮品类、谷物等，其中棉麻丝的出口额占到其对世界棉麻丝出口额的 19.67%，植物油的出口额占到对外植物油出口额的 35.99%，可见金砖国家是印度棉麻丝和植物油的主要出口国。具体到国家而言，2016 年出口到中国的棉麻丝和植物油分别是 3.76 亿美元和 2.66 亿美元，分别占到印度对内出口棉麻丝和植物油的 99.01% 和 96.51%，中国成为印度对内和对外棉麻丝和植物油出口的最重要国家，且仅此两类就占到了对中国农产品出口额的 60% 以上，也体现了印度对中国出口产品的集中性。对南非出口额最大的农产品是谷物，占到对内出口额的 77.97%，南非成为其对内谷物出口的主要国家，但不是对全球谷物出口的主要国家，仅占到对外谷物出口额的 1.56%。对内饮品类的 80.38% 出口到俄罗斯，占到对俄罗斯出口额的 48.60%，饮品类成为印度对俄罗斯出口的第一大类的农产品。对巴西的出口以调味香料为主，占到对巴西农产品出口额的 22.98%。

表 3 - 14 2016 年印度对其他金砖国家的农产品贸易结构 单位：亿美元（%）

国别	种类	金额	对内同类产品占比	对外同类产品占比	占对目标国进出口的比重
出口					
巴西	调味香料	0.1349	36.51	1.41	22.98
	蔬菜	0.9327	12.08	0.52	9.48
	精油	0.0678	8.01	1.06	9.13
中国	棉麻丝	3.7611	99.01	19.48	37.22
	植物油	2.6621	96.51	34.75	24.42
	水产品	0.9721	91.56	5.79	8.72
南非	谷物	1.0887	77.97	1.56	59.47
	调味香料	0.1854	42.92	1.66	9.78
	糖料及糖类	0.1515	91.44	1.08	8.27
俄罗斯	饮品类	1.6049	80.38	7.91	48.60
	蔬菜	0.3323	71.69	3.07	11.30
	畜产品	0.3350	83.12	0.70	10.14
进口					
巴西	植物油	4.8506	97.86	5.08	48.00
	糖料及糖类	4.9745	97.30	84.76	44.93
	饮品类	0.2811	74.49	2.97	2.54
中国	棉麻丝	1.3416	96.24	22.77	23.24
	干豆	0.6890	25.92	2.25	11.25
	水果	0.4818	70.10	6.95	7.87
南非	水果	0.1769	25.75	2.55	51.80
	畜产品	0.1297	33.29	2.74	37.97
	饮品类	0.0169	4.47	0.18	4.94
俄罗斯	干豆	1.9310	72.71	6.31	89.89
	植物油	0.1084	2.00	0.10	5.04
	畜产品	0.0543	13.92	1.15	2.53

注：为确保精准，数值保留到小数点后四位。

资料来源：根据 UN COMTRADE 数据库计算整理所得

　　印度对其他金砖国家的进口按进口额的大小依次是植物油、糖类及糖料、干豆、棉麻丝等，其中糖及糖料类、棉麻丝进口分别占到其从世界进口的87.11%和23.66%，这两类农产品成为印度进口的主要来源国。具体到国家来看，从巴西进口的主要是植物油、糖料及糖类，2016年进口额分别为4.85亿美元和4.97亿美元，占到对巴西农产品进口总额的92.93%，从巴西进口的农产品种类集中。从中国主要进口棉麻丝、干豆和水果，对内96.24%的棉麻丝来自中国，也占到其对外的22.77%，中国成为其对内对外棉麻丝的重要来源国。从南非进口的第一大类农产品是水果，2016年进口额为0.18亿美元，占到对南非农产品进口总额的51.80%。从俄罗斯进口的干豆占到对俄罗斯农产品进口总额的近90%。由此可以得出，印度从其他金砖国家进口的农产品种类集中。

　　通过表3-15可以看出，2016年巴西出口到其他金砖国家的农产品按出口额大小依次是油籽、畜产品、糖料及糖类、植物油等，其中油籽的出口占到其对世界油籽出口的76.12%，畜产品占到对外出口额的17.08%，糖料及糖类占到21.13%。可见金砖国家已成为巴西出口畜产品和油籽的重要国家。具体到国家而言，糖料及糖类均列其他金砖国家的前三位，其中对内占比最高的是中国，占到对内的46.49%，其次是印度占到对内的27.87%。畜产品的出口分别位于南非、俄罗斯的第一大类，中国的第二大类农产品，对俄罗斯的出口额最高达13.56亿美元，占到了对俄罗斯出口总额的60%以上，中国次之10.99亿美元，仅占到对中国出口总额的5.91%。占对中国出口总额比重最大的是油籽，2016年巴西出口到中国的油籽157.88亿美元，分别占到巴西对内对外油籽出口的98.23%和74.77%，中国是巴西油籽的主要出口国。占对外出口比重较大的除了中国油籽，还有对印度出口的植物油和干豆，分别占到其对外植物油和干豆出口的40.17%和54.74%，印度成为巴西植物油和干豆出口的主要国家。

　　巴西从其他金砖国家进口的农产品品种繁多，进口国较为分散。金额较大的主要是水产品、蔬菜和畜产品，且三类农产品主要来自中国，2016年均占到对内同类产品进口的90%以上，水产品和蔬菜分别占到其对外的17.07%和18.35%，中国已成为巴西农产品进口的重要来源地。

表 3 - 15　2016 年巴西对其他金砖国家的农产品贸易结构　　单位：亿美元（%）

国别	种类	金额	对内同类产品占比	对外同类产品占比	占对目标国进出口的比重
		出口			
印度	植物油	5.5197	74.47	40.17	48.43
	糖料及糖类	4.5821	27.87	5.89	40.21
	干豆	0.4202	99.61	54.74	3.69
中国	油籽	157.8779	98.23	74.77	84.84
	畜产品	10.9903	42.22	7.21	5.91
	糖料及糖类	7.6440	46.49	9.82	4.11
南非	畜产品	1.4748	5.66	0.97	37.72
	糖料及糖	0.7807	4.75	1.00	19.97
	谷物	0.6125	65.39	1.06	15.67
俄罗斯	畜产品	13.5564	52.07	8.89	60.26
	糖料及糖类	3.4362	20.90	4.42	15.27
	油籽	2.5146	1.56	1.19	11.18
		进口			
印度	调味香料	0.1387	94.80	41.36	18.60
	精油	0.0975	75.72	15.91	13.08
	蔬菜	0.0826	4.61	0.90	11.08
中国	水产品	2.1358	99.79	17.07	31.75
	蔬菜	1.6788	93.64	18.35	24.95
	畜产品	0.6528	96.46	6.74	9.70
南非	饮品类	0.088268	66.44	0.75	35.18
	水果	0.0345	33.68	0.58	13.75
	蔬菜	0.0315	1.76	0.34	12.56
俄罗斯	粮食制品	0.0034	3.79	0.06	7.47
	糖料及糖类	0.0033	4.51	0.37	7.14
	饮品类	0.0023	1.75	0.02	5.03

注：为确保精准，数值保留到小数点后四位。

资料来源：根据 UN COMTRADE 数据库计算整理所得

通过表 3-16 可以看出，南非对其他金砖国家出口的农产品种类比较集中，主要是水果、畜产品、饮品类、坚果等。水果的出口额均位列其他金砖国家的前三位，出口额最大的是对俄罗斯的出口，2016 年为 1.55 亿美元，占到对内水果出口的 67.07%，占到对俄罗斯农产品出口总额的 91.42%，水果成为南非对俄罗斯出口的最主要农产品。畜产品主要出口到中国和印度，特别是对中国的出口，2016 年出口额为 1.71 亿美元，占到对中国农产品出口总额的一半以上。饮品类的出口在其他金砖国家也占有重要地位，特别是占到对巴西农产品出口的近 30%。总之，南非对其他金砖国家出口的农产品金额较小，对外占比少，可见金砖国家不是南非农产品出口的主要国家。

表 3-16　2016 年南非对其他金砖国家的农产品贸易结构　　单位: 亿美元（%）

国别	种类	金额	对内同类产品占比	对外同类产品占比	占对目标国进出口的比重
出口					
巴西	饮品类	0.0573	8.75	0.43	28.19
	水果	0.0369	1.60	0.13	18.16
	坚果	0.0038	23.14	0.56	1.85
中国	畜产品	1.7124	92.72	18.17	56.51
	水果	0.5779	25.05	1.97	19.07
	饮品类	0.4750	72.58	3.59	15.68
印度	水果	0.1450	6.28	0.49	40.39
	畜产品	0.1321	7.15	1.40	36.80
	精油	0.0046	83.72	1.63	1.28
俄罗斯	水果	1.5478	67.07	5.27	91.42
	饮品类	0.1188	18.15	0.90	7.02
	坚果	0.0037	22.79	0.55	0.22
进口					
巴西	畜产品	1.1907	82.60	14.42	36.05
	油籽	0.4858	84.42	37.45	14.71
	糖料及糖类	0.4548	61.79	16.11	13.77

国别	种类	金额	对内同类产品占比	对外同类产品占比	占对目标国进出口的比重
			进口		
中国	水果	0.4476	91.98	24.93	15.81
	蔬菜	0.4467	83.14	31.21	15.78
	水产品	0.2505	91.95	8.84	8.85
印度	谷物	1.0717	59.11	13.26	49.67
	调味香料	0.1773	88.47	26.59	8.22
	蔬菜	0.0898	16.71	6.27	4.16
俄罗斯	谷物	0.4778	26.35	5.91	96.80
	水产品	0.0059	2.15	0.21	1.20
	饮品类	0.0034	1.57	0.04	0.69

注：为确保精准，数值保留到小数点后四位。
资料来源：根据 UN COMTRADE 数据库计算整理所得

南非从其他金砖国家进口的农产品种类较多，主要有畜产品、谷物、油籽等。按对外占比而言，从巴西进口的油籽、印度进口的调味香料、中国进口的蔬菜和水果分别占到其对外同类产品进口的 37.45%、26.59%、31.21% 和 24.93%，可见金砖国家是南非油籽、调味香料以及蔬菜水果的重要进口国。从俄罗斯和印度进口以谷物为主，2016 年进口额分别为 0.478 亿美元和 1.07 亿美元，分别占到对俄罗斯农产品进口总额的 96.80% 和对印度进口总额的 49.67%。

三、主要市场布局分析

金砖国家农产品的出口国更多地体现了地理位置的毗邻性，比如印度农产品的出口国多为南亚和西亚国家，南非出口前五名的多为非洲国家。进口则是国际范围内的进口，如印度的进口国分布在南亚、南美洲、北美洲以及中亚等地区，俄罗斯的进口国则分布在中亚、东亚、西亚和南美洲等地区，南非农产品进口来源地遍布南北美洲、亚洲、非洲。如表 3 - 17 所示。

表 3 - 17　金砖国家农产品进出口伙伴国　　　单位：亿美元（%）

2016 年	出口贸易伙伴	金额	占比	进口贸易伙伴	金额	占比
俄罗斯	土耳其	16.60	9.68	白俄罗斯	32.56	12.79
	中国	16.27	9.49	巴西	21.94	8.62
	哈萨克斯坦	13.08	7.63	中国	17.09	6.71
	韩国	12.43	7.25	厄瓜多尔	12.11	4.76
	埃及	10.19	5.94	德国	10.35	4.07
南非	荷兰	7.61	8.21	阿根廷	7.26	10.96
	英国	6.58	7.10	泰国	3.27	4.94
	纳米比亚	6.52	7.04	巴西	3.25	4.91
	博茨瓦纳	5.92	6.39	荷兰	3.17	4.78
	博茨瓦纳	4.64	5.01	中国	2.90	4.38
巴西	中国	178.20	24.90	阿根廷	31.63	27.85
	美国	36.90	5.16	美国	11.50	10.13
	荷兰	36.76	5.14	智利	10.47	9.22
	德国	23.25	3.25	乌拉圭	8.99	7.92
	日本	21.99	3.07	巴拉圭	8.74	7.70
印度	越南	40.67	12.32	印尼	39.95	15.57
	美国	37.64	11.40	阿根廷	24.90	9.70
	阿拉伯联合酋长国	22.15	6.71	马来西亚	20.94	8.16
	沙特阿拉伯	14.90	4.51	乌克兰	16.41	6.40
	中国	10.34	3.13	巴西	15.36	5.99

资料来源：《国际农产品贸易统计年鉴 2017》

俄罗斯农产品出口市场较为分散，主要出口中亚、东亚、中东以及非洲地区，2016 年俄罗斯前五大出口市场分别为土耳其、中国、哈萨克斯坦、韩国以及埃及，占俄罗斯出口总额的 2/5。进口来源地集中在亚洲和美洲，前五大进口来源国的进口额占到俄罗斯进口总额的近 40%。2014 年乌克兰危机爆发以来，西方国家对俄罗斯实施多轮制裁，俄罗斯经济受到重创，所以俄罗斯加大从原苏联加盟国家、拉美国家以及中国等地区进口农产品的数量，以弥补制裁造成的供应缺口。

巴西农产品出口市场较为分散，主要出口市场为欧洲、美国及东亚国家，2016 年巴西前五大出口市场分别为中国、美国、荷兰、德国和日本，占巴西农产品出口总额的 41.52%。

就国家而言，中国是巴西最大的农产品出口市场，占巴西农产品出口总额的 24.90%，另外俄罗斯位居第八位，占出口总额的 2.89%，印度和南非的排名相对靠后些但是分别占到巴西农产品出口的 1.90% 和 0.53%，表明金砖国家农产品贸易往来是紧密的。巴西进口来源地集中度高于出口市场，主要是南美洲，2/3 以上的农产品进口来自南方共同市场，其成员国阿根廷、乌拉圭和巴拉圭是巴西农产品进口的主要来源地，因为南方共同市场成员国内部的商品价格较国际价格更具有竞争力。2016 年巴西农产品前五大进口来源地为阿根廷、美国、智利、乌拉圭和巴拉圭，占到进口总额的 62.80%，进口集中度高。中国是其第六大农产品进口国。

南非的农产品出口市场较为稳定，分布在欧洲和非洲。农产品出口第一位的是荷兰，主要是水果的出口，2016 年对荷兰水果的出口额达到 5.94 亿美元，占到南非水果出口额的 21.02%，占对荷兰农产品出口总额的 79.83%；对英国出口水果 4.74 亿美元，占水果出口额的 16.77%，占对英国农产品出口总额的 70.85%。进口国家分布得比较分散，遍布欧洲、非洲、南美洲以及亚洲。前五大进口来源国依次是阿根廷、泰国、巴西、荷兰、中国。从阿根廷进口的主要是饼粕、谷物以及植物油，2016 年分别达到 1.78 亿美元、1.21 亿美元和 0.81 亿美元，分别占对阿根廷农产品进口总额的 39.48%、26.83% 和 17.96%；从巴西进口的主要是畜产品、烟草和植物油，分别为 1.03 亿美元、0.53 亿美元和 0.49 亿美元，三类农产品总额占到了对巴西进口总额的 63.16%。

印度出口市场的集中度较低，多为亚洲国家以及美国。美国是其农产品出口的重要市场，2016 年对美国水产品的出口额达到 12.29 亿美元，占到对美农产品出口总额的 32.26%。对越南出口畜产品和水产品分别为 19.54 亿美元和 9.34 亿美元，两类农产品共占到印度对越农产品出口总额的 83.30%。印度农产品的进口来源地多为南亚以及美洲国家，前五大进口国依次是印尼、马来西亚、阿根廷、加拿大和乌克兰。印尼和马来西亚是印度植物油进口的主要来源地，2016 年从印尼和马来西亚分别进口植物油 36.97 亿美元和 24.03 亿美元，分别占到印度植物油进口总额的 35.27% 和 22.93%，印度一半以上的植物油进口来自这两个国家。

从进出口市场来看，金砖国家的进口来源地相对于出口市场要稳定且集中，这与金砖国家的农业政策息息相关，建立良好的进口贸易伙伴关系，保障进口来源地的稳定性对于稳定国内的农产品价格和农产品安全具有重要意义，因而进口市场都相对稳定；而出口市场分散则与金砖国家近年来积极开拓市场的政策有关，符合金砖国家农业"走出去"战略。

金砖国家成员之间的农产品进出口也占有着重要的地位，尤其是各成员与中国贸易的往来几乎占据了各国的前几位。2016 年中国是巴西的第一大农产品出口国，巴西 1/4 多的农产品出口到中国，也是第六大进口来源国；中国在俄罗斯出口中排在第二位，进口排在第三位，是俄罗斯重要的贸易伙伴国；中国也是南非重要的农产品进口国；中国在印度农产品的进出口中分别排在第十二位和第五位，且与印度农产品贸易的增速非常快。这说明中国农产品贸易在金砖国家中有着重要的地位，进一步加强中国与其他金砖国家的农产品贸易具有重要的意义。

第四节　本章小结

本章对金砖国家的合作基础及历程、宏观经济的发展、农业资源状况以及其他金砖国家的农产品贸易格局等进行了分析，为后面章节的论述做了铺垫，得出的结论如下。

1. 金砖国家能够走到一起源于五国巨大的发展潜力以及相互之间的共同利益的诉求。金砖国家合作机制建立以来，在贸易、农业、金融等领域的合作取得了一系列成果。金砖国家经济总量占到世界近 1/4，经济发展速度远远高于全球平均水平，由于人口基数大人均 GDP 低于全球平均水平。

2. 金砖国家与世界各国间的经济贸易往来密切，对外贸易发展迅速，贸易额接近世界的 1/5，贸易的对象主要集中在美国和欧洲少数发达国家。在金砖国家内部，中国商品进出口额所占比例最大，中国已成为其他金砖国家商品贸易的重要进口来源地和出口目的地。

3. 金砖国家农业可耕地面积不足世界的 11%，人均可耕地面积除中国和印度外均高于世界平均水平；农业劳动力在各国所占比例呈下降趋势；农业增加值占到了世界的近 1/2，发展速度非常快。

4. 金砖国家整体的农产品贸易处于贸易顺差，但由于中国和俄罗斯农产品进口的大幅增加，顺差幅度在缩小。巴西是世界农产品出口强国，2016年仅次于欧盟和美国；印度农产品出口增长态势强劲；俄罗斯一直处于贸易逆差；南非农产品贸易额在金砖国家中最小，为贸易顺差。

5. 金砖国家在世界市场上，农产品进出口种类集中；进口市场集中，出口市场更多体现了地理位置的毗邻性。巴西主要出口畜产品、食用油籽和食糖等产品，进口谷物和水产品；其主要出口市场为欧洲、美国及东亚国家，进口主要来源于南美洲。俄罗斯主要出口水产品和谷物，进口畜产品、饮品类和水果；进出口市场主要为拉美及亚洲国家。印度主要出口谷物、畜产品和水产品，主要进口植物油；出口市场多为亚洲，进口市场为亚洲和美洲。南非主要出口水果和饮品类，主要进口畜产品和谷物；南非出口国集中在欧洲和非洲，进口国则比较分散。

6. 就金砖国家内部而言，各国地位不同，农产品主要进出口类别差异大，互补性突出。

中国是俄罗斯农产品的主要出口市场，对中国主要出口水产品；巴西是其畜产品的主要进口来源地。对于巴西来说，出口市场的地位明显优于进口市场的地位，对内主要出口油籽、畜产品、糖料及糖类，中国是巴西最大的农产品进口国。金砖国家并不是印度农产品的重要的进出口市场，就内部而言，对中国主要出口棉麻丝，从巴西进口植物油。金砖国家对于南非农产品的进口市场地位远高于出口市场地位，进口集中于谷物和畜产品，出口则以畜产品和水果为主。

第四章

中国与其他金砖国家农产品贸易总体形势

第一节　中国农产品贸易总体格局

一、中国农产品的贸易规模及其地位

（一）我国农产品贸易额呈上升趋势，贸易逆差不断扩大

改革开放以来，中国农业逐步对外开放，农产品贸易迅速发展，通过表4-1我们可以看出，90年代以来我国农产品进出口贸易额的总体趋势是上升的，除了1998—1999年和2009年外（受到亚洲金融危机以及全球经济危机的影响）进出口快速增长。从出口的角度来看，1996年中国农产品出口额是143亿美元，而到了2016年就上升为729.9亿美元，增长了4.1倍左右，年均增长率为8.49%；从进口的角度来看，1996年中国农产品进口额是108.3亿美元，而到了2016年就上升为1115.7亿美元，增长了近10倍，年均增长率为12.37%，进口年均增速远远大于出口年均增速。特别是加入世贸组织后，我国农产品进口增长明显高于出口的增长。中国农产品进出口总额由1996年251.4亿美元增至2016年的1845.6亿美元，增加了6.34倍，年均增长率为10.48%。

表4-1　中国农产品贸易额及世界农产品贸易的占比　　　单位：亿美元（%）

年份	进口	占世界农产品进口比例	出口	占世界农产品出口比例	总额	占世界农产品贸易总额比例	农产品净出口
1996	108.3	2.2	143.0	2.9	251.3	2.5	34.7
1997	100.1	2.1	150.5	3.1	250.6	2.6	50.4

年份	进口	占世界农产品进口比例	出口	占世界农产品出口比例	总额	占世界农产品贸易总额比例	农产品净出口
1998	83.7	1.8	139.3	2.9	223.0	2.3	55.6
1999	82.4	1.9	135.9	2.9	218.3	2.4	53.5
2000	112.6	2.6	156.8	3.4	269.4	3.0	44.2
2001	118.5	2.7	160.5	3.3	279.0	3.0	42.2
2002	124.7	2.7	181.3	3.6	306.0	3.1	56.6
2003	189.7	3.6	214.1	3.6	403.8	3.6	24.4
2004	280.9	4.6	233.6	3.4	514.5	4.0	−47.2
2005	287.9	4.5	275.5	3.8	563.4	4.1	−12.4
2006	321.7	4.5	313.8	3.9	635.5	4.2	−7.8
2007	412.0	4.8	369.9	3.8	781.9	4.3	−42.1
2008	587.7	5.5	404.7	3.5	992.4	4.5	−183.0
2009	527.0	5.5	395.4	3.8	922.4	4.7	−131.6
2010	725.5	6.8	493.7	4.1	1219.2	5.5	−231.8
2011	948.7	7.3	607.2	4.2	1555.9	5.7	−341.5
2012	1124.8	8.4	632.5	4.0	1757.3	6.2	−492.3
2013	1188.7	8.5	678.3	4.1	1867.0	6.3	−510.4
2014	1225.4	8.6	719.6	4.3	1945.0	6.4	−505.8
2015	1168.8	9.0	706.8	4.8	1875.6	6.9	−462.0
2016	1115.7	8.7	729.9	5.7	1845.6	7.1	−385.8

资料来源:《国际农产品贸易统计年鉴 2017》和《中国农产品贸易发展报告 2016》

　　中国农产品的进口增幅明显快于出口,致使农产品由顺差变为逆差,且规模不断扩大。入世前受中国农产品贸易保护政策的影响,一直处于顺差,入世后随着关税的降低,进口额进一步加大,2004 年变为贸易逆差,之后逆差成为"常态",规模也逐年扩大,2013 年逆差额达到最高值 510.4 亿美元,之后同期增长率保持下降态势,2014 和 2015 年变为负值,分别为 −0.90% 和 −8.66%,特别是 2016 年下降了近 17 个百分点。贸易逆差的下降,一方面反映了近几年我国政府实施调整农业产业结构的政策，对减少大宗农产品的进口起到了一定的作用；另一方面受世界经济低迷的影响，我国也减少了农产品的进口。

中国农产品在世界农产品贸易中的地位日益重要，中国农产品进出口占世界农产品贸易额的比重稳中有升。中国农产品的进口比重由1996年占世界农产品总进口的2.2%上升到2016年的8.7%，增加了6个多百分点，进口额居世界第二位，仅次于美国。中国农产品的出口比重由1996年的占世界农产品总出口额的2.9%上升到2016年的5.7%，虽然增幅不足3个百分点，但是中国成为已跻身于美国、荷兰、德国之后的世界第四大农产品出口国。由于世界农产品的进出口总额相差不大，所以通过占比也可以看出我国农产品贸易处于逆差，且逆差呈扩大态势。

（二）我国农产品贸易的增长幅度呈下降趋势

根据UN COMTRADE数据库资料显示，1996年我国商品出口总额为1487.80亿美元，2016年为20976.37亿美元，年均增长率为14.06%；1996年的商品进口总额为1320.84亿美元，2015年为16816.71亿美元，年均增长率为12.96%。而1996—2016年我国农产品出口额年增长率仅为8.77%，进口的年均增长率为12.46%（前面已算出），均低于商品出口和进口总额的年均增长率。

通过图4-1我们发现，总体上我国全部商品贸易出口增长速度要高于农产品的出口的涨幅。商品贸易出口的增长速度出现过两次负值，分别在2008—2009年和2014—2015年，究其原因仍是世界经济危机带来的影响。在2002年之前，二者的增速走势是一致的；2002年之后，农产品出口的增速明显慢于我国商品出口的增速，中国实施工业反哺农业的政策初见成效，以大量农产品的出口换取外汇来支持工业发展的阶段已经过去；直到2008—2009年，商品出口的增速急剧下降，且低于农产品出口的增速；在2009—2010年农产品出口增速和商品出口增速都有一个大幅提升，之后二者均进入下降阶段，且二者的增速非常接近，农产品出口的增速反而略大于商品出口的增速，这与我国实施的一系列农业补贴政策是分不开的。

由图4-2我们可以看出，1996—2016年，农产品进口增长速度的变化与商品进口增速的变化交织在一起，具体来看，1996—2000年农产品的进口增幅要低于商品进口的增幅，2001年和2002年我国农产品进口增速稳定上升，之后增长速度加大，在2002—2003年增长速度达到历史最高水平51.46%，其增速超过了商品进口，这与入世后相关农产品协定的履行密切相关，农产品关税的降低使进口大幅上升。农产品进口2004年大幅下降，之后缓慢上升，2008—2009

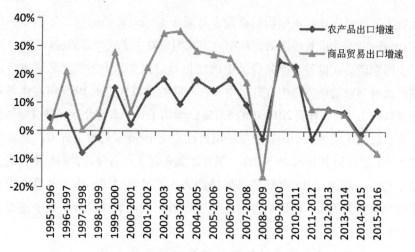

图 4-1 我国农产品出口额增长速度与全部商品出口额增长速度

资料来源：根据 UN COMTRADE 数据库计算整理所得

年再次跌入谷底，从 2009 年之后农产品进口增幅与商品进口增幅均呈下降趋势，且速度非常接近，农产品进口增幅略大于商品进口增幅。

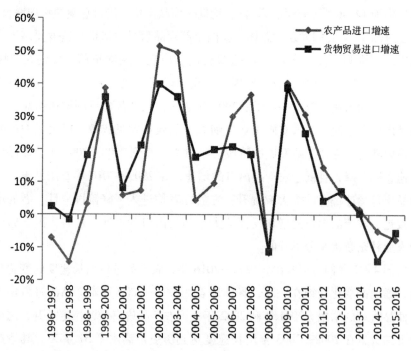

图 4-2 我国农产品进口额增长速度与全部商品进口额增长速度

资料来源：根据 UN COMTRADE 数据库计算整理所得

（三）农产品贸易在整个货物贸易中的比重下降

经济国际化进程的加快给中国农产品对外贸易发展带来很大的机遇，但相对于改革开放初期而言，中国农产品进出口贸易自90年代以来在整个进出口贸易中的地位呈明显的下降趋势，突出表现为农产品在所有商品进出口贸易中的份额呈下降趋势。

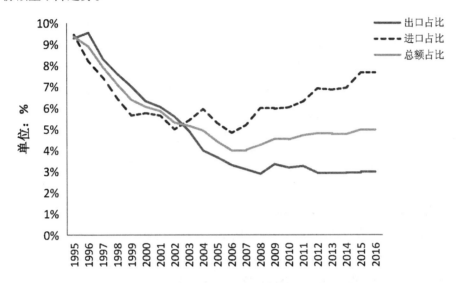

图 4 – 3　中国农产品进出口额占整个商品进出口额的比重

资料来源：根据 UN COMTRADE 数据库计算整理所得

通过图 4 – 3 可以看出，我国农产品的进出口额在我国对外贸易总额中的比重是较低的。1996—2016 年这 20 多年来无论是农产品进口额、出口额还是总额在我国整个货物贸易中所占的份额都低于 10%，占比最高年份出现在 1996 年，之后均呈现下降的趋势，特别是出口，所占份额持续降低，从 1996 年的 9.54%下降到 2016 年的 3.66%，下降了近 6 个百分点。相对于出口占比的降幅，进口占比的变化相对平缓些，呈波浪式下降态势，2016 年为 7.50%，比 1996 年仅下降了 1.95 个百分点。下降速度的不一致在 2003 年出现了一个转折，1996—2002 年出口占比略高于进口占比，2003 年起进口占比越来越高于出口占比。总之，一个国家的农业比较优势会在其工业化进程中逐步下降甚至丧失，这已成为普遍规律，中国农产品进出口贸易的变化趋势正印证了此规律。

二、中国农产品贸易结构及其特征

（一）农产品进出口结构

根据 1996—2016 年间农产品出口额占总出口额的比重，计算出这期间的占比均值，按均值高低排列前五位的依次是水产品、蔬菜、畜产品、水果、饮品类，这五大类农产品均占到每年农产品出口总额的 60% 以上，由此也可以看出我国农产品出口的种类比较集中，以劳动密集型产品的出口为主（图 4-4 所示）。我国农产品出口占比最大的水产品，1996—2016 年平均占比 25.10%，且年际间的占比变动不大，所占的比重稳定。蔬菜和饮品类的出口占比也相对稳定，平均占比分别为 16.44% 和 5.10%。畜产品的出口占比呈明显的下降趋势，1996 年占比 19.39%，2016 年下降到 8.61%，下降了 11 个百分点，仍占据重要地位。水果占比则呈现上升趋势，2016 年占比比 1996 年增加了 5.65 个百分点。总之，中国农产品出口中水产品出口均列每年第一位，其他四类的占比位次处于此升彼降的状态，例如，1996 年蔬菜以 15.05% 的占比排列第三位，水果占比 3.60% 排列第五位，2016 年蔬菜占比 20.20% 排列第二位，水果占比 9.83% 位于第三位。值得一提的是，均值占比排列前五位的农产品并不意味着每年都排列前五位，例如谷物在 1997—2006 年这十年间多次位于前五位，最高占比曾达到 12.40% 排列第四位；除谷物之外的油籽在 1996—2006 年这两年分别以占比 4.57% 和 4.13% 位列第四位和第五位。总体来看，中国农产品出口仍是以劳动密集型产品为主，主要出口品种相对稳定；土地密集型产品出口较少且呈下降趋势。

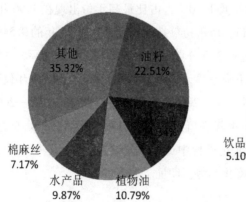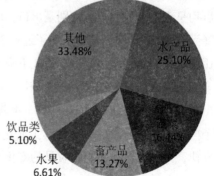

1996—2016 年进口平均占比　　　1996—2016 年出口平均占比

图 4-4　中国农产品进出口产品结构

从农产品进口的角度看，我国人口众多，自然资源相对稀缺，土地密集型产品不具备比较优势，加上伴随中国经济的快速发展，居民需求的不断提高，国内供给不足，中国对大豆、棉花、油料等原料型农产品的进口需求不断扩大，所以我国进口的农产品主要是油籽、畜产品、植物油、水产品和棉麻丝，其占比之和均在50%以上，也体现了我国农产品的进口种类相对集中（图4-4所示）。1996—2016年油籽的进口占比处于明显的上升态势，由1996年2.86%上升到2016年的33.25%，增长了10倍之多，从2000年起已成为我国进口第一位的农产品。1996年至今进口畜产品的占比均在10%以上，呈现波浪式，1996—2000年处于上升阶段，2000年达到历史最高水平20.49%，之后呈下降态势，2010年后小幅回升，特别是近几年国内市场对优质畜产品的需求持续增加，使得畜产品的进口额增加进而占比上升。植物油的进口呈下降的趋势，1996年植物油的进口占比13.80%，2016年下降到5.58%，降低了8个多百分点。水产品的进口呈现倒的"U"形，1996—2002年处于上升的阶段，2002年达到最高点15.45%，之后呈下降态势，2016年下降到8.37%。棉麻丝的占比极不稳定，最高占比14.17%，最低的仅有1.77%，2016年也仅有2.20%。除上述五大类进口农产品外，谷物的进口近年来也一直保持着上升的态势，主要原因仍在于全球经济低迷，大宗农产品需求不振，国际粮食供应充足，致使国际谷物市场价格下行，远低于国内市场价格，促进了谷物的进口。总之，我国每年进口的前五位的农产品分别是油籽、畜产品、植物油、棉麻丝、水产品以及谷物的轮番登场，不过2000年至今油籽和畜产品分别稳居于我国第一大和第二大进口农产品的位置。中国农产品进口主要以土地密集型产品和国内需求增长较快的优质产品为主。

（二）增速较快的农产品种类

进出口占比前五位的农产品并非增速也排在前五，如表4-2所示，1996—2016年出口的年均增速在10%以上的有六大类农产品，只有水果的占比是排在前五的，出口年均增速最快的是坚果16.88%，而坚果的平均占比仅有0.42%。进口的年均增速在20%以上的有七大类农产品，饮品类和水果的增速保留两位小数是一样的为23.76%；油籽的年均增速最快为34.05%，也是唯一占比排在前五的农产品；年均增速排在第二的干豆，平均占比仅有0.26%。通过下表还可以看出坚果和花卉均属于进出口增速都较快的产品。

表4-2 1996—2016年贸易额年均增速较快的农产品大类　　　单位：%

出口		进口	
种类	年均增速	种类	年均增速
坚果	16.88	油籽	34.05
水果	13.47	干豆	29.04
棉麻丝	11.32	饼粕	27.12
精油	11.09	坚果	25.83
粮食制品	11.05	花卉	24.58
花卉	10.72	饮品类、水果	23.76

资料来源：根据UN COMTRADE数据库计算整理所得

（三）进出口额居前五位的农产品种类结构

以2016年为例，进出口额占比在前五位的农产品大类的内部构成，如表4-3所示。

表4-3 2016年中国进出口的主要农产品种类结构及比重　　单位：亿美元（%）

出口			进口		
产品	金额	占比	产品	金额	占比
水产品			油籽		
鱼类（鲜冷冻）	69.79	42.96	大豆	348.95	90.70
贝类及软体动物	36.98	22.76	油菜籽	20.43	5.31
鱼类（加工）	34.56	21.28	芝麻	11.23	2.92
螃蟹	12.13	7.47	亚麻子	2.05	0.53
鱼类（活鱼）	5.57	3.43	花生	1.31	0.34
蔬菜			畜产品		
鲜冷冻蔬菜	58.31	45.36	乳品	31.80	17.09
加工保藏蔬菜	40.51	31.51	动物生皮	30.55	16.42
干蔬菜	29.73	23.13	牛产品	27.76	14.92
水果			生猪产品	27.15	14.59
鲜冷冻水果	45.56	71.76	动物毛	27.05	14.54
水果汁	6.96	10.96	动物生毛皮	16.57	8.91
水果罐头	6.58	10.37	家禽类	9.53	5.12
其他加工水果	4.39	6.91	羊产品	7.61	4.09

出口			进口		
产品	金额	占比	产品	金额	占比
畜产品			谷物		
家禽类	16.50	28.19	高粱产品	29.71	31.59
生猪产品	12.32	21.06	大麦产品	28.59	30.41
动物毛	7.12	12.17	稻谷产品	14.72	15.66
蛋产品	1.92	3.27	玉米产品	11.09	11.79
牛产品	1.82	3.11	小麦产品	9.02	9.59
饮品类			水产品		
茶	14.90	34.09	鱼类（鲜冷冻）	35.50	45.73
酒精及酒类	11.70	26.76	饲料用鱼粉	17.98	23.15
可可及制品	4.42	10.12	贝类及软体动物	8.83	11.37
咖啡及制品	4.45	10.17	虾类	5.56	7.16
无醇饮料	8.10	18.52	螃蟹	5.00	6.44
植物油					
棕榈油	37.05	52.46	菜油	6.57	9.31
豆油	6.46	9.14	葵花油和红花油	5.90	8.35
橄榄油	1.77	2.50	花生油	1.70	2.41

注：产品的进出口金额在1亿美元之上。

资料来源：根据UN COMTRADE数据库计算整理所得

　　从五大类出口产品的内部结构看，在"水产品"出口中，冷鲜冻鱼类的占比最大，2016年占到水产品出口总额的42.96%，其次是贝类及软体动物、加工鱼类均占到水产品出口的20%以上，这三种产品成为水产品出口的主导产品。在"蔬菜""水果"出口中，分别以鲜冷冻蔬菜、鲜冷冻水果的出口额最大，占到蔬菜出口的40%以上、水果出口的70%以上。"畜产品"出口构成中家禽类占的比重最大，家禽类中又以鸡产品的出口为主，主要销往日本，2016年由于日本进口的下降，直接导致了中国家禽产品出口的大幅减少。"饮品类"以茶和酒精及酒类的出口为主导，2016年仅此两种产品就占到了饮品类出口的60%以上，茶的出口的增长较快，2016年比上年增长了8%，中国茶叶品质的上升以及"一带一路"倡议的带动下沿线国家对茶叶需求的增加等因素，都促进了我国茶叶的出口。

从五大类进口产品的内部结构看，大豆是"油籽"的主要进口产品，2016年进口金额 348.95 亿美元，占到油籽进口总额的 90% 以上，2016 年全球大豆价格下跌，使得中国进口大豆的压榨利润明显改善，2016 年大豆进口量 8173.88 万吨，增长了 14.47%。"畜产品"的进口构成中乳品、动物生皮、牛产品、生猪产品、动物毛等产品，占畜产品进口总额的比重均在 10% 以上，其中牛产品 2016 年进口金额 27.76 亿美元、进口量 54.13 万吨，分别较上年增长 40.69% 和 43.85%，2016 年我国对农产品走私实施了严厉打击，国内市场走私牛肉在一定程度得到抑制，正规渠道进口增加。"谷物"进口主要是高粱、大麦、稻谷、玉米和小麦产品，进口额合计 93.13 亿美元，占到谷物进口的 99.04%。对玉米进口实施关税配额，大麦、高粱实行单一的 3% 和 1% 关税，导致大麦和高粱作为饲用玉米的替代品进口大幅增长。"水产品"的进口以鱼类（鲜冷冻）和饲料用鱼粉为主要产品，占到了水产品进口的近 70%，相对于饲料用鱼粉，鱼类（鲜冷冻）的增速较快，年均增速在 12.72%，水产品进口中增速最快的是贝类及软体动物，1996—2016 年年均增长率为 14.70%。进口的"植物油"主要是棕榈油、菜油和豆油，三者进口额合计占到植物油进口的 70% 以上，2016 年棕榈油国际价格持续下跌，导致进口量大幅增加，较上年增加 11%，棕榈油相对低廉的价格对豆油和菜油的进口也产生了一定的替代，2016 年豆油的进口量下降了近 30%。

三、中国农产品贸易的市场结构

（一）中国农产品主要进出口市场分布

中国农产品进出口贸易伙伴从洲际来看，亚洲、欧洲和北美洲是中国的重要贸易伙伴，而亚洲的出口地位尤为重要，亚洲是中国传统的农产品出口市场，占到中国出口总额的 60% 以上，也是唯一一个农产品贸易保持盈余的大洲，2016 年对亚洲出口 475.13 亿美元，进口 209.93 亿美元，处于贸易顺差。其他地区均为赤字，对南、北美洲贸易赤字最大，分别为 108.42 亿美元和 276.24 亿美元。① 随着欧盟从中国进口的增加，欧洲出口市场也日渐重要。表 4-4 显示的是自 1996 年至今的二十年来，中国农产品进出口额前六位的国家或地区，其贸易额及占比的变动情况。

① 《国际农产品贸易统计年鉴 2017》。

表 4 - 4　中国主要进出口国家农产品贸易规模及比重　　　单位：亿美元（%）

	出口			进口		
	分布	金额	占比	分布	金额	占比
1996	日本	45.52	31.53	美国	35.34	28.04
	中国香港	31.76	22.00	加拿大	11.69	9.28
	韩国	7.33	5.08	马来西亚	7.89	6.26
	美国	7.19	4.98	澳大利亚	7.75	6.14
	俄罗斯	5.14	3.56	泰国	7.68	6.09
	新加坡	5.07	3.51	巴西	6.52	5.17
合计		102.01	70.66		76.87	60.98
2000	日本	54.13	34.66	美国	27.34	21.28
	中国香港	19.07	12.21	澳大利亚	13.72	10.68
	韩国	16.62	10.64	加拿大	9.38	7.30
	美国	11.76	7.53	阿根廷	7.75	6.03
	马来西亚	4.47	2.86	巴西	5.86	4.56
	德国	4.45	2.85	马来西亚	5.15	4.01
合计		110.50	70.75		69.20	53.86
2005	日本	79.13	28.83	美国	71.54	20.67
	美国	29.92	10.90	巴西	30.51	8.81
	韩国	28.32	10.32	阿根廷	29.93	8.65
	中国香港	26.21	9.55	澳大利亚	24.11	6.97
	德国	9.49	3.46	加拿大	20.50	5.92
	俄罗斯	7.33	2.67	马来西亚	16.03	4.63
合计		180.40	65.73		192.62	55.65
2010	日本	91.55	18.54	美国	218.02	30.05
	美国	58.17	11.78	巴西	107.35	14.80
	中国香港	45.06	9.13	阿根廷	57.04	7.86
	韩国	35.32	7.15	马来西亚	35.22	4.85
	印尼	17.79	3.60	澳大利亚	39.30	5.42
	德国	17.52	3.55	加拿大	30.03	4.14
合计		265.41	53.75		486.96	67.12

	出口			进口		
	分布	金额	占比	分布	金额	占比
2016	日本	100.56	13.78	美国	295.64	26.50
	中国香港	99.68	13.66	巴西	190.73	17.10
	美国	74.24	10.17	澳大利亚	66.98	6.01
	韩国	46.75	6.41	加拿大	53.63	4.80
	泰国	35.32	4.84	泰国	43.20	3.87
	越南	38.71	5.30	阿根廷	42.05	3.77
合计		395.26	54.16		692.23	62.05

注：只是针对单独的国家，没有把欧盟列在内。
资料来源：根据 UN COMTRADE 数据库计算整理所得

从出口市场来看，1996 年以来中国农产品的出口市场主要是美国、亚洲国家和地区，1996 年以来，从中国农产品主要进出口市场分布的变化来看，主要出口市场的分布结构比较稳定，始终以亚洲国家（地区）以及美国为主要的出口市场，中国对前六大主要出口市场的出口额始终呈稳定的上升态势，但是所占的贸易比重从 1996 年的 70.66% 逐步降到 2016 年的 54.16%，下降了近 16 个百分点，说明主要出口市场的规模集中度呈下降趋势。日本、美国、中国香港和韩国一直居中国前四大出口市场，其中日本一直稳坐第一，但是 1996 年以来中国对日本的农产品出口额占中国农产品出口总额的比重呈下降趋势，中国对日本的农产品出口占比 2000 年曾达到 34.66%，2005 年为 28.83%，2010 年已跌破 20%，2016 年不足 15%，但日本仍是我国第一大农产品出口国。美国在我国农产品出口中地位不断上升，所占农产品出口的比重不断增加，1996 年为 4.98% 位列第四，2010 年上升到 11.78%，成为我国第二大农产品出口国，2016 年出口占比有所下降但仍保持 10% 以上位列第三。对中国香港的出口占比大幅下降，1996 年出口占比达到 22%，2005 年占比不足 10%，直到 2016 年有小幅回升达到 13.66%。对韩国的农产品出口占比，有一个上升到下降的过程，1996 年占比仅有 5% 左右，2000 年达到 10.64%，成为我国第三大农产品出口市场，2016 年下降到 6.41%，但韩国仍然是我国重要的农产品出口市场。从农产品出口的增长速度上来看，美国的增长速度位居前四个主要出口市场的第一位，

1996—2016 年中国对美国农产品出口的年均增长率为 12. 43% ，而对日本的出口增速只有 4. 11% 。而与其他国家的农产品贸易往来规模普遍较小，说明有巨大的潜力可开发。

从进口市场看，1996 年以来中国农产品进口来源地主要包括美国、巴西、澳大利亚、阿根廷和加拿大等国。中国已成为美国、巴西和阿根廷农产品的第一大进口国，美国是中国农产品最大的进口国，进口额约占当期农产品进口总额的 20% 左右，中国从美国进口的农产品数额远大于中国向美国出口的农产品数额，中美农产品贸易关系中中国始终保持逆差的局面。从巴西进口农产品的增长速度较快，1996—2016 年的年均增速为 18. 66% ，进口占比呈上升态势。2016 年比 1996 年上升了 10 多个百分点，巴西已成为我国第二大农产品进口国，中国与巴西的农产品贸易关系中，中国也是处于逆差状态。从加拿大的进口占比呈下降态势。从澳大利亚的进口占比不稳定，但是多数年份都没有超过 10% 。

总体看来，中国农产品进口市场较为分散，这样减少了农产品进口的风险，保证了农产品国际供给的稳定。出口市场在亚洲较高的集中度，更多地体现了出口市场的地缘性，但随着世界农产品贸易自由化和全球化发展的趋势不断加强，在稳固亚洲区域主要出口市场的同时，多元开拓和发展欧美等地区的农产品出口市场。

（二）中国主要进出口农产品的市场分布

根据前面"进出口前五大类农产品的内部构成"中分析的 2016 年中国主要出口的农产品种类有水产品、蔬菜、水果、畜产品等，主要进口的农产品种类有油籽、畜产品、谷物、水产品等，仍以 2016 年为例，如图 4 - 5、图 4 - 6 所示。

1. 中国主要农产品的出口市场

从中国水产品出口的分布来看，日本是我国水产品出口的最大市场，2016 年对日本水产品的出口占到中国水产品出口总额的 17. 86% ，除了日本市场，出口规模较大的市场还有美国、东盟等，东盟中对泰国水产品的出口位居第一，2016 年出口额达到 12 亿美元，占到对东盟水产品出口总额的 40% 以上。2016 年对日本、美国、东盟、欧盟以及中国香港的出口总额占到中国水产品出口总额的近 70% ，说明我国水产品的出口市场比较集中。

2016 年畜产品出口市场按出口额大小排序，依次是中国香港、日本、欧盟、东盟、美国，占到畜产品出口总额的 87. 07% 。对中国香港的畜产品出口占到我国畜产品出口总额的 1/3，主要出口生猪产品和家禽产品，2016 年仅此两项产品就占到对香港畜产品出口的 75% 以上；对日本出口主要是家禽和生猪产品，其中家禽产品占到对日本畜产品出口额的 57.32%。畜产品的出口仅中国香港和日本就占到了中国对外畜产品出口的 55.70%。除此之外欧盟和东盟也是我国非常重要的畜产出口市场。

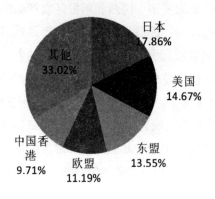

2016年中国水产品出口市场分布

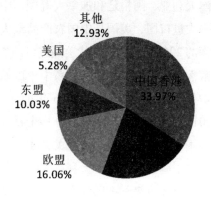

2016年中国畜产品出口市场分布

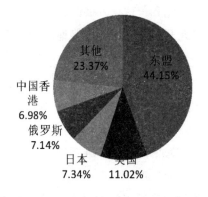

2016年中国水果出口市场分布

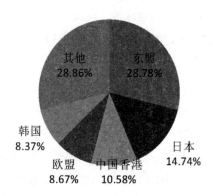

2016年中国蔬菜出口市场分布

图 4－5　中国主要农产品出口的市场分布

2016 年中国水果出口到东盟的市场份额最高，占到水果出口的 2/5 以上，东盟中的泰国是我国水果出口的最大市场，2016 年出口额达到 11.90 亿美元，占到中国水果出口总额的 14.58%。其次是美国，占到了水果出口的 11.02%。水果出口前五位的国家共占到水果出口的 70% 以上，可见我国水果市场也是比较集中的。

东盟是我国蔬菜最大的出口市场，2016 年占到我国蔬菜出口总额的 28.78%。我国第二大蔬菜出口市场是日本，特别是近年来对日本市场的出口增幅明显，2016 年占到蔬菜出口总额的 14.74%。其次是中国香港、欧盟和韩国，

2016年中国水产品进口来源地

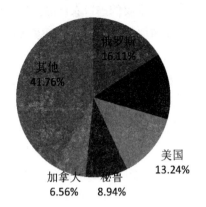

2016年中国畜产品进口来源地

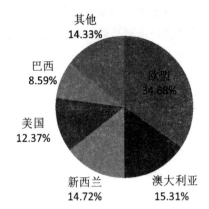

2016年中国油籽进口来源地

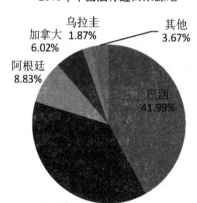

2016年中国谷物进口来源地

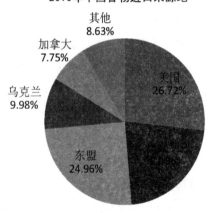

图4-6 中国主要农产品进口的市场分布

所占比重为10%左右，我国蔬菜出口市场也是比较分散的。

除此之外，饮品类的出口2016年在我国农产品出口中排到第五位，饮品类中以茶叶的出口为主，按出口额大小，2016年我国茶叶的主要出口市场依次是摩洛哥、中国香港、美国、塞内加尔和日本，占到我国茶叶出口的40%以上，我国茶叶市场较为分散。

2. 中国主要农产品的进口来源地

油籽是我国进口的第一大类农产品，占油籽进口额90%多的是大豆的进口，大豆主要从巴西、美国和阿根廷3个国家进口，共占到进口总量的95.49%，其中从巴西的进口占到了近1/2，可见我国大豆的进口来源地高度集中。油籽中占比仅 5%的是油菜籽，我国 86.76%的油菜籽进口来自加拿大。

水产品和畜产品既是我国主要的出口农产品也是主要的进口农产品。我国水产品的主要进口市场是俄罗斯、东盟、美国、秘鲁和加拿大，这五个国家或地区占到我国水产品进口总额的近 60%。从俄罗斯进口以鱼类（鲜冷冻）为主，2016年占到对俄水产品进口的 84.70%。畜产品进口来源地是欧盟、澳大利亚、新西兰、美国和巴西，进口额合计占到我国畜产品进口总额的 85.67%。畜产品进口额的近 20%来自澳大利亚，进口的主要产品是动物毛、动物生皮、牛产品等。其次是新西兰 2016 年占到我国畜产品进口额的 14.72%，从新西兰进口的畜产品主要是乳制品、羊牛产品等。总之，我国水产品和畜产品的进口市场相对比较集中。

我国谷物的进口来源地，前五位依次是美国、澳大利亚、东盟、乌克兰和加拿大，进口额合计占到我国谷物进口的 91.37%，我国谷物进口市场高度集中。分品种看，稻谷的进口主要来自越南、泰国和巴基斯坦，2016 年从三国进口的稻谷占到我国稻谷进口总额的近 95%，其中从越南的进口占到 53.15%，一半还要多；小麦的进口主要来自澳大利亚、加拿大和美国，进口量合计占到我国小麦进口量的近 95%；玉米的进口主要来自乌克兰和美国，2016 年仅从乌克兰进口的玉米就占到我国玉米进口总量的 81.42%；大麦进口量的 81.87%来自法国和澳大利亚，各占到我国大麦进口量的 40%左右；高粱是我国谷物进口的最主要产品，主要进口来源国是美国和澳大利亚，2016 年二者占到高粱进口总额的 99.17%，其中美国占到 83.80%。

植物油也是我国重要的农产品进口大类，植物油中的棕榈油、菜籽油和豆油所占比重较大。以 2016 年为例，我国棕榈油的进口来源地主要是印度尼西亚和马来西亚，菜籽油主要来自加拿大、乌克兰和荷兰，豆油主要进口于阿根廷、巴西和乌克兰。

第二节　中国与其他金砖国家农产品贸易发展情况

一、农产品贸易格局

（一）中国与其他金砖国家农产品贸易在我国农产品贸易中的地位

中国与其他金砖国家都是世界上重要的农业大国，农产品贸易是金砖国家对外贸易中极其重要的一部分。通过表 4-5 可以看出，2001—2016 年，中国与其他金砖四国的农产品贸易额呈递增趋势,尽管 2009 与 2014—2016 年受金融危机以及世界经济低迷的影响有小的波动。2016 年我国对其他金砖四国的农产品贸易总额为 299.36 亿美元,相对于 2001 年的 31.24 亿美元增加了 268.12 亿美元,年均增长 16.26%;进口贸易额 2016 年为 262.58 亿美元,比 2001 年增长了 236.33 亿美元,年均增长 16.59%;出口贸易额 2016 年为 36.78 亿美元,比 2001 年增加了 33.68 亿美元,年均增长 14.24%。可见中国与其他金砖国家的农产品进出额及贸易总额均呈增长趋势,但进口额增长幅度略高于出口额增长幅度。中国对其他金砖国家的农产品出口额远小于中国自金砖国家农产品进口额,中国一直处于贸易逆差地位,且贸易逆差呈扩大趋势,2001 年逆差为 21.26 亿美元,2016 年为 225.80 亿美元,逆差扩大了 204.54 亿美元,增长近 9 倍。

表 4-5　中国与其他金砖国家农产品贸易额及占我国的农产品贸易的比重

单位:亿美元(%)

年份	进口	占中国农产品进口比例	出口	占中国农产品出口比例	总额	占中国农产品贸易总额比例	农产品净出口
2001	26.25	19.14	4.99	3.10	31.24	10.48	-21.26
2002	33.21	22.55	7.80	4.29	41.01	12.46	-25.41
2003	46.49	20.84	9.37	4.35	55.86	12.74	-37.12
2004	58.00	17.40	9.51	4.03	67.51	11.86	-48.49
2005	50.97	14.64	11.70	4.20	62.67	10.00	-39.27
2006	67.99	17.82	13.97	4.38	81.96	11.70	-54.02
2007	81.66	16.47	19.91	5.28	101.57	11.63	-61.75
2008	122.06	18.02	24.32	5.90	146.38	13.43	-97.74
2009	111.41	18.60	22.50	5.61	133.91	13.39	-88.91
2010	154.66	18.42	29.57	5.90	184.23	13.74	-125.09
2011	218.99	19.95	36.08	5.85	255.07	14.88	-182.91
2012	252.09	20.07	35.95	6.00	288.04	15.52	-216.14
2013	282.62	21.16	38.95	6.03	321.57	16.23	-243.67
2014	262.71	19.36	39.16	5.68	301.87	14.75	-223.55
2015	235.57	18.28	32.96	4.85	268.53	13.64	-202.61
2016	262.58	18.95	36.78	4.79	299.36	13.40	-225.80

资料来源:根据 UN COMTRAD 数据库计算整理所

从占比上来看，2001 年以来，我国与金砖国家农产品贸易在我国农产品贸易中的地位稳定上升，金砖国家已成为我国农产品主要贸易伙伴。2001—2016 年我国从其他金砖国家进口农产品平均占我国农产品总进口额 18.85%，说明其他金砖国家已成为我国主要进口区域。出口额占比非常稳定在 5% 左右波动，表明金砖国家在我国农产品出口中所占份额较小，不是我国农产品的主要出口市场。占农产品贸易总额的比重，平均占比为 13.10%，基本上呈递增态势，但是增幅不明显。

（二）中国与其他金砖国家（整体）农产品贸易额占与其总贸易额的比重

从图 4 - 7 可以看出，我国对其他金砖国家农产品进口额占对其他金砖国家商品进口额的比重要高于出口占比以及总额的占比，进口占比在 2002 年达到最高点 22.21%，之后急速下降，在 2005 年达到最低点 13.04%，2006 年至今进口占比呈缓慢上升态势，2001—2016 年进口的平均占比将近 17%，农产品的进口在我国对其他金砖国家商品贸易的进口中占有重要的地位。农产品出口占商品出口的比重也是 2002 年达到最高点 8.70%，之后呈稳定的下降趋势，2016 年仅为 2.82%，2001—2016 年平均占比不足 4%，可见农产品不是中国对其他金砖国家出口的主要商品。贸易总额的占比与进口占比的变化趋势基本相同，2001—2016 年平均占比为 10.87%，所占份额不高，说明中国与其他金砖国家农产品贸易有很大的发展空间。

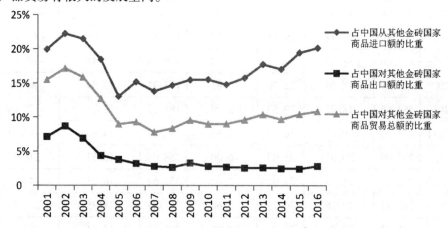

图 4 - 7　中国对其他金砖国家农产品贸易占中国对其他金砖国家商品贸易的比重

资料来源：根据 UN COMTRAD 数据库计算整理所

二、双边贸易形势

表 4 - 6 显示的是我国与其他金砖国家双边农产品贸易规模。从出口角度看，中国对俄罗斯的出口额是最高的，2016 年达到 19.40 亿美元，比对巴西、印度和南非的出口之和还要多；出口增速最快的是中国对巴西的出口，2016 年出口 6.66 亿美元，是 2001 年的 34 倍多，年均增长率为 26.76%；增幅最小的是对印度的出口，年均增幅不足 10%。从进口的角度看，中国从巴西进口的农产品数额是最大的，2016 年为 190.73 亿美元，是其他金砖国家进口额之和的 4.53 倍，也是进口增幅最快的国家，相比于 2001 年 7.91 亿美元的进口额，年均增长率达到 23.66%。其次是南非，尽管进口额较小但是增长速度也近 20%。印度的增幅最小，不足 1%。从总额上看，中国与巴西的农产品贸易总额最高，2016 年达到 197.39 亿美元，增幅也是最快的，年均增长率为 23.75%，其次是南非增速为 17.16%，增长速度最慢的仍为印度。从贸易差额的角度来看，中国与巴西、印度的农产品贸易，2001—2016 年中国一直处于贸易逆差且逆差不断扩大，特别是与巴西的逆差额最大，在一定程度上说明中国对巴西农产品的需求加大，巴西出口更加依赖于中国市场，当然这也与近年来巴西货币大幅度贬值有关，贬值后其出口竞争力增强，进口减少。中国与俄罗斯仅有 2008 年、2010—2015 年为顺差，其他年份也为逆差，中国与南非 2009 年之前顺差年份多，之后中国一直处于逆差且逆差也呈扩大态势。

表 4 - 6 我国与其他金砖国家双边农产品贸易规模　　　单位：亿美元

年份	出口				进口				差额			
	中巴	中印	中俄	中非	中巴	中印	中俄	中非	中巴	中印	中俄	中非
2001	0.19	1.89	2.47	0.44	7.91	11.68	6.24	0.42	-7.72	-9.79	-3.77	0.02
2002	0.32	2.39	4.42	0.67	11.61	13.48	7.69	0.43	-11.29	-11.09	-3.27	0.24
2003	0.30	2.13	5.68	1.26	21.54	15.71	8.68	0.56	-21.24	-13.58	-3.00	0.70
2004	0.40	2.35	5.97	0.78	28.98	17.26	10.99	0.77	-28.58	-14.91	-5.02	0.01
2005	0.78	2.56	7.32	1.03	30.51	5.25	13.94	1.26	-29.73	-2.69	-6.62	-0.23
2006	0.89	2.44	8.90	1.42	38.24	11.62	12.90	0.75	-37.35	-9.18	-4.00	0.67
2007	1.20	3.79	12.30	2.00	48.45	12.98	14.43	1.47	-47.25	-9.19	-2.13	0.53
2008	2.68	4.36	14.44	2.22	88.05	16.13	13.25	2.01	-85.37	-11.77	1.19	0.21

年份	出口				进口				差额			
	中巴	中印	中俄	中非	中巴	中印	中俄	中非	中巴	中印	中俄	中非
2009	2.20	5.11	12.01	2.65	84.52	9.25	12.88	2.51	-82.32	-4.14	-0.87	0.14
2010	5.21	5.41	15.51	2.77	107.73	25.73	13.87	3.53	-102.52	-20.32	1.64	-0.76
2011	6.48	5.68	19.64	3.43	156.13	37.61	16.93	4.18	-149.65	-31.93	2.71	-0.75
2012	7.00	6.11	19.61	3.77	187.00	41.72	15.54	4.67	-180.00	-35.61	4.07	-0.90
2013	8.79	6.29	21.33	3.49	225.20	33.71	15.70	5.45	-216.41	-27.42	5.63	-1.96
2014	6.72	6.51	23.36	3.39	215.91	24.07	15.50	6.15	-209.19	-17.56	7.86	-2.76
2015	5.94	5.66	18.21	2.99	198.85	12.59	17.19	5.92	-192.91	-6.93	1.02	-2.93
2016	6.66	6.02	19.40	3.15	190.73	8.94	19.91	5.60	-184.07	-2.92	-0.51	-2.45

资料来源:《国际农产品贸易统计年鉴2017》及 UN COMTRAD 数据库计算整理

表4-7反映的是中国与其他金砖国家双边农产品贸易占对金砖国家农产品总进出口额的比重。从农产品贸易总额的占比上看,巴西是中国在金砖国家中最重要的贸易伙伴,2001—2016年以来,中巴农产品贸易总额的占比呈明显的上升趋势,平均占中国对金砖国家农产品贸易总额的56.53%,其中,2016年中巴农产品贸易额占中国与金砖国家农产品贸易额的75.51%,远大于中国在金砖国家中第二大农产品贸易伙伴国俄罗斯(占15.59%)。中国与南非农产品贸易额所占比重最小,2001—2016年间稳中有升,平均占中国对金砖国家农产品贸易总额的3.28%。中印农产品贸易额的占比呈明显的下降态势,由2001年的43.43%下降到2016年的5.38%,下降了37个百分点。

从进口占比的角度看,巴西是中国在金砖国家中最大的农产品进口来源国,呈明显的上升趋势,与印度、俄罗斯及南非相比占有绝对优势,2016年中国从巴西进口农产品的贸易额占到中国从金砖国家农产品进口总额的84.66%,相对于2001年30.14%,增加了54.52个百分点;中印和中俄的农产品进口占比呈下降趋势,特别是中印农产品进口占比由2001—2002年的40%以上,下降到2016年的3.59%;中国自南非农产品进口额所占比重仍最小,平均在2.10%,呈稳中有升的状态。在出口方面,自2001年开始,中俄之间的农产品贸易额在中国对金砖国家的农产品出口中始终占据主导地位,占中国对金砖国家农产品出口的50%以上,最高时达到63.72%(2006年),尽管这种优势在近几年出现一定的下滑，但与其他三个国家相比，俄罗斯仍然是中国在金砖国家中最重要的农产品出口国；中国对印度的农产品出口占比排在俄罗斯之后，2001—2016年平均占比21.96%，所占比重呈下降趋势，2011年被巴西赶超，巴西成为金砖国家中中国的第二大农产品出口国，对巴西出口的占比呈明显的上升趋势，是中国对金砖国家农产品出口中增速最快的；对南非的出口占到中国对金砖国家农产品出口的10%上下，最高值出现在2003年达到13.41%，近几年有所下滑。

表4-7　我国与其他金砖国家双边农产品贸易占比

——占对金砖国家农产品总进出口额的比重　　　　单位:%

年份	占对金砖国家农产品进口额比重				占对金砖国家农产品出口额比重				占对金砖国家农产品总额比重			
	中俄	中非	中印	中巴	中俄	中非	中印	中巴	中俄	中非	中印	中巴
2001	23.78	1.60	44.48	30.14	49.43	8.75	37.93	3.89	27.88	2.74	43.43	25.95
2002	23.16	1.30	40.59	34.95	56.73	8.54	30.62	4.11	29.54	2.67	38.70	29.09
2003	18.67	1.21	33.79	46.33	60.68	13.41	22.76	3.15	25.71	3.26	31.94	39.09
2004	18.94	1.32	29.77	49.97	62.79	8.25	24.70	4.26	25.12	2.30	29.05	43.53
2005	27.36	2.48	10.30	59.86	62.59	8.83	21.91	6.68	33.94	3.67	12.47	49.93
2006	22.82	2.02	18.57	56.59	63.72	10.07	19.27	6.94	29.79	3.39	18.69	48.13
2007	20.82	3.04	16.17	59.96	61.80	10.05	21.54	6.61	28.85	4.42	17.23	49.51
2008	12.21	1.91	13.49	72.40	59.22	10.56	19.87	10.35	20.02	3.34	14.55	62.09
2009	12.63	2.44	8.85	76.07	53.29	11.80	24.38	10.53	19.46	4.02	11.46	65.06
2010	10.85	2.59	16.84	69.72	52.43	9.39	19.91	18.27	17.53	3.68	17.33	61.46
2011	9.08	2.07	17.44	71.41	54.70	9.69	17.20	18.41	15.53	3.15	17.40	63.92
2012	6.94	2.05	16.71	74.30	50.91	10.18	18.54	20.37	12.42	3.06	16.94	67.57
2013	6.17	2.03	11.94	79.86	50.08	8.74	17.75	23.43	11.49	2.84	12.64	73.02
2014	6.25	2.43	9.13	82.19	54.49	8.38	18.85	18.43	12.50	3.20	10.39	73.91
2015	7.47	2.49	5.23	84.82	52.17	8.86	19.76	19.21	12.95	3.27	7.01	76.76
2016	9.11	2.64	3.59	84.66	55.38	8.95	16.37	19.33	15.59	3.52	5.38	75.51
均值	14.77	2.10	18.56	64.58	56.28	9.65	21.96	12.12	21.15	3.28	19.04	56.53

资料来源:《国际农产品贸易统计年鉴2017》及 UN COMTRAD 数据库计算整理

表 4－8 反映的是中国与其他金砖国家双边农产品贸易占对中国农产品总进出口额的比重。从进口的角度看，巴西是我国重要的农产品进口来源国，进口占比上升趋势明显，2001—2016 年平均占到我国农产品进口的 13.38%，2013 年曾达到最高值 18.95%；对印度和俄罗斯进口占比呈下降态势，印度下降明显由 2001 年的 8.51% 下降到 2016 年的 0.80%，降到不足 1%，自 2010 年以来从俄罗斯的进口占比也不足 2%，印度和俄罗斯不是中国农产品进口的重要来源地；对南非的进口占比较为稳定，基本低于 0.5%。从出口的角度来看，俄罗斯的占比最高但也不足 4%，印度和巴西的占比在 1% 左右，南非则不足 1%，由此看来金砖国家不是我国农产品的主要出口市场。从贸易总额的占比上看，2001—2016 年中国对其他金砖国家的农产品贸易总额之和均占到我国农产品贸易总额的 10% 以上，其中巴西占比最大，2016 年占到中国农产品贸易额的 10.70%，其次是俄罗斯的占比 2.13%，南非和印度不足 1%，说明巴西是我国农产品贸易的重要合作伙伴，俄罗斯、南非和印度有很大的潜力可挖掘。

表 4－8　我国与其他金砖国家双边农产品贸易占比

——占中国农产品总进出口额的比重　　　　　单位（%）

年份	占中国农产品进口额的比重				占中国农产品出口额的比重				占中国农产品进出口总额的比重			
	中俄	中非	中印	中巴	中俄	中非	中印	中巴	中俄	中非	中印	中巴
2001	4.55	0.31	8.51	5.77	1.53	0.27	1.18	0.12	2.92	0.29	4.55	2.72
2002	5.22	0.29	9.15	7.88	2.43	0.37	1.31	0.18	3.68	0.33	4.82	3.62
2003	3.89	0.25	7.04	9.66	2.64	0.58	0.99	0.14	3.27	0.41	4.07	4.98
2004	3.30	0.23	5.18	8.69	2.53	0.33	1.00	0.17	2.98	0.27	3.45	5.16
2005	4.01	0.36	1.51	8.76	2.63	0.37	0.92	0.28	3.39	0.37	1.25	4.99
2006	4.01	0.23	3.61	11.89	2.84	0.45	0.78	0.28	3.43	0.34	2.21	6.16
2007	3.50	0.36	3.15	11.76	3.33	0.54	1.02	0.32	3.42	0.44	2.15	6.35
2008	2.25	0.34	2.74	14.98	3.57	0.55	1.08	0.66	2.79	0.43	2.06	9.14
2009	2.44	0.48	1.76	16.04	3.04	0.67	1.29	0.56	2.70	0.56	1.56	9.40
2010	1.91	0.49	3.55	14.85	3.14	0.56	1.10	1.06	2.41	0.52	2.55	9.26
2011	1.78	0.44	3.96	16.46	3.23	0.56	0.94	1.07	2.35	0.49	2.78	10.45
2012	1.38	0.42	3.71	16.63	3.10	0.60	0.97	1.11	2.00	0.48	2.72	11.04

续表

年份	占中国农产品进口额的比重				占中国农产品出口额的比重				占中国农产品进出口总额的比重			
	中俄	中非	中印	中巴	中俄	中非	中印	中巴	中俄	中非	中印	中巴
2013	1.32	0.46	2.84	18.95	3.14	0.51	0.93	1.30	1.98	0.48	2.14	12.53
2014	1.26	0.50	1.96	17.62	3.25	0.47	0.90	0.93	2.00	0.49	1.57	11.45
2015	1.47	0.51	1.08	17.01	2.58	0.42	0.80	0.84	1.89	0.48	0.97	10.92
2016	1.78	0.50	0.80	17.10	2.66	0.43	0.82	0.91	2.13	0.47	0.81	10.70
均值	2.75	0.39	3.78	13.38	2.85	0.48	1.00	0.62	2.71	0.43	2.48	8.05

资料来源:《国际农产品贸易统计年鉴2017》及 UN COMTRAD 数据库计算整理

三、农产品进出口结构

（一）中国与其他金砖国家整体进出口的主要农产品类别及占比

1. 中国对金砖国家出口前五位的农产品类别及占比

按 HS 农产品统计口径，2001—2016 年中国出口到其他金砖国家的农产品，按占对金砖国家农产品总出口额的比重来说，前五位的是水产品、蔬菜、水果、棉麻丝和畜产品（干豆），2008—2013 年间干豆取代畜产品进入了出口前五位，但是从平均占比来看，畜产品 2001—2016 年的平均占比要大于干豆的平均占比，所以将畜产品列了出来。这五类农产品 2001—2016 年以来平均占到中国对其他金砖国家农产品出口的 66.83%，所占比例最大的是蔬菜平均占到出口总额的 19.44%，可以看出我国对金砖国家出口的农产品种类比较集中，如表 4-9 所示。

表4-9　中国对金砖国家出口前五位的产品　单位：亿美元（%）

年份	蔬菜		水果		水产品		畜产品		棉麻丝		比重合计
	数额	比重	数额	比重	数额	比重	数额	比重	数额	比重	
2001	0.59	11.82	0.40	8.11	0.37	7.35	0.72	14.53	1.45	29.00	70.81
2002	1.10	14.07	0.64	8.16	0.44	5.70	1.54	19.72	1.55	19.89	67.54
2003	1.35	14.42	1.00	10.65	0.63	6.77	1.63	17.46	1.27	13.52	62.82
2004	1.55	16.34	1.17	12.28	0.87	9.17	1.65	17.33	1.33	13.94	69.06
2005	2.36	20.21	1.65	14.14	1.48	12.67	1.22	10.40	1.36	11.59	69.01

年份	蔬菜		水果		水产品		畜产品		棉麻丝		比重合计
	数额	比重	数额	比重	数额	比重	数额	比重	数额	比重	
2006	3.05	21.83	2.48	17.76	2.16	15.43	0.68	4.85	1.01	7.24	67.11
2007	3.94	19.80	4.19	21.03	3.62	18.18	0.72	3.63	2.17	10.90	73.54
2008	4.37	17.98	4.09	16.81	4.43	18.21	0.81	3.35	2.14	8.79	65.14
2009	4.69	20.83	3.67	16.32	3.56	15.83	0.78	3.46	1.73	7.69	64.13
2010	6.99	23.63	4.56	15.43	5.61	18.96	0.96	3.24	2.13	7.19	68.45
2011	8.00	22.19	5.62	15.57	7.65	21.20	1.08	2.99	2.15	5.96	67.91
2012	6.50	18.08	5.97	16.61	7.00	19.46	1.26	3.51	2.17	6.04	63.70
2013	7.37	18.91	6.06	15.81	7.43	19.06	1.29	3.32	1.86	4.78	61.88
2014	8.33	21.28	6.04	15.43	7.27	18.56	1.60	4.10	1.67	4.27	63.64
2015	8.19	24.85	4.99	15.14	4.60	13.95	1.47	4.47	1.62	4.92	63.33
2016	9.10	24.74	8.00	21.75	6.27	17.05	1.21	3.29	1.60	4.35	71.18
均值	4.84	19.44	3.79	15.06	3.96	14.85	1.16	7.48	1.70	10.00	66.83

资料来源：根据 UN COMTRAD 数据库计算整理所

具体到出口产品来看：

水产品。中国出口金砖国家的水产品除 2009 年受金融危机的影响以及近两年受世界经济低迷的影响外，出口额及占比基本上保持逐年增加的态势，2016 年为 6.27 亿美元，2001 年为 0.37 亿美元，其间增长了 15 倍多，年均增长率为 20.76%。其中鱼类加工产品发展迅速，2016 年为 2.90 亿美元，占到水产品出口额的 63%。

蔬菜。2001 年以来均保持快速增长的态势，2016 年达到 9.10 亿美元，相对于 2001 年增长近 14 倍，年均增长率达到 20% 以上，是我国对其他金砖国家出口额平均占比最高的国家，2001—2016 年平均占到我国对金砖国家农产品出口的 19.44%，2015 年达到历史最高水平 24.85%。蔬菜出口中鲜冷冻蔬菜所占比重最大，2016 年出口额为 3.35 亿美元，占到我国对金砖国家蔬菜出口的 40% 以上。

水果。出口额呈递增趋势，2016 年达到 8.00 亿美元，占到对金砖国家农产品出口额 20% 以上。水果的出口以鲜冷冻水果为主，2016 年鲜冷冻水果出口额为 3.28 亿美元,占到水果出口总额的一半以上。2001—2016 年,水果出口额平均占到我国对金砖国家农产品出口额的 15.06%,是我国对其他金砖国家主要的出口农产品。

棉麻丝。自 2001 年以来出口变动幅度不大,平均为 1.70 亿美元,但是其所占比重呈明显下降态势,2001 年占到我国对金砖国家农产品出口的 29%,2016 年仅占到 4.35%。我国出口到金砖国家的棉麻丝以蚕茧及丝为主,2001—2016 年以来平均占棉麻丝出口的 98.70%。

畜产品。近几年我国出口到金砖国家的畜产品出口额稳中有升,但是其占比自 2006 年降至两位数以下,浮动范围在 3%~5% 之间,2001—2016 年的年均增长率为 3.52%,增长速度比较慢。

干豆。出口额变动幅度较大,2016 年相对于 2001 年仅增加了 0.78 亿美元,所占对金砖国家出口总额的比例由 2001 年的 3.14% 下降到 2.85%。2001 年以来,对金砖国家干豆的出口额平均占到我国对金砖国家农产品总出口额的 4.91%。

此外,2016 年谷物、油籽、植物油等出口贸易额相对于 2001 年都有所减少,其中谷物和油籽分别减少了 0.15 亿美元、0.14 亿美元,所占出口商品的比例也均下降,谷物由 2001 年的 3.67% 下降到 2016 年的 0.09%,油籽由 7.71% 下降到 0.65%。这在一定程度上也说明了我国粮油等土地密集型产品的出口减少,蔬菜、水果、水产品等劳动密集型农产品出口增加。

2. 中国对金砖国家进口前五位的农产品类别及占比

通过表 4 - 10 可以看出,2001—2016 年中国从其他金砖国家进口的农产品,按占从金砖国家农产品总进口额的平均占比来看,前五位依次是油籽、水产品、棉麻丝、植物油和畜产品,这五类农产品的进口总额平均占到中国对金砖国家农产品进口总额的 89.01%,其他进口农产品大类进口占比之和仅为 10.99%,可见我国从金砖国家进口的农产品种类更为集中。其中油籽、棉麻丝、植物油的进口占比达到 60% 以上,表明我国从金砖国家进口的农产品多为土地密集型产品。

具体到产品来看:

油籽。2016 年进口额为 157.40 亿美元,2001 年为 6.24 亿美元,增加 151.16 亿美元,年均增长 24%。其中大豆的进口占到油籽进口额的 90% 以上,主要来自巴西。

植物油。2012 年进口额达到最高值 15.65 亿美元,之后呈下降趋势,2016

年为7.51亿美元,占比也由2012年的6.21%下降到2016年3.33%。豆油是主要的植物油进口品种,豆油的进口主要来自巴西,近年来巴西政府推行提振国内生物柴油消费的政策,减少了豆油的出口量,除此之外国际棕榈油价格的大幅下跌导致进口量增加,在一定程度上对豆油和菜籽油的进口产生替代作用。

表4-10 中国对金砖国家进口前五位的产品 单位:亿美元(%)

年份	油籽		棉麻丝		水产品		畜产品		植物油		比重合计
	数额	比重	数额	比重	数额	比重	数额	比重	数额	比重	
2001	6.24	23.77	0.04	0.15	16.49	62.84	0.10	0.38	0.06	0.24	87.38
2002	9.06	27.29	0.08	0.25	19.78	59.56	0.11	0.34	1.58	4.77	92.21
2003	17.15	36.88	0.33	0.70	21.66	46.60	0.53	1.15	2.83	6.09	91.42
2004	21.11	36.40	1.18	2.03	22.52	38.83	1.46	2.51	5.81	10.01	89.78
2005	23.90	46.89	2.42	4.74	12.02	23.59	2.52	4.94	2.28	4.46	84.62
2006	30.30	44.57	8.70	12.80	13.58	19.97	3.03	4.45	1.97	2.90	84.69
2007	39.31	48.14	9.39	11.49	15.04	18.42	3.67	4.49	3.99	4.89	87.43
2008	73.42	60.15	10.29	8.43	14.13	11.58	1.37	1.13	10.51	8.61	89.90
2009	73.74	66.19	5.60	5.03	13.84	12.42	2.21	1.98	5.38	4.83	90.45
2010	81.92	52.97	20.10	13.00	15.84	10.24	7.90	5.11	10.70	6.92	88.24
2011	118.63	54.17	33.86	15.46	18.66	8.52	8.50	3.88	9.32	4.26	86.29
2012	143.19	56.80	40.06	15.89	15.90	6.31	8.74	3.47	15.65	6.21	88.68
2013	191.80	67.87	27.40	9.69	16.28	5.76	8.39	2.97	8.64	3.06	89.35
2014	188.05	71.58	19.92	7.58	15.32	5.83	8.80	3.35	7.40	2.82	91.16
2015	171.66	72.87	7.49	3.18	14.06	5.97	13.08	5.55	5.83	2.47	90.04
2016	157.40	69.71	5.02	2.22	15.68	6.94	23.15	10.25	7.51	3.33	92.45
均值	84.18	52.27	11.99	7.04	16.30	21.46	5.85	3.50	6.22	4.74	89.01

资料来源:根据UN COMTRAD数据库计算整理所

棉麻丝。2001—2016年进口额波动幅度较大,2012年达到最高值为40.06亿美元,占到我国从金砖国家进口农产品的15.89%,最低值2001年的0.04亿美元,仅占到当年农产品进口的0.15%。我国从金砖国家进口的棉麻丝主要是棉花,2015年从金砖国家进口的棉花为6.40亿美元,占到棉麻丝进口额的

85.48%，比上年下降了65.79%，2016年棉花的进口进一步减少，原因在于2015年是我国启动棉花政策改革、取消临时收储、对新疆棉花实现目标价格改革试点的第二年，市场价格形成机制初步显现，国内外价差缩小，再加上纺织企业纷纷进口棉纱，因为棉纱进口关税低且没有配额限制，这都在一定程度上影响了我国对棉花的进口。

水产品。进口额变动幅度不是很大，但从占比上来看，迅猛下降，2001年占到我国从金砖国家农产品进口额的62.84%，2016年降到6.94%，下降了55.90个百分点。我国进口的水产品中鱼类（鲜冷冻）所占比例最大，2016年进口鱼类（鲜冷冻）11.40亿美元，占水产品总进口额的81.08%。

畜产品。进口额呈稳定增长趋势，2001—2016年平均所占我国从金砖国家农产品进口额的3.50%。分产品来看，家禽类产品所占比例最大，尤其是2010年以来平均占到62.24%，而且全部家禽类产品都来自巴西。

（二）中国与其他金砖国家双边农产品进出口结构

通过表4-11从出口的角度可以看出，2016年我国出口到巴西的农产品以蔬菜、水产品、畜产品为主，2016年占到对巴西农产品出口额的71.22%，一定程度上说明了我国出口到巴西的农产品种类比较集中且以劳动密集型产品为主；蔬菜的出口金额最高，2016年为2.57亿美元，占到中国对金砖国家蔬菜出口的26.27%。我国对俄罗斯的出口前三位的农产品是蔬菜、水果和水产品，仅此三类占到了我国对俄罗斯农产品出口的近70%，我国对俄罗斯农产品出口的种类也较为集中，蔬菜的出口额最高达到5.79亿美元，占到我国对金砖国家蔬菜出口的66.76%，其次是水果和水产品分别占到我国对金砖国家同类产品出口的81.05%和54.12%，占比均在50%以上，可见我国对金砖国家出口的蔬菜、水果和水产品主要销往了俄罗斯。对南非出口的畜产品、蔬菜和水产品占到我国对南非农产品出口的近45%，相对而言我国对南非的出口种类较为分散。对印度出口的农产品种类也较为分散，出口额排前三位的农产品是棉麻丝、水果和干豆，合计占到我国对印度农产品出口的45.36%，棉麻丝的出口金额最高，占到了对内棉麻丝出口的98.87%，干豆的对内占比也较高近70%，说明我国对内出口的棉麻丝和干豆主要是销往印度。从对外占比上来看，除了棉麻丝和干豆分别占到我国同类产品出口的38.38%和10.27%之外，其他的水产品、蔬菜、水果、畜产品的对外占比均在10%以下，说明金砖国家不是我国这些产品的主要销售市场。

表4-11　2016年中国对其他金砖国家的农产品贸易结构　　单位：亿美元（%）

国别	种类	金额	对内同类产品占比	对外同类产品占比	占对目标国进出口的比重
出口					
巴西	蔬菜	2.5727	26.27	1.67	33.98
	水产品	1.3960	37.19	1.05	27.01
	畜产品	0.6267	43.96	1.11	10.23
俄罗斯	蔬菜	5.7890	66.76	4.25	31.81
	水果	5.5052	81.05	6.37	23.53
	水产品	4.2496	54.12	1.53	14.47
南非	畜产品	0.5729	36.66	0.92	18.51
	蔬菜	0.5599	5.27	0.34	14.79
	水产品	0.5262	7.04	0.20	11.09
印度	棉麻丝	1.5722	98.87	38.38	24.59
	水果	1.8508	14.08	1.11	10.79
	干豆	0.5756	69.20	10.27	9.98
进口					
巴西	油籽	169.6029	98.80	44.09	84.89
	畜产品	20.0974	76.15	5.35	4.98
	糖料及糖类	7.0500	99.86	45.05	4.73
俄罗斯	水产品	15.1113	92.50	16.75	73.95
	油籽	1.4754	0.86	0.38	8.39
	坚果	0.3876	87.56	13.30	5.06
南非	畜产品	2.5563	21.78	1.53	48.58
	水果	1.6649	61.01	2.99	28.40
	饮品类	0.3965	20.97	0.61	7.22
印度	棉麻丝	3.3098	64.76	14.18	39.38
	植物油	3.0935	53.08	4.38	25.11
	水果	0.2018	5.20	0.94	5.93

注：为确保精准，数值保留到小数点后四位。

资料来源：根据 UN COMTRAD 数据库计算整理所得

从进口的角度来看（表4-11），我国从巴西进口的主要是油籽、畜产品、糖料及糖类，仅此三类农产品就占到了我国从巴西进口农产品的94.60%，进口额最高是油籽，2016年我国从巴西进口油籽169.60亿美元，占到我国从巴西进口农产品的84.89%，油籽已成为我国从巴西进口的最主要农产品。我国主要从俄罗斯进口水产品，2016年达到15.11亿美元，占到我国从俄罗斯进口农产品的73.95%；水产品和坚果的对内占比均在90%左右，说明我国从金砖国家进口的水产品和坚果主要来源于俄罗斯。从南非进口的农产品，占到进口额近一半是畜产品，其次是水果和饮品类，其中水果的对内占比达到了61.01%，南非已成为金砖国家中我国水果的主要来源地。从印度主要进口棉麻丝、植物油和水产品，进口额最高的是棉麻丝，2016年达到3.31亿美元，占到我国从印度进口农产品的近40%，印度是我国棉麻丝的主要进口市场。从对外占比来看棉麻丝、坚果以及水产品的占比均在同类农产品进口的10%以上，油籽、糖料及糖类对外占比甚至达到了40%以上，说明金砖国家已成为我国此类产品进口的主要来源地。

第三节　本章小结

1.2001—2016年以来，我国农产品进出口贸易额总体呈上升趋势，进口增幅明显快于出口，农产品逆差规模扩大；在世界农产品贸易中的地位不断提高；农产品贸易在整个商品贸易中的比重下降。

2. 中国农产品进出口结构比较集中，主要出口产品种类有水产品、蔬菜、畜产品、水果、饮品类，进口的种类包括畜产品、油籽、植物油、水产品、棉麻丝等。中国农产品进口市场的分布较为分散，中国农产品进口来源地主要包括美国、巴西、澳大利亚、阿根廷和加拿大等国；出口市场主要集中在亚洲，特别是东亚以及南亚国家或地区。

3. 中国与其他金砖四国的农产品贸易中中国一直处于贸易逆差地位，且贸易逆差呈扩大趋势，最大农产品贸易逆差为巴西，唯一的贸易顺差为俄罗斯。其他金砖国家是中国主要的农产品进口来源国，但不是重要的农产品出口市场。对金砖国家进出口农产品种类比较集中，出口额的一半来自水产品、蔬菜、水果的出口，油籽、棉麻丝、水产品的进口占到总进口额的4/5以上。

4. 巴西是我国农产品的主要进口来源地。从巴西进口的农产品主要是油籽、植物油、糖料及糖类等以土地密集型的产品为主，出口到巴西的农产品主要是蔬菜、水产品、畜产品等劳动密集型产品。

俄罗斯是金砖国家中我国最大的农产品出口国。中国出口到俄罗斯的农产品主要是水产品、蔬菜、水果等劳动密集型产品，从俄罗斯进口的农产品70%以上为水产品。

中国与印度的农产品贸易中，中国一直处于贸易逆差地位，且逆差的趋势不断扩大。中国与印度在资源禀赋以及农产品结构方面具有一定的相似性，所以进出口均以劳动密集型产品为主。中国出口到印度的农产品主要是棉麻丝（蚕茧及丝）、干豆、水果等，进口的主要是棉麻丝（棉花）、植物油、水果等。

南非是金砖国家中与我国农产品贸易额最小的国家。中国进出口到南非的农产品也主要是以劳动密集型产品为主，出口的主要有畜产品、水产品、蔬菜等，进口的主要是畜产品、饮品类、水果等。

第五章

中国与其他金砖国家农产品贸易的竞争
关系分析

本书采用五种实证测度指数（出口相似度指数、贸易结合度指数、显示性比较优势指数、产业内贸易指数、贸易互补性指数）对中国与其他金砖国家贸易的竞争关系与互补关系进行全面而深入的剖析，之所以采用这五种指数，究其原因，这五种测算指数是近年贸易经济领域在研究两国或两地贸易合作方面较为常用和比较规范的实证方法。但是文章根据研究内容的需要，将每种指数的变量赋予了新的释义，并将研究具体到了农产品大类上，提高了指数分析的准确性。各个指数的分析并非孤立的，通过分析在不同市场上具有比较优势的农产品的市场相似性指数，将比较优势指数和农产品市场相似性指数联系在一起；通过分析贸易结合度指数与贸易互补指数的关系，引出了产业内贸易指数。

分析两国的贸易竞争关系，一方面可由两国出口结构（产品结构和市场结构）的相似性体现出来，两国出口结构越相似，两国产品的竞争关系越激烈。另一方面，可由两国产品的比较优势来体现，比较优势是贸易双方交易产生的重要基础，两国都具有比较优势的农产品种类越相同，则两国的竞争越激烈。所以本章采用比较优势分析法和出口相似度指数来分析中国与其他金砖国家农产品贸易的竞争性。

第一节　中国与其他金砖国家农产品显示性比较优势分析

一、比较优势方法的选择

依据比较优势理论，人们在实践中采取了多种方法进行比较优势分析，其中常见的有显示性比较优势指数、贸易竞争优势指数、国内资源成本法、成本法等，各种方法都有其优缺点，从不同方面分析产品或产业间的比较优势。

贸易竞争优势指数（贸易竞争力指数），是指一国进出口贸易的差额占进出口贸易总额的比重，与显示性比较优势不同的是此指数考虑了一个国家的进口和出口的相互关系。由于一个国家的进口水平和结构与该国的进口保护有关，因此竞争优势指数在实际应用时会出现偏差。但是，此指数仍是衡量国际竞争力的一种有力工具。

国内资源成本法，这一指标以生产要素的边界价格以及产品的边界价格为参照来衡量生产某种产品所必须支出的机会成本。国内资源成本法兼用生产成本数据和贸易数据，并且按照影子价格和机会成本计算生产的成本收益，从很大程度上消除了政策的保护和扭曲作用，可以反映真正经济意义上生产的潜在比较优势。但是这一方法需要掌握一套完整的机会成本和影子价格资料，在实际研究中计算的难度很大。

成本比较法认为生产成本是决定比较优势的唯一因素。运用成本分析法对农产品比较优势进行定量分析，能够直观、准确地反映比较优势水平的高低。但这一研究方法忽略了生产成本以外的因素，如产品质量、偏好等对比较优势的影响。

本书最终采用了显示性比较优势指数来分析中国与其他金砖国家农产品贸易的比较优势。显示性比较优势指数是从出口方面来衡量某类商品的贸易竞争力。该指数最早由巴拉萨于1965年提出至今被广泛采用，它反映了一国出口商品中某类商品的出口所占的比例相对于世界贸易中该类商品所占的比例大小，用公式表示为：

$$RCA_{ak} = \frac{X_{ak}/X_a}{W_k/W}$$

其中 X_{ak} 表示 a 国 k 产品的出口额，X_a 表示 a 国出口总额，W_k 表示世界 k 产品的出口额，W 表示世界出口贸易总额。该指数大于1，表示某国在此商品上具有显性比较优势，反之不具有显性比较优势。一般认为，如果 $RCA > 2.5$，则表明 i 国在 k 产品上具有极强的竞争优势；如果 $1.25 \leqslant RCA \leqslant 2.5$，则具有较强的竞争优势；如果 $0.8 \leqslant RCA \leqslant 1.25$，则具有中等竞争优势；如果 $RCA < 0.8$，表明竞争力较弱。[①]

---

① B. Balassa. "Trade Liberalisation and 'Revealed' Comparative Advantage" [J] . *Manchester School*, 1965, 33（2）: 99~123.

RCA 指数反映了一个国家某产品的出口与世界平均出口水平的相对优势。虽然它是为了表示比较优势而提出的，但由于该指标由贸易数据计算得出，而贸易数据是产品在国际市场上竞争结果的体现，因此它反映了一国某产品在生产及出口上的综合竞争力。同时，RCA 指数剔除了国家总量波动和世界总量波动的影响，能较好地反映该产品的竞争力。但应注意的是，由于国际市场尤其是农产品国际市场并不是完全竞争市场，各国存在着各种各样的贸易保护政策，从而造成显示性比较优势指数不能准确反映产品在国际市场上的比较优势或竞争能力。RCA 分析方法仅是利用一国已发生的农产品贸易数额进行分析，属于事后研究方法，故其分析结果与实际的比较优势可能不一致。因此，在进行显性比较优势分析时，越是用分解的数据，而不是用加总的数据，即分解得越细，显性比较优势可能越准确。① 经过贸易细分数据测算的 RCA 指数，主要用于分析贸易双方的显性比较优势差异，从而可以进一步判断双边贸易到底是否具有拓展的空间。

二、金砖国家农产品贸易的总体显示性比较优势指数

本书利用 2001—2016 年世界及金砖国家的农产品出口额和商品出口总额数据，利用显示性比较优势指数公式计算金砖各国的农产品显示性比较优势指数，如图 5-1 所示。从计算结果可以看出，2001—2016 年间，金砖整体的农产品显示性比较优势指数基本在 0.7~1.1 之间小幅波动，且呈下降趋势，2001—2006 年保持着中等竞争优势，2007 年至今由中等变为较弱。但是金砖内部各国的农产品比较优势相差较大，其中，巴西的显示性比较优势指数基本上都大于 3，且呈递增的趋势，究其原因，巴西土地广阔、温度适宜、水源充足，具有得天独厚的自然资源，因此农产品出口具有极强的竞争优势。印度和南非农产品出口一直都保持较强的竞争优势，显示性比较优势指数均大于 1，印度的指数普遍略高于南非。俄罗斯在"金砖五国"中，农产品贸易的显示性比较优势指数最低，在 2001—2016 年始终小于 0.6，说明俄罗斯农产品的国际竞争力最弱，不具有比较优势，这与俄罗斯所处的地理位置有关，俄罗斯大部分地区气候寒冷，农业发展水平相对落后，但是 RCA 指数不断上升，说明俄罗斯的农产品国际竞争力不断提高，有很大的发展潜力。中国农产品的 RCA 指数始终小于 0.8，而且

① 司伟，周章跃. 中国和澳大利亚农产品贸易：动态和展望 [J]. 中国农村经济，2007 (11)：4~14

呈下降趋势，从整体上已经丧失了国际比较优势，主要是由中国的商品出口总额占世界商品出口总额的比重上升快于农产品出口额占世界农产品出口额的比重引起的，排除工业化带来的产业结构升级、商品贸易结构优化等因素，中国农产品在国际农产品市场上仍处于较稳定的上升地位，自 2001 年以来，中国农产品出口总额占世界农产品出口总额的比重一直保持在 3% 以上，2016 年达到5.24%。总体看来，中国和俄罗斯农产品不具有国际上的优势。

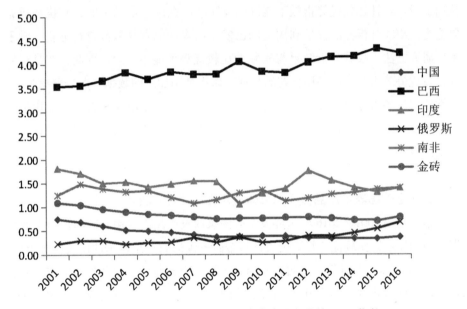

图 5 - 1　2001—2016 年金砖国家农产品贸易的 RCA 指数
资料来源：根据 UN COMTRAD 数据库计算整理所得

三、金砖国家具有显示性比较优势的农产品大类

　　由于金砖国家之间不同产品的比较优势存在较大的差异，所以本书计算金砖国家各类农产品 2001—2016 年的显示性比较优势指数，用于分析金砖国家各类农产品的比较优势情况。从前面计算金砖国家农产品总体显示性比较优势指数时发现，贸易结构是影响农产品显示性比较优势指数的重要因素，比如工业发展较快，出口增长速度快，农产品出口额在整个农产品出口中的比例会变小，从而导致显示性比较优势指数偏小；反之，如工业发展较慢，主要以农产品出口的落后国家，农产品出口比较大，农产品显示性比较优势指数偏高。为了缩小由于贸易结构的变化带来的误差，在计算各类农产品的显示性比较优势指数

时对公式做了一定的调整，将分母中所有商品的出口总值改为农产品的出口总值，即仅考虑在农产品中的份额，公式调整如下：

$$RCA_{ij} = \frac{X_{ij}/X_i}{W_j/W}$$

RCA_{ij}—i 国第 j 种农产品的显示比较优势

X_{ij}—i 国第 j 种农产品的出口值

X_i—i 国所有农产品的出口值

W_j—世界第 j 种农产品的出口值

W—世界所有农产品的出口值

（一）金砖国家（整体）各大类农产品的显示性比较优势指数

通过表 5-1 可以看出，从金砖国家整体来看，具有极强比较优势的农产品大类仅有饼粕，但是具有较强比较优势的产品种类比较多，糖类、精油、棉麻丝、药材、油籽、调味香料、干豆、水产品等在国际农产品出口市场上都具有较强的竞争力，水果、蔬菜、谷物也具有一定的竞争力。从动态的角度来看，2001—2016 年，坚果 RCA 指数值从 1.21 降到 0.52，丧失了比较优势，不具有竞争力；干豆从较强的比较优势降到具有中等比较优势；饼粕从具有极强的比较优势降到 2016 年的具有较强的比较优势。调味香料、棉麻丝以及精油等其 RCA 指数值呈现上升的趋势，国际竞争力不断增强，特别是棉麻丝 RCA 从 2001 年的 0.88 上升到 2016 年的 1.95，由具有较弱的中等比较优势到具有较强的比较优势，在国际农产品市场上的地位不断上升。

表 5-1　金砖国家（整体）各大类农产品的显示性比较优势指数

商品类别	2001	2003	2005	2007	2009	2011	2013	2016
畜产品	0.71	0.71	0.83	0.79	0.76	0.70	0.73	0.74
水产品	1.32	1.36	1.32	1.22	1.31	1.40	1.10	1.18
其他农产品	0.69	0.66	0.70	0.74	0.79	0.72	0.81	0.78
花卉	0.17	0.18	0.19	0.22	0.17	0.16	0.14	0.17
蔬菜	1.03	0.99	1.07	1.07	1.07	1.22	1.00	1.18
干豆	1.55	1.80	1.83	1.37	1.32	1.36	1.31	0.91
坚果	1.21	0.82	0.72	0.67	0.62	0.49	0.62	0.52
水果	0.89	1.02	0.93	1.07	0.95	0.92	0.89	0.94

续表

商品类别	2001	2003	2005	2007	2009	2011	2013	2016
饮品类	0.77	0.63	0.74	0.69	0.67	0.72	0.61	0.66
调味香料	2.47	1.70	2.04	2.72	2.45	2.51	2.83	3.14
谷物	0.93	1.50	1.07	1.28	0.97	0.98	1.36	1.29
薯类	0.16	0.15	0.18	0.17	0.13	0.11	0.08	0.08
粮食制品	0.41	0.40	0.43	0.46	0.41	0.43	0.44	0.45
油籽	2.63	2.64	2.71	2.15	2.31	2.13	2.18	2.41
药材	2.22	2.18	2.10	2.24	2.26	2.23	2.57	2.46
棉麻丝	0.88	0.74	1.00	1.80	1.64	1.76	2.07	1.95
植物油	0.69	0.69	0.65	0.52	0.46	0.40	0.45	0.45
糖类	2.34	1.90	2.00	2.23	2.51	2.73	2.20	2.08
饼粕	3.26	3.22	2.95	2.50	2.40	2.21	2.12	1.81
精油	1.51	1.92	1.83	2.03	1.92	2.19	2.36	2.54

资料来源：根据 UN COMTRAD 数据库计算整理所得

（二）中国各大类农产品的显示性比较优势指数

我国具有显示性比较优势的农产品大类有水产品、蔬菜、干豆、水果、调味香料、粮食制品、药材、精油以及棉麻丝，其中水产品、蔬菜、干豆和药材具有极强的比较优势，RCA 指数均大于 2.5，其他具有中等比较优势。从动态角度看，我国谷物、油籽和棉麻丝的显示性比较优势指数是逐渐下降的，由具有比较优势到丧失了比较优势，如棉麻丝 2001 年 RCA 为 1.52 具有较强的比较优势，2016 年降为 0.61 不具有了比较优势。但是蔬菜、水果的显示性比较优势指数是上升的，蔬菜的 RCA 由 2001 年的 2.40 较强的比较优势上升到 2016 年的 3.03 具有极强的比较优势，水果经历了由不具有比较优势到具有较强的比较优势的转变。如表 5 - 2 所示。

表 5 - 2　中国各大类农产品的显示性比较优势指数

商品类别	2001	2003	2005	2007	2009	2011	2013	2016
畜产品	0.79	0.64	0.64	0.55	0.51	0.52	0.52	0.46
水产品	2.31	2.44	2.74	2.76	2.98	3.27	2.69	2.60
其他农产品	0.62	0.64	0.70	0.85	1.03	1.01	1.21	1.16
花卉	0.13	0.12	0.13	0.19	0.24	0.25	0.25	0.28
蔬菜	2.40	2.27	2.66	2.70	2.81	3.39	2.97	3.03
干豆	3.17	3.83	3.12	3.11	3.42	2.93	2.86	1.36
坚果	0.16	0.11	0.11	0.27	0.20	0.16	0.77	0.60
水果	0.65	0.80	0.94	1.30	1.29	1.31	1.40	1.36
饮品类	0.50	0.39	0.38	0.34	0.35	0.36	0.43	0.51
调味香料	1.10	0.87	1.12	1.46	1.36	1.12	0.95	0.95
谷物	0.93	1.80	0.86	0.75	0.24	0.16	0.13	0.08
薯类	0.35	0.32	0.41	0.40	0.28	0.17	0.14	0.08
粮食制品	0.83	0.75	0.83	0.89	0.85	0.92	0.86	0.78
油籽	1.23	1.03	1.13	0.85	0.64	0.53	0.48	0.45
药材	5.95	5.78	6.02	6.72	7.14	7.22	8.91	7.17
棉麻丝	1.52	1.11	0.72	0.86	0.71	0.48	0.50	0.61
植物油	0.21	0.10	0.19	0.11	0.09	0.07	0.08	0.09
糖类	0.30	0.31	0.48	0.51	0.61	0.60	0.71	0.86
饼粕	0.47	0.56	0.39	0.44	0.68	0.21	0.45	0.53
精油	1.48	1.12	1.25	1.30	1.34	1.52	2.11	3.54

资料来源：根据 UN COMTRAD 数据库计算整理所得

（三）印度各大类农产品的显示性比较优势指数

通过对表 5 - 3 的分析可以看出，印度具有极强比较优势的农产品大类有坚果、调味香料、谷物、棉麻丝、饼粕和精油，种类要多于中国，其中棉麻丝、精油、谷物和调味香料的显示性比较优势指数值是呈上升趋势的，国际竞争力不断提升，如棉麻丝的 RCA 由 2001 年的 0.34 不具有比较优势，上升到 2016 年的 6.77 具有极强的比较优势；饼粕和坚果的 RCA 是逐渐下降的，分别由极强的比较优势降到中等和较强的比较优势。印度具有中等或较强比较优势的农产品有水产品、干豆、油籽和糖类,其 *RCA* 的范围在0.8~2.5之间,水产品、干豆和油籽的 *RCA* 是逐渐下降的,特别是水产品由2001年的1.73降到2016年的0.59,已丧失了比较优势。

表5-3 印度各大类农产品的显示性比较优势指数

商品类别	2001	2003	2005	2007	2009	2011	2013	2016
畜产品	0.28	0.30	0.41	0.36	0.45	0.46	0.65	0.82
水产品	1.73	1.79	1.50	1.14	1.12	1.13	0.65	0.59
其他农产品	0.75	0.73	0.82	0.69	0.85	0.89	0.90	0.82
花卉	0.38	0.48	0.54	0.70	0.35	0.23	0.17	0.27
蔬菜	0.61	0.73	0.75	0.87	1.13	0.79	0.50	0.63
干豆	2.31	2.35	5.16	1.85	0.81	1.26	1.46	0.96
坚果	6.03	4.31	3.81	2.68	2.90	1.84	1.48	1.42
水果	0.29	0.32	0.33	0.29	0.43	0.28	0.27	0.35
饮品类	0.95	0.62	0.58	0.44	0.53	0.49	0.41	0.52
调味香料	9.60	7.01	8.36	10.91	11.99	9.44	9.40	12.60
谷物	1.97	2.96	2.86	2.15	2.35	1.88	3.00	2.94
薯类	0.02	0.02	0.07	0.12	0.06	0.11	0.11	0.21
粮食制品	0.09	0.18	0.28	0.23	0.28	0.30	0.31	0.42
油籽	1.16	0.94	0.95	1.05	0.72	1.00	0.58	0.90
药材	0.21	0.12	0.02	0.01	0.00	0.00	0.00	0.00
棉麻丝	0.34	0.61	2.34	7.79	6.53	6.37	7.73	6.77
植物油	0.89	0.48	0.63	0.43	0.60	0.45	0.38	0.52
糖类	1.71	1.94	0.24	2.20	0.19	1.71	0.82	1.68
饼粕	3.49	3.40	4.50	5.35	4.35	3.85	3.13	1.16
精油	2.82	4.93	5.60	6.77	7.58	6.28	6.53	5.56

资料来源:根据 UN COMTRAD 数据库计算整理所得

(四)俄罗斯各大类农产品的显示性比较优势指数

俄罗斯具有显示性比较优势的农产品大类较少,有水产品、干豆、谷物、粮食制品、植物油和饼粕，仅有谷物具有极强的比较优势。粮食制品和水产品的 *RCA* 有一定的波动，其他具有比较优势的农产品的 *RCA* 都呈现上升趋势，饼粕和粮食制品由 2001 年的不具有比较优势到 2016 年的具有中等比较优势，干豆由不具有比较优势到具有极强的比较优势，竞争力在不断提升，如表 5 - 4 所示。

表 5 - 4　俄罗斯各大类农产品的显示性比较优势指数

商品类别	2001	2003	2005	2007	2009	2011	2013	2016
畜产品	0.59	0.31	0.30	0.23	0.21	0.12	0.25	0.18
水产品	2.19	1.32	1.13	0.70	2.10	2.36	1.90	1.85
其他农产品	1.48	1.48	1.56	1.24	0.98	0.97	1.06	0.93
花卉	0.01	0.02	0.01	0.01	0.01	0.00	0.01	0.01
蔬菜	0.24	0.20	0.27	0.18	0.14	0.09	0.19	0.17
干豆	0.46	0.82	0.83	0.33	1.22	3.28	1.99	2.80
坚果	0.02	0.00	0.00	0.00	0.00	0.00	0.39	0.39
水果	0.16	0.19	0.17	0.12	0.08	0.04	0.10	0.08
饮品类	0.63	0.63	0.77	0.65	0.61	0.53	0.74	0.52
调味香料	0.29	0.12	0.20	0.21	0.20	0.05	0.30	0.62
谷物	2.28	5.32	4.87	5.84	4.79	4.68	3.46	4.54
薯类	0.01	0.00	0.00	0.01	0.00	0.01	0.07	0.05
粮食制品	0.70	0.74	1.00	1.06	0.82	0.56	0.92	0.89
油籽	0.79	0.70	0.60	0.24	0.25	0.36	0.35	0.44
药材	0.02	0.00	0.00	0.00	0.00	0.00	0.00	0.00
棉麻丝	0.04	0.03	0.04	0.01	0.01	0.04	0.01	0.01
植物油	0.90	0.40	1.11	1.11	1.65	1.32	2.35	2.10
糖类	1.18	0.66	0.58	0.73	0.45	0.46	0.52	0.39
饼粕	0.38	0.38	0.72	0.85	0.62	0.70	1.40	1.43
精油	0.27	0.19	0.24	0.14	0.23	0.32	0.24	0.37

资料来源：根据 UN COMTRAD 数据库计算整理所得

（五）巴西各大类农产品的显示性比较优势指数

巴西最具有国际竞争力的农产品是油籽，其 *RCA* 均大于 4；其次是糖类和饼粕也具有极强的比较优势；除此之外，巴西的精油、棉麻丝、饮品类、调味香料和畜产品也具有中等或较强的比较优势。从动态的角度来看，植物油、饼粕、水果的 RCA 值在 2001—2016 年期间呈下降趋势，其中植物油和水果由 2001 年 RCA 分别为 1.11 和 0.97 具有中等比较优势，到 2016 年丧失比较优势；畜产品、谷物和棉麻丝的 RCA 值是逐步上升的，由不具有比较优势到具有中等或者较强的比较优势，其国际竞争力在不断上升。如表 5 - 5 所示。

表 5 - 5　巴西各大类农产品的显示性比较优势指数

商品类别	2001	2003	2005	2007	2009	2011	2013	2016
畜产品	0.87	1.01	1.27	1.33	1.17	1.05	1.05	1.10
水产品	0.16	0.19	0.13	0.08	0.05	0.04	0.03	0.04
其他农产品	0.63	0.53	0.51	0.54	0.56	0.38	0.40	0.36
花卉	0.03	0.04	0.04	0.04	0.03	0.03	0.02	0.02
蔬菜	0.06	0.03	0.03	0.03	0.02	0.02	0.01	0.01
干豆	0.02	0.02	0.01	0.10	0.07	0.05	0.05	0.15
坚果	0.68	0.61	0.44	0.44	0.35	0.21	0.13	0.11
水果	0.97	1.02	0.72	0.96	0.62	0.63	0.57	0.54
饮品类	0.88	0.74	1.00	1.00	0.87	1.07	0.75	0.82
调味香料	1.54	1.16	1.17	1.41	0.90	1.01	1.29	1.78
谷物	0.41	0.28	0.10	0.59	0.39	0.60	1.01	1.02
薯类	0.03	0.02	0.03	0.03	0.03	0.01	0.02	0.01
粮食制品	0.11	0.09	0.09	0.08	0.07	0.06	0.06	0.06
油籽	5.10	5.44	5.29	4.28	4.60	4.33	4.89	5.55
药材	0.00	0.00	0.00	0.00	0.00	0.00	0.00	0.00
棉麻丝	0.69	0.63	1.03	0.93	1.29	1.23	0.95	1.80
植物油	1.11	1.47	1.07	0.82	0.50	0.48	0.37	0.38
糖类	4.42	3.56	4.07	4.02	5.02	5.30	4.42	3.90
饼粕	6.69	6.72	5.38	3.79	3.66	3.52	3.23	3.51
精油	1.14	2.01	1.34	1.37	1.04	1.34	0.95	1.04

资料来源：根据 UN COMTRAD 数据库计算整理所得

（六）南非各大类农产品的显示性比较优势指数

南非具有极强比较优势的农产品是水果，其 *RCA* 值均大于 3，糖类、饮品类、调味香料和精油具有较强的比较优势，谷物和水产品具有中等的比较优势。其中水产品、糖类和精油的 *RCA* 值呈下降趋势，糖类 2001 年的 *RCA* 值为 4.01 具有极强的比较优势，到 2016 年逐渐丧失了比较优势，水产品由中等比较优势到丧失比较优势。水果和调味香料的 *RCA* 值是上升的，特别是调味香料，2001 年的 *RCA* 值仅为 0.71 不具有比较优势，到 2016 年的 2.98 具有极强的比较优势，国际竞争力由弱变强。如表 5 - 6 所示。

表 5 - 6　南非各大类农产品的显示性比较优势指数

商品类别	2001	2003	2005	2007	2009	2011	2013	2016
畜产品	0.38	0.42	0.30	0.38	0.36	0.52	0.57	0.59
水产品	0.98	1.07	0.93	1.09	0.81	0.73	0.58	0.64
其他农产品	0.75	0.69	0.81	1.12	0.83	0.89	0.88	0.92
花卉	0.78	0.88	0.94	0.87	0.70	0.65	0.62	0.67
蔬菜	0.31	0.32	0.32	0.34	0.30	0.58	0.56	0.54
干豆	0.20	0.17	0.17	0.07	0.16	0.40	0.29	0.17
坚果	0.01	0.00	0.01	0.24	0.55	0.79	0.32	0.37
水果	3.88	4.41	4.46	4.73	4.43	4.17	4.43	5.01
饮品类	1.38	1.49	1.44	1.42	1.38	1.16	1.26	1.22
调味香料	0.71	0.63	1.04	1.41	1.32	2.26	3.00	2.98
谷物	0.81	0.76	1.33	0.18	1.25	1.52	1.38	0.82
薯类	0.33	0.35	0.19	0.24	0.43	0.71	0.23	0.14
粮食制品	0.29	0.28	0.19	0.20	0.30	0.66	0.62	0.53
油籽	0.36	0.30	0.23	0.10	0.40	0.20	0.10	0.10
药材	0.00	0.01	0.00	0.00	0.00	0.00	0.00	0.00
棉麻丝	0.15	0.12	0.40	0.10	0.35	0.11	0.09	0.19
植物油	0.30	0.13	0.13	0.07	0.25	0.47	0.43	0.45
糖类	4.01	2.40	2.10	2.03	2.09	1.23	1.70	0.81
饼粕	0.04	0.02	0.02	0.03	0.01	0.12	0.13	0.24
精油	1.79	1.60	1.63	1.19	1.03	1.34	1.10	0.99

资料来源：根据 UN COMTRAD 数据库计算整理所得

（七）各国都具有显示性比较优势的农产品大类

根据金砖国家2001—2016年各类农产品显示性比较优势指数，对各类农产品的竞争力进行了分类，如表5-7所示。

表5-7 2001—2016年金砖国家具有显示性比较优势的出口农产品大类（均值）

	极强竞争优势	较强竞争优势	中等竞争优势
金砖	饼粕	糖类、精油、棉麻丝、药材、油籽、调味香料、干豆、水产品	水果、蔬菜、谷物
中国	水产品、蔬菜、干豆和药材	精油	棉麻丝、粮食制品、水果、调味香料
印度	坚果、调味香料、谷物、棉麻丝、饼粕和精油	糖料及糖类、干豆	油籽、水产品
俄罗斯	谷物	水产品、干豆、植物油	粮食制品、饼粕
巴西	油籽、糖类、饼粕	精油、调味香料	棉麻丝、饮品类、畜产品
南非	水果	糖料及糖类、调味香料、饮品类、精油	谷物、水产品

资料来源：根据 UN COMTRAD 数据库计算整理所得

从显示性比较优势指数来看，金砖国家整体上来看，具有比较优势的农产品种类较多，但是极具国际竞争力的农产品只有饼粕，有8类农产品具有较强的比较优势，在国际农产品市场上具有进一步提升的空间，另外3种农产品具有中等比较优势，总之12类具有比较优势的农产品占到农产品种类总数20大类的60%。分国家来看，印度拥有比较优势最高也是最多的农产品种类，6种农产品具有极强的比较优势，尤其是调味香料的 RCA 值大于9；中国具有比较优势农产品的种类也不少，主要有水产品、蔬菜、水果等，与印度具有显示性比较优势的农产品种类十分相似，如棉麻丝、水产品、精油、干豆、调味香料等，因此中国与印度的农产品贸易具有一定的竞争性；巴西具有得天独厚的农产品生产条件，使得巴西的农产品贸易具有极强的国际竞争力，特别是在油籽、糖类和饼粕上，随着生产技术和加工条件的进一步发展，巴西农产品的国际竞争力仍然有上升的发展空间；南非具有比较优势的农产品种类较少，特别是具有极强比较优势的农产品只有水果这一类；俄罗斯是具有比较优势农产品种类最少的国家，仅在谷物上具有极强的比较优势。总体来看，金砖各国具有比较优势的农产品种类差别较大，各具特色，因此在相同的农产品出口市场上，并不存在真正的竞争关系。

四、中国与其他金砖国家具有显示性比较优势的农产品大类

为了研究中国与其他金砖国家双边农产品贸易中各自比较优势，则将 RCA 公式进一步修改：

$$RCA_{mnh} = \frac{X_{mnh}/X_{mn}}{X_{mh}/X_m}$$

式中 RCA_{mnh}——m 国在 h 类产品对 n 国的显示性比较优势指数

X_{mnh}——m 国对 n 国 h 类农产品的出口额

X_{mn}——m 国对 n 国所有农产品的总出口额

X_{mh}——m 国 h 类农产品的世界出口额

X_m——m 国所有农产品的世界总出口额

（一）中国对其他金砖国家出口具有比较优势的农产品大类

把其他金砖国家看作一个整体，中国对其出口的农产品大类具有竞争优势的有蔬菜、干豆、水果、调味香料、油籽、糖类、棉麻丝和精油，竞争优势极强的是油籽和干豆。如表 5-8 所示，2001—2016 年竞争力逐步增强的农产品大类有水产品、蔬菜、干豆、糖类，其他农产品大类呈下降趋势。总之，在其他金砖国家市场上，中国具有比较优势的农产品种类较多，但是具有较强竞争力的农产品较少，这就需要我国进一步增强具有比较优势农产品的竞争力，拓展贸易空间。

中国对世界具有比较优势但是对其他金砖国家不具有比较优势的农产品有水产品、粮食制品和药材，说明中国对其他金砖国家在这三类农产品的出口上具有很大的潜力，这也是今后对金砖国家出口的重点大类；而棉麻丝在其他金砖国家市场上具有比较优势，却在世界农产品市场上不具有比较优势，我国可进一步提升棉麻丝对世界出口量。

表5-8 中国对其他金砖国家出口具有比较优势的农产品大类

商品类别	2001	2003	2005	2007	2009	2011	2013	2016
畜产品	0.88	1.38	0.79	0.34	0.36	0.31	0.33	0.52
水产品	0.28	0.27	0.45	0.71	0.59	0.74	0.80	0.58
其他农产品	0.99	0.86	1.08	1.01	1.12	1.10	1.19	1.39
花卉	0.05	0.37	0.58	0.30	0.23	0.27	0.16	0.05
蔬菜	0.78	0.97	1.20	1.15	1.16	1.13	1.10	1.32
干豆	1.81	3.51	2.35	2.36	4.11	2.66	4.91	3.06
坚果	0.55	0.19	0.69	0.10	0.07	0.20	0.38	0.44
水果	1.81	1.85	2.12	2.27	1.81	1.88	1.78	1.62
饮品类	0.35	0.42	0.49	0.58	0.58	0.58	0.46	0.37
调味香料	4.54	2.50	2.39	1.33	3.37	2.32	1.29	1.42
谷物	0.54	0.95	0.67	0.11	1.30	0.59	0.12	0.14
薯类	0.10	0.01	0.00	1.43	0.30	1.08	0.22	0.15
粮食制品	0.21	0.41	0.58	0.59	0.27	0.99	0.41	0.50
油籽	1.82	1.66	1.53	0.70	0.39	0.51	0.20	0.28
药材	0.06	0.03	0.14	0.09	0.09	0.09	0.08	0.17
棉麻丝	12.56	7.62	11.00	9.67	10.63	7.51	6.95	8.01
植物油	0.21	0.07	0.07	0.07	0.10	0.08	0.11	0.15
糖类	0.38	0.54	0.80	1.25	0.81	1.10	1.16	1.23
饼粕	0.00	0.04	0.00	0.00	0.00	0.01	0.00	0.00
精油	1.71	1.26	1.28	0.94	1.76	1.39	1.57	1.05

资料来源：根据 UN COMTRAD 数据库计算整理所得

（二）中国对巴西出口具有比较优势的农产品大类

如表5-9所示，2001—2016 年中国对巴西出口的具有比较优势的农产品种类较少，仅有蔬菜、干豆和精油三类产品，且显示性比较优势指数均呈下降趋势，精油在 2013 年后竞争优势已较弱。但是畜产品和水产品的竞争优势不断上升，最近两年的指数值均大于 1。最近两年，中国对巴西出口的具有比较优势的农产品大类有蔬菜、水产品、畜产品和干豆，这几类产品也恰恰是中国对巴西出口的主要农产品（第四章已说明），总之就出口而言，巴西对中国的重要性并不突出，这也是中巴贸易逆差不断扩大的原因。

表 5-9　中国对巴西出口具有比较优势的农产品大类

商品类别	2001	2003	2005	2007	2009	2011	2013	2016
畜产品	0.79	0.53	0.42	0.87	0.68	0.69	0.75	1.19
水产品	0.02	0.02	0.03	0.36	0.42	1.24	1.10	1.13
其他农产品	2.53	2.11	1.91	2.16	1.91	1.11	0.92	1.22
花卉	0.00	0.45	0.04	0.11	0.13	0.06	0.02	0.05
蔬菜	2.91	4.41	3.97	2.70	2.50	1.61	1.36	1.80
干豆	2.86	0.19	1.08	0.33	0.86	2.98	3.74	1.51
坚果	0.74	0.00	0..03	0.31	0.09	0.18	0.29	0.32
水果	0.18	0.02	0.03	0.02	0.03	0.06	0.05	0.04
饮品类	0.03	0.07	0.08	0.12	0.59	0.37	0.11	0.18
调味香料	0.22	0.82	0.86	0.34	0.45	0.46	0.17	0.17
谷物	0.02	0.09	0.10	0.08	0.19	0.13	0.11	0.17
薯类	0.00	0.00	0.00	0.11	0.00	0.39	0.10	0.01
粮食制品	0.06	0.21	0.21	0.64	0.48	0.31	0.32	0.73
油籽	0.00	0.00	0.00	0.01	0.02	0.01	0.00	0.01
药材	0.33	0.09	0.12	0.09	0.08	0.01	0.12	0.46
棉麻丝	0.36	0.07	0.13	0.72	0.36	0.45	0.84	0.46
植物油	0.98	0.00	0.02	0.02	0.23	0.04	0.00	0.06
糖类	0.01	1.19	0.64	0.93	0.20	0.37	0.61	0.38
饼粕	0.00	1.16	0.00	0.00	0.00	0.00	0.00	0.00
精油	2.02	3.12	1.81	1.51	1.19	1.20	0.25	0.26

资料来源：根据 UN COMTRAD 数据库计算整理所得

（三）中国对印度出口具有比较优势的农产品大类

通过表 5-10 可以看出，2001—2016 年中国对印度出口的农产品竞争优势较强的种类有干豆、调味香料、棉麻丝、糖类和精油，除干豆外，其他具有比较优势的农产品显示性指数值均呈上升趋势，说明这几类农产品在印度市场上的竞争优势增强，除此之外，水果在印度市场的竞争优势由弱变强，2016年指数值为1.16。总之，中国在印度市场上具有比较优势的农产品种类也是相对较少的。结合表4-11，可以看出，中国对印度出口的主要农产品大类中棉麻丝、水果和干豆均为竞争优势较强的农产品，此外，调味香料、糖类、精油成为今后对印度出口的具有潜力的农产品大类。

表5-10　中国对印度出口具有比较优势的农产品大类

商品类别	2001	2003	2005	2007	2009	2011	2013	2016
畜产品	0.22	0.61	0.56	0.29	0.17	0.15	0.08	0.10
水产品	0.05	0.07	0.21	0.22	0.14	0.08	0.10	0.05
其他农产品	0.42	0.87	1.24	1.29	1.27	1.49	1.53	1.94
花卉	0.07	0.47	1.11	0.77	0.16	0.21	0.04	0.00
蔬菜	0.26	0.32	0.23	0.20	0.18	0.23	0.14	0.11
干豆	2.51	6.16	4.48	3.74	11.57	5.01	7.11	10.72
坚果	0.00	0.00	0.00	0.00	0.05	0.00	0.09	0.05
水果	0.13	0.23	0.33	0.61	0.87	1.82	2.01	1.16
饮品类	0.04	0.07	0.11	0.36	0.21	0.28	0.22	0.33
调味香料	11.56	10.51	9.78	5.42	13.00	11.80	6.64	6.44
谷物	0.00	0.00	0.00	0.00	0.01	0.00	0.00	0.00
薯类	0.00	0.00	0.00	0.00	0.36	0.00	0.00	0.00
粮食制品	0.06	0.42	0.30	0.41	0.31	0.61	0.51	0.65
油籽	0.01	0.02	0.01	0.01	0.05	0.06	0.13	0.48
药材	0.04	0.10	0.50	0.25	0.25	0.35	0.15	0.21
棉麻丝	33.08	33.47	50.14	44.62	43.43	43.16	38.05	40.07
植物油	0.39	0.15	0.07	0.02	0.09	0.15	0.29	0.35
糖类	0.29	0.38	1.24	2.29	0.47	1.06	0.95	1.93
饼粕	0.00	0.00	0.00	0.00	0.00	0.01	0.01	0.01
精油	2.44	4.86	5.19	3.80	6.52	6.69	8.31	4.53

资料来源：根据 UN COMTRAD 数据库计算整理所得

（四）中国对南非出口具有比较优势的农产品大类

如表 5 - 11 所示，2001—2016 年中国对南非出口的具有比较优势的农产品大类有畜产品、干豆、水果和糖类，均呈递增趋势，在南非农产品市场上竞争力较高。结合表 4 - 11，中国对南非出口的主要农产品大类是畜产品、水产品和蔬菜，其中水产品和蔬菜的显示性比较优势指数较低，在南非市场上的竞争力较弱，提高这两类农产品的在南非市场的竞争力以及增加水果、干豆和糖类的出口，有助于缩小对南非的农产品贸易逆差。

表 5 - 11　中国对南非出口具有比较优势的农产品大类

商品类别	2001	2003	2005	2007	2009	2011	2013	2016
畜产品	1.84	1.36	1.85	1.71	1.42	1.46	1.38	2.15
水产品	0.38	0.15	0.38	0.36	0.30	0.32	0.51	0.46
其他农产品	2.97	1.56	1.57	1.24	1.12	1.20	1.44	1.64
花卉	0.00	0.36	0.35	0.01	0.09	0.17	0.12	0.16
蔬菜	0.54	0.34	0.62	0.67	0.44	0.56	0.64	0.78
干豆	8.41	15.70	13.43	14.29	8.79	11.08	4.25	6.39
坚果	2.98	1.39	2.18	0.28	0.00	0.13	0.26	0.29
水果	0.52	0.43	1.09	1.45	1.33	1.77	1.83	0.80
饮品类	0.19	0.15	0.44	0.29	0.34	0.46	0.58	0.25
调味香料	1.49	0.55	0.73	0.46	0.38	0.53	0.83	1.13
谷物	0.08	1.94	0.18	0.48	8.03	2.42	0.04	0.03
薯类	0.00	0.00	0.00	0.00	0.79	0.67	0.17	0.01
粮食制品	0.10	0.11	0.07	0.25	0.52	1.24	0.69	0.86
油籽	0.67	0.76	0.63	0.54	0.36	0.48	0.41	0.42
药材	0.01	0.01	0.02	0.03	0.07	0.07	0.06	0.14
棉麻丝	0.00	0.02	0.06	0.03	0.04	0.01	0.00	0.01
植物油	0.09	0.08	0.14	0.27	0.14	0.22	0.31	0.28
糖类	0.14	1.08	3.06	2.43	2.00	2.58	3.01	3.24
饼粕	0.00	0.00	0.00	0.00	0.00	0.03	0.00	0.01
精油	0.02	0.34	0.27	0.13	0.34	0.12	0.09	0.35

资料来源：根据 UN COMTRAD 数据库计算整理所得

（五）中国对俄罗斯出口具有比较优势的农产品大类

通过表5-12可以看出，中国对俄罗斯出口的农产品具有比较优势的农产品包括蔬菜、水果和油籽。蔬菜和水果的竞争优势呈增强的态势，油籽的指数值不断下降已丧失了比较优势。但是水产品的竞争力逐渐增强，已成为我国对俄罗斯出口的主要农产品，2007年指数值达到0.97，2015—2016年有所下降，究其原因，一方面来自全球经济疲软的影响，另一方面来自国内劳动力、饲料等生产成本的上升。

表5-12 中国对俄罗斯出口具有比较优势的农产品大类

商品类别	2001	2003	2005	2007	2009	2011	2013	2016
畜产品	1.23	1.71	0.76	0.07	0.14	0.03	0.04	0.15
水产品	0.47	0.38	0.59	0.97	0.90	0.86	0.96	0.61
其他农产品	0.96	0.63	0.87	0.75	0.89	0.95	1.16	1.20
花卉	0.05	0.33	0.49	0.21	0.31	0.37	0.27	0.05
蔬菜	1.06	1.17	1.33	1.39	1.51	1.36	1.40	1.68
干豆	0.02	0.00	0.19	0.15	0.31	0.33	0.11	0.17
坚果	0.00	0.00	0.48	0.08	0.09	0.28	0.54	0.66
水果	3.46	2.87	3.11	3.22	2.70	2.52	2.49	2.52
饮品类	0.64	0.63	0.68	0.75	0.81	0.76	0.69	0.48
调味香料	0.03	0.02	0.20	0.16	0.21	0.28	0.00	0.03
谷物	1.07	1.13	1.04	0.09	0.62	0.60	0.18	0.20
薯类	0.20	0.02	0.00	2.30	0.23	1.72	0.37	0.28
粮食制品	0.36	0.48	0.78	0.70	0.15	1.29	0.36	0.30
油籽	3.55	2.57	2.35	1.04	0.62	0.82	0.28	0.28
药材	0.07	0.01	0.04	0.04	0.03	0.04	0.03	0.05
棉麻丝	0.00	0.00	0.00	0.01	0.00	0.00	0.00	0.00
植物油	0.04	0.05	0.06	0.06	0.06	0.05	0.06	0.08
糖类	0.52	0.45	0.35	0.73	0.83	1.09	1.17	0.94
饼粕	0.00	0.00	0.00	0.00	0.00	0.00	0.00	0.00
精油	0.00	0.01	0.01	0.02	0.01	0.00	0.06	0.13

资料来源：根据UN COMTRAD数据库计算整理所得

（六）小结

尽管中国与其他金砖各国具有比较优势的农产品种类不同，而且2001—2016年间也在不断发生变化，但与中国对世界以及其他金砖国家具有比较优势的农产品大类基本吻合，而且与中国出口到其他金砖国家的主要农产品类别基本相同（表4-11），这在一定程度上也检验了对 *RCA* 公式修改的成功性。

第二节　中国与其他金砖国家农产品出口相似度研究

一、出口相似度指数方法的选择说明

由于出口的产品结构存在差异，出口国之间贸易总量的比较并不能全面反映出口国之间的竞争程度。本研究将利用出口相似性指数（Export Similarity Index）分别从产品和市场两个角度对中国与其他金砖国家农产品贸易关系做综合分析。

（一）产品相似度指数

产品相似度指数是用来衡量任意两国或者两个地区在第三市场或者世界市场上的出口产品的相似程度指标，Finger 和 Kreinin（1979）最先从商品域提出了产品出口相似度指数的测度方法。[1] 其公式为：

$$S^p(ij,k) = \left[\sum_l \min\left(\frac{X_{ik}^l}{X_{ik}}, \frac{X_{jk}^l}{X_{jk}}\right) \right] \times 100$$

其中，$S^p(ij,k)$ 表示 i 国和 j 国出口到市场 k 的产品相似度指数，X_{ik}^l 表示 i 国向 k 国出口 l 产品的出口额，X_{ik} 表示 i 国向 k 国的总出口额，X_{jk}^l 表示 j 国向 k 国出口 l 产品的出口额，X_{jk} 表示 j 国向 k 国的总出口额，X_{ik}^l / X_{ik} 表示 i 国出口到 k 市场中第 l 种商品所占的份额，X_{jk}^l / X_{jk} 表示 j 国出口到 k 市场中第 l 种商品所占的份额。该指数的变动范围在 0~100 之间。为了调整国家规模相差过大带来的问题，Glick 和 Rose（1998）对这个指数进行了修正，修正后的产品相似性指数为：

---

[1]　Finger, J. M., Kreinin, M. E.. "A Measure of 'Export Similarity' and Its Possible Uses" [J]. *Economic Journal.* 1979, 89 (356): 905~912.

$$S^p(ij,k)^* = \left\{ \sum_l \left[\frac{(X_{ik}^l / X_{ik}) + (X_{jk}^l / X_{jk})}{2} \right] \times \left[1 - \left| \frac{(X_{ik}^l / X_{ik}) - (X_{jk}^l / X_{jk})}{(X_{ik}^l / X_{ik}) + (X_{jk}^l / X_{jk})} \right| \right] \right\} \times 100$$

其中，$0 \leqslant S^p(ij,k)^* \leqslant 100$，一般认为 $S^p(ij,k)$ 指数为 100 时，表明两国出口的商品结构完全相同；相反，指数为 0 时，则两国对第三市场或者世界市场的商品结构完全不同。两国的产品相似程度越高，则意味着两国产业结构或者工业化程度相似或接近，同时也意味着两国在第三方市场或者世界市场上出口产品的竞争程度越高。从另一方面，两国出口相似性程度越低，则意味着两国出口专业化程度越高，出口产品重合度越小，从而两国在第三市场或世界市场上出口产品的竞争程度越低。

（二）市场相似度指数

市场相似度指数用来衡量任意两国或者两个地区的特定产品出口市场分布的相似程度。其公式为：

$$S^m(ij,l) = \left[\sum_k min \left(\frac{X_{ik}^l}{X_i^l}, \frac{X_{jk}^l}{X_j^l} \right) \right] \times 100$$

其中，$S^m(ij,l)$ 表示 i 国和 j 国产品 l 的出口市场相似度指数，X_{ik}^l 表示 i 国向 k 国出口 l 产品的出口额，X_i^l 表示 i 国 l 产品的总出口额，X_{jk}^l 表示 j 国向 k 国出口 l 产品的出口额，X_j^l 表示 j 国 l 产品的总出口额，X_{ik}^l / X_i^l 表示 i 国 l 产品出口到 k 市场中所占比重，X_{jk}^l / X_j^l 表示 j 国 l 产品出口到 k 市场中所占比重。

为了调整国家规模相差过大带来的问题，Glick 和 Rose（1998）对该指标进行了修正，用出口份额代替了出口额，得到修正后的市场相似度指数：

$$S^m(ij,l)^* = \left\{ \sum_k \left(\frac{X_{ik}^l + X_{jk}^l}{X_i^l + X_j^l} \right) \times \left[1 - \left| \frac{(X_{ik}^l / X_i^l) - (X_{jk}^l / X_j^l)}{(X_{ik}^l / X_i^l) + (X_{jk}^l / X_j^l)} \right| \right] \right\} \times 100$$

其中，$0 \leqslant S^m(ij,l)^* \leqslant 100$。该指数是从 i 国和 j 国出口到 k 市场的贸易额的加权平均数。如果市场分布完全相同，则该指数为 100；如果 i 国和 j 国出口商品的市场完全不相似，则该指数为 0。

无论是产品相似性指数还是市场相似性指数，它们都只是出口相似性指数在产品和市场上的两种表现形式。如果将二者结合起来，两国的产品相似性指数高，市场相似性指数低，表明两国的竞争程度可能会低；两国市场结构相似性程度高，产品差异大，表明竞争不激烈甚至是互补关系；两国两种指数都高，则在第三方市场或者世界市场上出口产品的竞争将会很激烈。

二、产品相似度分析

（一）公式的解释及参照市场的选择

根据产品相似度指数公式以及研究需要，对公式变量进行了解释：

$S^p(ij,k)^*$—中国与其他金砖国家农产品出口相似度指数

l—20 大类农产品

i— 中国

j— 其他金砖国家（巴西、俄罗斯、印度、南非）

k— 第三方市场或地区（世界、欧盟、美国、日本、东盟）

X_{ik}^l— 中国向 k 国出口 l 农产品的出口额

X_{ik}— 中国向 k 国的农产品出口总额

X_{jk}^l—j 国向 k 国出口 l 农产品的出口额

X_{jk}—j 国向 k 国的农产品出口总额

结合前面章节的表 3 - 17 "金砖国家农产品进出口伙伴国" 以及表 4 - 4 "中国主要进出口国家农产品贸易规模及比重"，我们可以看出中国和金砖各国农产品主要出口市场有美国、日本、东盟和欧盟的国家，下面具体比较一下 2001—2016 年平均对这四个国家或地区的农产品出口情况，如表 5 - 13 所示。

表 5 - 13　2001—2016 年金砖国家农产品出口市场比较　　　单位（%）

俄罗斯出口	平均占比	印度出口	平均占比	巴西出口	平均占比	南非出口	平均占比	中国出口	平均占比
欧盟	20.79	欧盟	15.34	欧盟	31.08	欧盟	35.49	欧盟	13.25
东盟	0.43	东盟	16.23	东盟	4.53	东盟	3.47	东盟	13.89
美国	0.94	美国	11.43	美国	6.38	美国	4.61	美国	11.02
日本	2.61	日本	4.38	日本	3.70	日本	4.20	日本	23.64
总占比	24.77	总占比	47.38	总占比	45.69	总占比	47.77	总占比	61.80

资料来源：根据 UN COMTRAD 数据库计算整理所得

金砖五国农产品出口除了各自具有地缘优势的市场外，基本都在欧盟、东盟、美国和日本这 4 个市场上存在竞争关系，2001—2016 年中国对这 4 个市场农产品出口额平均占中国农产品出口总额的 61.80%，巴西对这 4 个市场的农产

品出口占巴西农产品出口总额的 45.69%，印度与南非的比例分别为 47.38% 和 47.77%。俄罗斯农产品出口市场主要集中在其周边的欧盟、中国、乌克兰、韩国、哈萨克斯坦，所以俄罗斯的总占比最少，为 24.77%，但在 2001 年俄罗斯对美国和日本的农产品出口占比分别为 2.58% 和 7.01%，表明美国和日本曾是俄罗斯重要的农产品出口市场，对东盟的出口占比始终不足 1%，但具有非常大的发展潜力。因此选取了欧盟、东盟、美国和日本作为分析产品相似性的参照市场。

（二）中国与其他金砖国家农产品在世界市场上产品相似性程度的比较

通过表 5-14 整体来看，中国与其他金砖国家（整体）在世界市场上的竞争是比较激烈的。农产品出口相似性指数平均为 44.96，但是呈明显的下降趋势，说明中国与其他金砖国家农产品出口在世界市场上的竞争趋于缓和。分国家来看，除巴西外，中国与俄罗斯、印度和南非的农产品相似度指数在 2001—2016 年平均在 50 以上，具有较高的水平，说明在农产品出口上，中国与这 3 个国家在世界市场上的竞争比较激烈。中俄农产品出口相似度指数 2001 年达到 69.83 的高水平，2016 年降到了 52.90，说明中国与俄罗斯在世界市场上的竞争程度趋于缓和，专业分工程度在上升；中印农产品在世界市场上的竞争是金砖国家中最为激烈的，2001—2016 年平均指数值为 56.59，这主要是由于中国与印度农产品生产的资源禀赋最为相似，不过指数值也呈下降趋势，在国际市场上的竞争程度有所减弱；中国与南非的指数值均在 50 以上 60 以下，变动幅度较小，说明中国与南非在世界市场上一直处于比较激烈的竞争中；中巴的产品相似度是金砖国家最弱的，2001—2016 年平均指数值不足 40，虽然 2001 年出口相似度指数较高超过了 50，但是下降的速度很快，2016 年降到了 30 多，体现了中巴在农产品出口种类上差异较大，两国农产品的结构存在较强的互补性。

表 5-14　2001—2016 年中国与其他金砖国家农产品在世界市场上的产品相似度指数

年份	中俄	中巴	中印	中非	中与其他
2001	69.83	50.73	63.14	52.01	57.03
2002	55.82	46.11	64.39	56.26	61.05
2003	57.47	43.99	68.15	51.84	54.52
2004	50.56	45.78	58.03	51.00	51.10
2005	50.41	42.12	61.91	50.71	50.60
2006	48.84	41.83	59.56	50.39	49.32

年份	中俄	中巴	中印	中非	中与其他
2007	43. 29	44. 25	56. 03	52. 08	53. 10
2008	43. 81	39. 95	49. 82	54. 35	39. 79
2009	53. 64	37. 93	56. 68	50. 69	40. 59
2010	58. 07	34. 51	54. 41	55. 24	38. 41
2011	51. 61	32. 86	52. 88	54. 26	35. 57
2012	49. 96	35. 82	55. 25	59. 35	40. 41
2013	55. 48	34. 29	51. 15	54. 01	37. 15
2014	50. 62	33. 81	50. 99	54. 36	37. 30
2015	52. 71	33. 20	51. 49	55. 28	36. 50
2016	52. 90	33. 15	51. 60	54. 76	36. 85
均值	52. 81	39. 40	56. 59	53. 54	44. 96

资料来源：根据 UN COMTRAD 数据库计算整理所得

（三）中国与其他金砖国家农产品在主要市场上的产品相似性程度的比较

1. 欧盟市场

通过表 5 - 15 来看，中国与其他金砖国家（整体）的农产品在欧盟市场上的竞争是比较激烈的，2001—2016 年产品相似度指数的平均值均在 50 以上，其中中国与印度的竞争最为激烈，产品相似度指数达到了 60 以上，而且指数值呈增长态势，表明两国农产品的出口结构趋于收敛，两国在欧盟市场上的竞争会更加激烈。中国与俄罗斯在欧盟市场上的产品相似度指数稳定上升，竞争程度随之加强；中国与南非相似度指数呈下降趋势，由 2001 年的 49. 89 下降到 2016 年的 37. 10，表明两国农产品在欧盟市场上的竞争有所缓和，专业化分工的程度在上升；中巴在欧盟市场上的产品相似度指数比较稳定。

表 5 - 15　2001—2016 年中国与其他金砖国家农产品在欧盟市场上的产品相似度指数

年份	中印	中俄	中巴	中非	中与其他
2001	49. 91	47. 58	44. 53	49. 89	53. 75
2002	50. 98	35. 79	43. 62	47. 96	54. 74

年份	中印	中俄	中巴	中非	中与其他
2003	58.53	36.83	44.44	47.81	51.00
2004	58.43	42.16	41.37	43.55	51.72
2005	59.36	42.08	41.25	43.09	49.59
2006	63.67	41.69	43.71	45.41	51.67
2007	61.65	32.00	44.62	49.08	57.51
2008	60.96	33.64	48.02	49.04	49.82
2009	60.62	39.54	47.59	39.74	50.35
2010	62.45	46.84	45.34	40.32	50.92
2011	57.73	44.26	41.57	43.27	46.02
2012	59.29	40.70	42.38	42.01	49.75
2013	64.02	47.62	41.73	37.16	50.48
2014	68.56	53.12	39.44	37.93	49.88
2015	69.79	58.34	41.07	37.23	50.89
2016	71.03	59.24	39.58	37.10	51.23
均值	61.06	43.84	43.14	43.16	51.21

资料来源：根据 UN COMTRAD 数据库计算整理所得

2. 美国市场

通过表 5 - 16 可以看出，中国与其他金砖国家（整体）农产品在美国市场上的竞争的也是比较激烈的，2001—2016 年的平均相似度指数达到 54.61，而且随着指数的上升，产品出口结构趋同，竞争愈加激烈。分国家来看，中印在美国市场上的竞争仍然是金砖国家中最为激烈的，而且呈上升态势，最高指数值出现在 2015 年达到 75.77，表明在美国市场上，中印两国的农产品出口结构趋于收敛，竞争更加激烈；中国与南非的指数值变动幅度较小，基本在 50 以上，说明中非的农产品在美国市场上一直处于激烈的竞争中；中俄相似度指数变动幅度较大，最高值 2005 年 61.14，最低值 2014 年仅有 28.66，但也呈现出明显的下降态势，一方面体现了中俄对美农产品出口种类的不稳定性，另一方面也表明中俄农产品在美国市场上的竞争程度由强变弱；中巴的指数值较为稳定，表明中巴在美国市场上农产品出口结构变化不大，竞争也维持着一定的程度。

表 5 - 16 2001—2016 年中国与其他金砖国家农产品在美国市场上的产品相似度指数

年份	中印	中俄	中巴	中非	中与其他
2001	61.43	47.99	49.49	52.51	56.09
2002	65.69	37.43	49.57	51.55	52.31
2003	65.93	44.35	46.17	52.98	48.68
2004	60.92	47.66	43.28	53.88	63.06
2005	59.11	61.14	44.58	51.15	58.97
2006	57.15	51.49	43.73	46.73	55.99
2007	53.44	44.90	50.55	52.06	58.56
2008	48.23	49.46	44.04	51.00	53.50
2009	53.88	37.05	46.13	52.31	52.20
2010	57.18	42.66	46.10	48.34	53.72
2011	48.72	32.37	43.22	54.51	47.28
2012	38.36	31.59	43.09	57.25	40.33
2013	56.07	31.86	47.45	55.17	51.30
2014	62.34	28.66	48.28	52.02	59.20
2015	75.77	38.54	50.91	54.78	61.91
2016	73.25	37.46	51.23	55.14	60.73
均值	58.59	41.54	46.74	52.59	54.61

资料来源：根据 UN COMTRAD 数据库计算整理所得

3. 日本市场

中国与其他金砖国家农产品在日本市场上的竞争，整体来看农产品的相似度指数要低于在欧盟和美国市场的指数值，竞争程度要弱一些，平均值低于50，指数值的下降体现了竞争程度的缓和。按竞争程度由强到弱依次是中印、中俄、中非和中巴。中印仍然是相似度指数最高的，而且呈明显的上升趋势，表明中印两国农产品出口结构趋于收敛，在日本市场上的竞争越来越激烈；中俄的指数值较为稳定；中巴呈明显的下降趋势，而且下降得很快，2001 年指数值为40.43，2016 年降到27.58，表明中巴在日本市场上的竞争程度下降了，专业分工在加强；中非在日本市场上出口的农产品指数值不断上升，两国的竞争越来越激烈。如表 5 - 17 所示。

表5-17 2001—2016年中国与其他金砖国家农产品在日本市场上的产品相似度指数

年份	中印	中俄	中巴	中非	中与其他
2001	53.18	39.62	40.43	29.34	53.25
2002	58.50	40.89	39.50	42.69	49.83
2003	56.92	39.88	40.61	43.09	49.72
2004	60.03	47.75	34.71	35.91	57.50
2005	57.25	46.77	36.68	36.36	52.48
2006	57.24	47.38	34.42	32.59	52.61
2007	54.53	42.87	35.37	36.05	51.57
2008	47.81	41.18	31.61	45.50	42.91
2009	55.65	37.87	35.51	36.73	45.80
2010	52.53	39.39	32.99	35.27	41.23
2011	49.49	44.32	35.55	40.70	39.59
2012	55.15	36.18	32.94	35.52	42.84
2013	57.86	36.05	30.27	28.34	37.82
2014	58.94	40.96	30.21	41.28	45.97
2015	60.16	38.86	26.48	47.49	41.48
2016	61.23	37.45	27.58	48.39	43.24
均值	56.03	41.09	34.05	38.45	46.74

资料来源：根据 UN COMTRAD 数据库计算整理所得

4. 东盟市场

通过表5-18可以看出，中国与其他金砖国家（整体）出口到东盟的农产品相似度指数，较欧盟、美国、日本以及世界市场来说是最低的，平均指数值为40.80，竞争程度较弱，而且指数值下降态势明显，竞争度下降，专业化程度上升。具体到国家来说又不同，中国与南非在东盟市场上的产品相似度指数最高，2001—2016年平均达到52.82，多数年份维持在50以上，表明中非在东盟市场上竞争较为激烈；中印、中巴指数值呈明显的下降趋势，表明其出口东盟的农产品竞争性下降了；中俄指数值波动幅度较大，在东盟市场上两国相似性指数较低，表明两国在东盟市场上的专业分工程度不断上升，农产品的互补性在加强。

表5-18　2001—2016年中国与其他金砖国家农产品在东盟市场上的产品相似度指数

年份	中印	中俄	中巴	中非	中与其他
2001	49.11	18.40	43.99	52.48	52.89
2002	58.80	36.72	37.52	47.34	64.36
2003	55.37	45.81	33.36	45.06	51.21
2004	41.47	43.53	32.97	57.76	45.88
2005	48.33	20.89	35.85	58.31	47.13
2006	41.46	33.40	26.84	63.87	37.97
2007	44.97	34.74	31.39	55.80	41.99
2008	31.35	21.21	32.02	58.09	33.58
2009	35.01	13.27	28.49	49.93	34.99
2010	34.86	13.80	21.95	43.99	31.99
2011	37.27	33.38	22.40	45.07	33.57
2012	36.19	40.71	22.22	50.91	32.65
2013	36.14	19.65	21.33	57.03	33.86
2014	38.63	26.28	20.43	53.81	34.46
2015	44.33	35.60	20.60	52.27	37.59
2016	45.67	30.29	21.34	53.47	38.69
均值	42.44	29.23	28.29	52.82	40.80

资料来源：根据 UN COMTRAD 数据库计算整理所得

（五）小结

将五个国家和地区放到一起比较中国与其他金砖国家在不同市场上的产品相似度指数，总体来看指数值是比较高的，存在一定程度的竞争，如表5-19所示。具体来看，横向比较，在世界市场上中巴的农产品相似度指数最高，竞争最为激烈；中俄的竞争程度最低，农产品出口种类的重合度小。欧盟市场、美国和日本市场上中印的相似度指数最高，上升得也较快，表明两国的出口结构趋于收敛，两国在这三个市场上的竞争会更加激烈。在东盟市场上，中非的农产品相似度指数最高，出口结构最为相似，竞争程度也最高。

纵向比较，中印在欧盟市场上的竞争程度高于其在世界市场、美国、日本以及东盟市场上的竞争，中俄在欧盟市场上的竞争是这五个国家和地区最为激烈的，中巴以及中非在世界市场上的竞争程度相对于在其他国家和地区是最高的。中印、中俄和中巴出口农产品相似度指数在东盟市场上最低，出口农产品的结构差异大；中非则在日本市场上产品的重合度小。中国与其他金砖国家整体在欧盟市场上的指数值最大，竞争也最为激烈，相对在东盟市场上的竞争要弱一些。

总之，影响我国与其他金砖国家出口农产品的相似度指数最大的因素是地理位置以及资源禀赋的差异。以俄罗斯和巴西为例，俄罗斯和巴西从地理位置上相比于中国距离东盟要远，加上中俄巴的资源禀赋不同，生产并出口的农产品结构差异大，致使在东盟市场上中俄、中巴出口的农产品相似度指数小于30，竞争程度低。

表5-19　2001—2016年中国与其他金砖国家出口农产品相似度指数均值

	中印	中俄	中巴	中非	中与其他
世界市场	52.81	39.40	56.59	53.54	44.96
欧盟市场	61.06	43.84	43.14	43.16	51.21
美国市场	58.59	41.54	46.74	52.59	54.61
日本市场	56.03	41.09	34.05	38.45	46.74
东盟市场	42.44	29.23	28.29	52.82	40.80

三、市场相似度分析

产品相似度指数分析了中国与其他金砖国家在世界、东盟、欧盟、美国以及日本市场上的农产品出口结构的相似程度，进而判断了在这几大市场上的农产品的竞争程度。但是农产品出口结构的相似所带来的在第三方市场上的竞争，并不意味着20大类农产品在第三方市场上均存在着竞争关系。事实上从五国出口四大市场的产品来看，存在很大的差异性，我们引入了市场相似度指数，进一步分析中国与其他金砖国家特定农产品出口市场分布的相似程度。

（一）公式参数的解释

$S^m(ij,l)^*$—中国与其他金砖国家农产品出口市场的相似度指数

l—20大类农产品

i—中国

j—其他金砖国家（巴西、俄罗斯、印度、南非）

k— 第三方市场或地区(欧盟、美国、日本、东盟)

X_{ik}^l— 中国向 k 国出口 l 农产品的出口额

X_i^l— 中国 l 产品的总出口额

X_{jk}^l—j 国向 k 国出口 l 农产品的出口额

X_j^l—j 国 l 产品的总出口额

X_{ik}^l / X_i^l—i 国 l 产品出口到 k 市场占 l 产品总出口的比重

X_{jk}^l / X_j^l—j 国 l 产品出口到 k 市场 l 产品总出口的比重

(二) 中国与其他金砖国家 (整体) 农产品出口的市场相似度指数

通过对表 5 − 20 的分析可以得出, 中国与其他金砖国家农产品出口到欧盟、美国、日本以及东盟市场上的市场相似度指数普遍较高, 进一步体现了这 4 个市场是中国与其他金砖国家农产品的主要出口市场, 双方在这 4 个市场上的竞争程度是比较激烈的。坚果和精油的平均指数值都超过了 50, 说明这两种产品的出口市场分布比较相同, 竞争程度激烈, 但是随着时间的推移, 市场相似度指数趋于下降, 特别是精油由 2001 年的 61.48 下降到 2016 年的 28.83, 表明中国与其他金砖国家为避免激烈竞争带来的两败俱伤, 要么进行了专业化生产, 要么开辟了新的市场。除此之外的水产品、花卉、蔬菜和水果的平均指数值在 30 以上, 这几类农产品出口市场分布的相似性也较高, 随着水产品和蔬菜指数值的上升, 双方的竞争也越发激烈, 花卉和水果的竞争程度趋于缓和。药材出口的市场相似度指数非常低, 表明双方药材的出口市场分布不同, 互补性强。

表 5 − 20　中国与其他金砖国家农产品出口的市场相似度指数
——东盟、欧盟、日本和美国市场

商品类别	2001	2003	2005	2007	2009	2011	2013	2016
畜产品	20.11	17.52	19.07	23.71	21.39	21.79	18.87	21.13
水产品	51.23	47.06	48.42	46.29	40.35	44.31	59.58	58.16
其他农产品	26.76	27.29	32.28	33.65	32.83	33.86	33.41	33.93
花卉	29.75	60.99	52.25	51.23	16.51	18.33	16.75	18.07
蔬菜	28.89	32.29	31.58	39.00	36.92	36.04	40.44	43.22
干豆	19.98	18.35	15.48	17.46	19.79	15.38	14.95	13.17
坚果	62.54	46.86	47.14	59.22	40.25	47.23	50.99	59.03
水果	40.26	41.69	38.37	44.12	32.54	34.08	25.92	25.22

商品类别	2001	2003	2005	2007	2009	2011	2013	2016
饮品类	20.20	19.47	22.05	23.68	23.67	27.46	25.92	22.62
调味香料	21.06	19.53	24.32	17.35	23.10	20.61	23.92	23.29
谷物	11.08	9.03	3.40	4.00	9.51	12.71	15.42	6.92
薯类	2.30	3.27	2.29	30.10	26.08	37.00	28.66	33.55
粮食制品	19.38	20.68	19.08	17.06	17.73	18.22	15.66	19.70
油籽	38.07	32.75	35.29	35.28	26.80	24.63	16.80	15.06
药材	10.10	7.44	0.00	0.00	0.00	0.00	0.00	0.00
棉麻丝	27.10	35.88	28.20	16.10	24.68	13.05	15.09	29.38
植物油	18.00	6.05	18.34	12.09	6.88	7.56	12.20	11.85
糖类	10.82	9.12	6.67	7.58	5.55	10.10	9.52	6.23
饼粕	8.66	12.30	13.79	24.20	26.48	42.12	35.61	31.88
精油	61.48	61.81	64.44	61.31	58.40	53.60	44.73	28.83

资料来源：根据 UN COMTRAD 数据库计算整理所得

（三）中国与其他金砖国家（整体）具体到各个市场的产品出口种类又有所差异

1. 日本市场

通过表 5-21 可以看出，中国与其他金砖国家农产品出口到日本的市场相似度指数，仅有水产品的市场相似度指数大于 15，竞争程度最强；畜产品、花卉、蔬菜、水果、精油和饮品类的市场相似度指数仅大于 3，在日本市场上的竞争很低；其他类别的农产品出口的市场结构相似度指数更是低，这表明中国与其他金砖国家在其他类别的农产品上具有很强的互补性。从动态的角度讲，中国与其他金砖国家的农产品在日本市场上的相似度越来越低，竞争日益减缓，专业化分工程度在上升。

表 5 - 21 中国与其他金砖国家农产品出口到日本的市场相似度指数

商品类别	2001	2003	2005	2007	2009	2011	2013	2016
畜产品	4.54	3.98	5.47	2.75	2.91	4.57	2.38	2.57
水产品	26.33	18.02	17.33	16.18	12.69	11.68	12.31	14.72
其他农产品	3.24	2.97	3.35	4.51	2.32	2.75	1.59	1.83
花卉	2.98	4.91	8.13	24.63	4.11	3.61	4.03	4.78
蔬菜	6.61	4.00	3.27	1.68	1.14	1.26	1.69	2.37
干豆	3.44	1.02	0.36	0.36	0.46	0.11	0.12	0.15
坚果	0.42	0.40	0.51	0.96	1.01	1.07	4.06	5.13
水果	4.04	3.83	5.29	4.63	3.55	4.23	3.08	2.71
饮品类	4.51	3.92	3.79	3.04	3.58	4.51	4.35	3.16
调味香料	1.28	2.02	1.74	0.78	1.39	0.97	0.35	5.58
谷物	6.43	0.87	0.30	0.10	0.14	0.50	2.97	0.67
薯类	1.45	2.31	0.00	0.00	0.16	1.62	0.98	1.29
粮食制品	3.50	3.59	1.38	0.53	0.77	0.48	0.22	0.17
油籽	2.58	1.49	0.75	0.62	0.86	0.46	0.48	0.23
药材	8.49	3.16	0.00	0.00	0.00	0.00	0.00	0.00
棉麻丝	3.33	10.86	3.06	0.95	0.58	0.30	0.14	0.28
植物油	1.33	0.20	0.34	0.23	0.32	0.52	0.09	0.29
糖类	0.60	0.42	0.68	0.20	0.33	0.07	0.07	0.01
饼粕	0.20	0.20	0.62	0.89	0.99	2.11	0.91	0.18
精油	5.71	3.60	4.33	4.37	4.91	3.91	2.53	0.65

资料来源：根据 UN COMTRAD 数据库计算整理所得

2. 美国市场

通过表 5 - 22 可以看出，在美国市场上，中国与其他金砖国家农产品出口的市场相似度指数坚果最高，2001 年指数值曾达到 47.67，竞争最为激烈，产品出口的市场分布比较相同；水产品和精油的指数值也均在 10 以上，竞争力也较强；花卉和水果的指数值接近于 10，存在一定程度的竞争；其他种类的农产品竞争则较弱，甚至具有很强的互补性。从动态角度来看，坚果、精油以及花卉的市场相似度指数呈明显下降趋势，坚果从 2001 年的 47.67 下降到 2016 年的 19.53，精油从 21.80 下降到 7.68，下降的速度非常快，竞争趋于缓和，专业化程度上升；水果和水产品的指数值变动不规则，但也维持了较强的竞争性。

表 5-22 中国与其他金砖国家农产品出口到美国的市场相似度指数

商品类别	2001	2003	2005	2007	2009	2011	2013	2016
畜产品	0.29	0.56	1.60	2.24	1.81	1.23	1.12	2.03
水产品	12.98	17.64	16.01	14.23	9.26	11.69	20.54	17.77
其他农产品	9.18	9.19	11.03	12.14	11.14	12.72	13.22	12.44
花卉	12.42	19.46	13.08	7.86	4.42	5.35	5.83	6.03
蔬菜	2.74	5.05	5.77	6.82	6.61	4.97	4.93	4.04
干豆	2.75	1.18	3.12	1.80	1.95	0.67	1.45	2.76
坚果	47.67	37.63	33.27	40.65	25.45	29.67	16.29	19.53
水果	9.37	9.14	8.19	11.39	9.14	9.02	8.46	10.25
饮品类	5.59	5.96	8.02	7.72	6.19	7.02	5.98	5.73
调味香料	6.17	5.28	6.93	4.70	5.77	5.32	4.17	3.36
谷物	0.15	0.69	0.10	0.46	0.38	0.65	0.81	1.23
薯类	0.07	0.06	0.42	0.09	3.80	14.64	3.76	7.86
粮食制品	5.21	5.72	6.27	6.62	7.51	7.66	8.00	8.20
油籽	0.64	0.32	0.20	0.22	0.09	0.15	0.49	0.26
药材	0.16	0.09	0.00	0.00	0.00	0.00	0.00	0.00
棉麻丝	0.32	0.44	1.46	1.12	1.15	0.53	0.29	1.23
植物油	2.91	1.23	1.67	1.26	1.11	1.93	1.52	1.43
糖类	1.41	2.22	2.26	0.74	0.55	0.78	0.34	0.95
饼粕	0.00	0.09	0.08	0.00	0.00	0.00	0.00	0.03
精油	21.80	22.71	25.45	19.57	14.84	13.22	12.13	7.68

资料来源：根据 UN COMTRAD 数据库计算整理所得

3. 欧盟市场

通过表 5-23 可以看出，在欧盟市场上，中国与其他金砖国家农产品出口的市场相似度指数值大于 20 的有精油和油籽两类产品，这两类产品的竞争度最强；水产品、花卉、蔬菜、干豆、坚果、水果、饮品类竞争力弱一些，其市场相似度指数值在 10 ~ 20 之间；其他类别的农产品在欧盟市场上的竞争度则很低，其市场相似度指数均小于 10。尽管中国与其他金砖国家农产品在欧盟市场上具有较高的相似度，竞争相对于其他市场是最为激烈的，但是从动态的角度来看，除了饮品类、坚果、谷物、薯类和饼粕的指数值呈上升趋势外，其他类别的农产品指数值均呈下降态势，表明双方调整了农产品的分布市场，在欧盟市场上竞争日益削弱。

表 5 – 23　中国与其他金砖国家农产品出口到欧盟的市场相似度指数

商品类别	2001	2003	2005	2007	2009	2011	2013	2016
畜产品	10.34	8.80	8.43	14.10	11.95	9.76	6.83	6.39
水产品	10.43	7.96	10.86	12.16	13.80	11.61	12.37	10.14
其他农产品	10.14	11.85	12.23	13.04	13.93	13.17	13.28	13.70
花卉	13.15	35.89	30.62	18.20	7.08	8.40	4.80	3.66
蔬菜	12.61	13.49	11.42	15.49	13.57	9.89	8.72	6.63
干豆	10.06	12.89	10.06	13.83	15.48	13.46	11.71	7.55
坚果	14.33	8.64	12.97	16.43	13.11	15.85	26.90	26.85
水果	25.53	27.77	23.34	26.53	17.74	16.93	11.54	9.09
饮品类	9.77	9.14	9.88	12.47	13.24	15.36	14.74	12.45
调味香料	6.16	6.36	9.19	6.82	8.18	6.47	7.07	6.49
谷物	0.52	1.00	0.71	1.35	2.26	5.08	3.09	4.46
薯类	0.31	0.54	0.29	14.70	18.76	18.24	19.12	17.83
粮食制品	6.76	8.30	8.84	8.46	7.35	6.99	4.18	5.32
油籽	32.93	29.68	30.81	28.43	22.93	15.63	11.96	10.13
药材	0.28	0.16	0.00	0.00	0.00	0.00	0.00	0.00
棉麻丝	16.32	10.84	8.06	1.57	2.67	0.75	0.68	1.35
植物油	10.05	3.51	15.50	9.94	4.58	3.71	10.31	8.42
糖类	5.14	3.93	1.67	3.84	1.90	5.86	4.97	1.73
饼粕	0.66	0.11	0.78	6.64	6.29	20.98	18.90	20.39
精油	30.87	33.38	29.50	32.07	30.85	32.31	24.78	13.73

资料来源：根据 UN COMTRAD 数据库计算整理所得

4. 东盟市场

如表 5 - 24 所示，在东盟市场上，市场相似度指数在 10 以上的有棉麻丝、饼粕和蔬菜，且均呈快速增长的趋势，说明这三类产品分布的市场相似性很高，在东盟市场上的竞争也越来越激烈。水产品的指数值增长也较快，2010 年市场相似度指数仅有 1.49，2016 年增长到 15.53，出口市场的竞争日渐加剧。与欧盟市场不同的是，在东盟市场上尽管多数农产品的指数值比较低，但是呈上升趋势，说明中国与其他金砖国家在东盟市场上的竞争程度是越来越强的。

表 5 - 24　中国与其他金砖国家农产品出口到东盟的市场相似度指数

商品类别	2001	2003	2005	2007	2009	2011	2013	2016
畜产品	4.94	4.18	3.57	4.62	4.72	6.23	8.54	10.14
水产品	1.49	3.44	4.22	3.72	4.60	9.33	14.36	15.53
其他农产品	4.20	3.28	5.67	3.96	5.44	5.22	5.32	5.96
花卉	1.20	0.73	0.42	0.54	0.90	0.97	2.09	3.60
蔬菜	6.93	9.75	11.12	15.01	15.60	19.92	25.10	30.18
干豆	3.73	3.26	1.94	1.47	1.90	1.14	1.67	2.71
坚果	0.12	0.19	0.39	1.18	0.68	0.64	3.74	7.52
水果	1.32	0.95	1.55	1.57	2.11	3.90	2.84	3.17
饮品类	0.33	0.45	0.36	0.45	0.66	0.57	0.85	1.28
调味香料	7.45	5.87	6.46	5.05	7.76	7.85	12.33	7.86
谷物	3.98	6.47	2.29	2.09	6.73	6.48	8.55	0.56
薯类	0.47	0.36	1.58	15.31	3.36	2.50	4.80	6.57
粮食制品	3.91	3.07	2.59	1.45	2.10	3.09	3.26	6.01
油籽	1.92	1.26	3.53	6.01	2.92	8.39	3.87	4.44
药材	1.17	4.03	0.00	0.00	0.00	0.00	0.00	0.00
棉麻丝	7.13	13.74	15.62	12.46	20.28	11.47	13.98	26.52
植物油	3.71	1.11	0.83	0.66	0.87	1.40	0.28	1.71
糖类	3.67	2.55	2.06	2.80	2.77	3.39	4.14	3.54
饼粕	7.80	11.90	12.31	16.67	19.20	19.03	15.80	11.28
精油	3.10	2.12	5.16	5.30	7.80	4.16	5.29	6.77

资料来源：根据 UN COMTRAD 数据库计算整理所得

（四）中国与其他金砖国家（双边）具体到各个市场的产品出口种类又有所差异

具体到中国与各金砖国家在各个市场上的表现也不同。

1. 日本市场

如表 5 - 25 所示，在日本市场上，中国与其他金砖国家农产品出口的市场相似度指数，分国家来看，中国与印度在 2001 年有药材、棉麻丝和水产品的指数值大于 10，说明中印两国这三种产品的出口市场相似度很高，竞争激烈，但是到了 2016 年仅有水产品的指数值较高，其他类别农产品的指数值均比较低，总体来说中印两国农产品在日本市场上的竞争程度比较低。中俄两国只有水产品在日本市场上存在着激烈的竞争，不过随着时间的推移竞争的程度由强变弱，其他类农产品的指数值很低有的甚至为 0，出口的市场甚至完全不同，体现了中俄农产品在日本市场上以互补性为主。中巴农产品在日本市场上，从 2001 年的指数值来看，竞争程度较高的有水产品、蔬菜和干豆，但是到了 2016 年竞争程度已经非常低。中国与南非在日本市场上存在激烈竞争的农产品是水产品、油籽和坚果，不过其指数值快速下降，竞争程度降低；而花卉的竞争程度越来越激烈；其他类别农产品指数值很低，呈互补关系。

表 5 - 25 中国与其他金砖国家（双边）农产品出口到日本的市场相似度指数

商品类别	2001				2016			
	中印	中俄	中巴	中非	中印	中俄	中巴	中非
畜产品	9.04	1.86	5.54	1.83	0.64	0.31	4.24	0.67
水产品	34.29	33.20	10.58	14.72	21.13	11.83	6.16	5.71
其他农产品	5.36	0.25	5.76	1.31	3.86	0.59	2.06	2.45
花卉	5.27	0.00	2.72	4.34	3.78	0.00	1.32	10.73
蔬菜	3.48	10.23	18.46	6.74	1.91	1.39	5.35	4.99
干豆	3.03	0.00	17.34	0.00	0.41	0.00	0.77	0.30
坚果	0.62	0.00	0.04	46.43	7.06	0.00	0.75	12.89
水果	0.52	5.75	5.48	7.08	2.77	0.03	5.13	2.08
饮品类	3.32	1.59	7.74	1.10	1.50	0.39	3.18	0.88

续表

商品类别	2001				2016			
	中印	中俄	中巴	中非	中印	中俄	中巴	中非
调味香料	2.39	0.00	0.00	0.42	7.91	0.00	0.00	0.33
谷物	0.03	0.00	9.09	4.49	0.01	0.03	5.17	0.04
薯类	0.00	0.00	5.43	0.00	1.96	0.00	3.38	0.00
粮食制品	5.27	0.00	7.65	0.08	0.24	0.00	1.30	0.00
油籽	1.24	0.00	2.89	20.69	1.23	0.04	0.23	10.99
药材	10.32	0.00	2.06	0.10	0.00	0.00	0.00	0.00
棉麻丝	16.22	0.40	0.39	1.19	0.26	0.00	0.70	2.01
植物油	4.58	0.00	0.00	0.01	2.24	0.00	0.52	0.03
糖类	0.00	0.00	0.01	4.94	0.00	0.00	0.01	0.04
饼粕	2.05	0.00	0.13	0.00	3.83	0.00	0.13	0.00
精油	5.25	0.12	5.44	0.83	0.56	0.27	0.60	0.47

资料来源：根据 UN COMTRAD 数据库计算整理所得

2. 美国市场

通过表 5-26 我们可以看出，在美国市场上，2001 年中印农产品存在激烈竞争的是水产品、花卉、坚果和精油，其市场相似度指数均在 10 以上，随着时间推移竞争程度由强变弱，2016 年仅有水产品的竞争程度较高。2001 年中俄只有坚果在美国市场上存在竞争，2016 年坚果的竞争程度已经非常低；薯类的指数值由 0 增长到 16.17，说明薯类的出口市场由完全不同到市场分布的相似性很高，薯类竞争程度越来越激烈。2001 年花卉、坚果和精油是中巴在美国市场上存在激烈竞争的产品，特别是坚果的市场相似度指数值达到 75.47，说明中巴两国坚果的出口市场极为相似，但是 2016 年 3 种产品的竞争程度较为缓和；水产品和水果的竞争越来越激烈。2001 年中非在美国市场上水产品、花卉和精油的竞争较为激烈，2016 年竞争程度也由强变弱，坚果的竞争则由弱变强。总之，在美国市场上，农产品竞争的种类少，竞争程度也越来越弱。

表 5 – 26　中国与其他金砖国家（双边）农产品出口到美国的市场相似度指数

商品类别	2001				2016			
	中印	中俄	中巴	中非	中印	中俄	中巴	中非
畜产品	0.12	0.08	0.27	0.08	3.06	0.47	2.23	0.95
水产品	12.32	4.45	6.80	10.58	9.98	0.30	10.16	8.24
其他农产品	7.47	4.18	8.61	8.20	10.79	0.20	10.68	8.01
花卉	11.83	0.00	10.66	11.57	4.92	0.00	3.57	2.60
蔬菜	2.28	1.44	1.42	4.54	3.87	0.67	0.45	5.88
干豆	2.63	0.20	1.70	0.00	6.21	0.01	5.76	1.13
坚果	37.86	60.43	75.47	7.30	19.06	5.59	14.40	11.85
水果	3.99	2.26	14.13	5.75	8.22	8.84	15.00	3.98
饮品类	4.72	3.17	5.39	3.23	4.42	2.12	5.46	2.31
调味香料	6.43	1.51	2.41	3.74	3.56	0.63	0.32	0.33
谷物	0.12	0.00	0.12	0.09	1.97	0.01	0.95	0.11
薯类	0.02	0.00	0.08	0.00	9.82	16.17	0.01	0.08
粮食制品	2.99	2.32	4.08	2.50	7.84	2.57	6.23	0.11
油籽	1.00	0.00	0.00	0.79	3.31	0.01	0.00	0.47
药材	0.16	0.63	0.02	0.01	0.00	0.00	0.00	0.00
棉麻丝	0.11	0.25	0.28	0.19	0.55	0.00	2.80	2.72
植物油	5.18	0.16	0.31	0.52	7.39	0.01	0.43	0.22
糖类	0.35	0.33	1.69	3.48	1.31	1.89	1.13	1.50
饼粕	0.00	0.00	0.00	0.00	0.92	0.00	0.01	0.00
精油	20.46	0.86	19.95	16.78	6.77	0.15	5.08	4.59

资料来源：根据 UN COMTRAD 数据库计算整理所得

3. 欧盟市场

通过表 5 – 27 可以看出，在欧盟市场上，2001 年中印农产品出口的市场相似度指数值大于 10 的种类较多，达到 9 种，有精油、植物油、棉麻丝、油籽、水果等。但是到了 2016 年除水产品指数值略升外，其他 8 类农产品指数值均降到了 10 以下，竞争程度趋缓，特别是油籽降为 0，说明出口市场完全不同了；

饼粕、粮食制品和干豆的竞争程度由弱变强。2001 年中俄农产品在欧盟市场上存在竞争的有精油、油籽、水果、坚果、蔬菜和水产品,2016 年除了水产品和坚果外其他 4 类农产品的竞争程度已经很低了;饼粕、薯类和干豆的出口市场越来越相似,竞争程度随之提升。中巴之间 2001 年竞争激烈的有精油、油籽、棉麻丝、水果和干豆,2016 年除精油外其他 4 类的竞争程度明显下降;饼粕、薯类、饮品类、坚果的竞争程度上升。2001 年中非在欧盟市场上竞争激烈的产品种类也达到 5 类——蔬菜、水果、坚果、精油和油籽,2016 年畜产品、薯类和坚果的竞争程度较高,其他类别农产品的竞争程度较低,甚至相似度指数为0。总之,在欧盟市场上,中国分别与其他金砖国家竞争的农产品种类较多,其指数值基本上呈递减趋势,但是不断有其他类别的农产品竞争程度随之提升,使得在欧盟市场上竞争程度维持在一定的水平。

表 5 - 27　中国与其他金砖国家(双边)农产品出口到欧盟的市场相似度指数

商品类别	2001				2016			
	中印	中俄	中巴	中非	中印	中俄	中巴	中非
畜产品	7.84	4.28	9.71	3.35	6.69	5.90	8.76	16.43
水产品	10.11	10.30	6.42	5.03	12.79	12.87	2.04	6.89
其他农产品	7.07	4.92	8.62	7.31	2.69	11.17	11.43	10.70
花卉	10.65	2.80	5.81	9.99	6.79	2.39	0.84	2.11
蔬菜	13.85	10.03	7.67	10.67	5.33	7.43	0.85	8.68
干豆	7.50	8.56	16.31	9.07	22.40	11.76	6.96	1.92
坚果	15.82	18.36	6.77	17.76	5.32	30.68	27.56	18.34
水果	16.37	13.22	23.14	20.61	8.13	5.51	6.28	6.78
饮品类	6.49	4.12	8.65	5.12	8.37	9.61	11.51	7.11
调味香料	6.25	1.54	2.40	2.55	4.75	7.39	0.93	5.07
谷物	0.38	0.19	0.27	0.31	7.37	4.38	4.18	0.91
薯类	0.11	0.04	0.15	0.21	8.93	21.06	15.77	20.81
粮食制品	9.67	8.94	3.89	3.35	10.96	5.01	3.69	2.70
油籽	22.77	16.53	32.97	17.99	0.00	9.19	9.52	9.20
药材	0.30	0.26	0.02	0.00	1.61	0.00	0.00	0.00
棉麻丝	14.38	4.02	15.69	9.86	9.03	1.87	1.45	2.39

商品类别	2001				2016			
	中印	中俄	中巴	中非	中印	中俄	中巴	中非
植物油	10.35	8.18	2.56	8.04	2.02	7.18	7.09	2.20
糖类	4.93	6.34	5.58	2.24	4.63	3.33	1.61	1.80
饼粕	0.44	0.06	0.66	0.23	12.73	12.11	20.40	0.00
精油	26.89	28.53	35.38	39.89	6.69	4.24	10.05	9.25

资料来源：根据 UN COMTRAD 数据库计算整理所得

4. 东盟市场

通过对表 5-28 的分析可以获知，在东盟市场上，2001 年中印农产品出口的市场相似度指数较高的有饼粕、糖类和水果 3 类农产品，其指数值均呈下降趋势，但也存在一定程度的竞争；2016 年相比于 2001 年具有竞争程度较高的农产品种类增加了，精油、棉麻丝、油籽、粮食制品、蔬菜的竞争程度越来越激烈。中俄在东盟市场上农产品的出口以互补为主，2001 年绝大多数的农产品种类指数值均小于 1，甚至为 0，竞争程度非常低，但是呈现缓慢增长的态势，2016 年竞争程度虽然有所上升，但是其指数值仍然比较低。中巴在东盟市场上，绝大多数的农产品种类市场相似度指数呈递增趋势，2001 年指数值大于 10 的没有，2016 年有 5 类农产品的指数值大于 10，比如蔬菜、棉麻丝等竞争程度越来越激烈。2001 年中非在东盟市场上竞争程度较高的产品的是坚果，2016 年竞争程度较高的是棉麻丝和水产品。总之，在东盟市场上，中国分别与其他金砖国家农产品的竞争种类是增加的，竞争程度是上升的。

表 5-28 中国与其他金砖国家（双边）农产品出口到东盟的市场相似度指数

商品类别	2001				2016			
	中印	中俄	中巴	中非	中印	中俄	中巴	中非
畜产品	2.22	0.08	1.82	3.78	8.12	2.22	2.53	3.18
水产品	1.16	0.45	0.43	1.55	8.52	0.46	5.00	10.79
其他农产品	7.47	0.04	4.34	12.95	10.54	0.93	7.87	5.35
花卉	1.95	0.00	0.00	0.75	7.02	0.00	0.00	1.25
蔬菜	5.52	0.00	0.35	0.69	26.36	0.00	23.63	0.56

商品类别	2001				2016			
	中印	中俄	中巴	中非	中印	中俄	中巴	中非
干豆	4.13	0.00	0.00	0.00	5.17	0.19	12.08	0.00
坚果	0.19	0.00	0.00	38.94	3.22	1.06	0.24	4.70
水果	16.88	0.00	0.50	2.43	7.00	0.87	0.79	7.13
饮品类	1.09	0.40	0.34	0.49	6.74	0.47	0.98	1.10
调味香料	8.30	1.28	6.81	0.94	8.62	7.02	0.33	0.09
谷物	9.52	0.00	1.24	1.28	2.12	0.24	0.00	5.20
薯类	0.07	0.00	0.00	0.00	9.54	0.00	0.00	1.05
粮食制品	7.57	0.00	0.00	6.47	13.04	0.81	10.73	3.01
油籽	7.07	0.00	0.22	1.51	16.42	0.61	2.39	1.02
药材	1.17	0.00	1.92	0.04	0.00	0.00	0.00	0.00
棉麻丝	3.77	1.10	7.11	3.00	11.27	4.04	30.21	22.43
植物油	4.96	0.00	2.28	2.42	9.82	0.05	1.28	0.02
糖类	31.52	0.02	1.19	9.74	17.91	1.69	2.79	0.12
饼粕	29.16	0.00	0.78	0.19	8.16	0.11	11.35	0.00
精油	6.34	0.00	1.90	1.03	10.38	0.00	4.28	3.48

资料来源：根据 UN COMTRAD 数据库计算整理所得

5. 小结

两国出口市场相似性指数越高，意味着两国的特定产品的出口市场分布越相似或越接近，同时也意味着两国在第三方市场上出口产品的竞争程度越高。结合产品相似度指数的分析可以得出：两国的出口产品结构很相似，市场分布差异很大，则两国的出口商品在第三方市场上的竞争程度也不会激烈；如果两国产品的出口市场结构相似性程度很高，但是产品相似度指数低，竞争程度也会大大降低；只有当两国的出口产品相似度和出口市场相似度都很高的时候，两国在第三市场或世界市场上的出口产品的竞争程度才会激烈。结合前面章节对中国与其他金砖国家农产品贸易的产品相似度和市场相似度分析，发现尽管产品相似度指数值在欧盟、美国、日本以及东盟市场上普遍较高，但是通过对市场相似度指数的测算发现，除东盟市场外，农产品竞争的种类不多，竞争程度也越来越弱，所以中国与其他金砖国家农产品的竞争程度较弱，以农产品的互补性为主。

第三节　中国与其他金砖国家都具有比较优势的农产品市场相似性指数

将比较优势指数与市场相似度指数结合起来，如表 5 - 29 所示，我们分析中国与其他金砖国家都具有比较优势的农产品大类市场分布的情况，即市场相似度指数，选择的市场仍旧是欧盟、东盟、美国和日本，年限分别是 2001 年和 2016 年。

表 5 - 29　中国与其他金砖国家都具有比较优势的农产品市场相似性指数

中印									
2001 年	欧盟	东盟	美国	日本	2016 年	欧盟	东盟	美国	日本
水产品	10.11	1.16	12.32	34.29	干豆	22.40	5.17	6.21	21.13
干豆	7.50	4.13	2.63	3.03	调味香料	4.75	8.62	3.56	0.41
谷物	0.38	9.52	0.12	0.03	糖类	4.63	17.91	1.31	0.01
精油	26.89	6.34	20.46	5.25	精油	6.69	10.38	6.77	0.56
中俄									
2001 年	欧盟	东盟	美国	日本	2016 年	欧盟	东盟	美国	日本
水产品	10.30	0.45	4.45	33.20	水产品	12.87	0.46	0.30	11.83
谷物	0.19	0.00	0.10	0.00	干豆	11.76	0.19	0.01	0.00
中巴									
2001 年	欧盟	东盟	美国	日本	2016 年	欧盟	东盟	美国	日本
调味香料	2.40	6.81	2.41	0.00	调味香料	0.93	0.33	0.32	0.00
精油	35.38	1.90	19.95	5.44	油籽	9.52	2.39	0.00	0.23
					糖类	1.61	2.79	1.13	0.01
					精油	10.05	4.28	5.08	0.60

中非								
2001 年	欧盟	东盟	美国	日本	2016 年	欧盟	东盟	美国	日本
水产品	5.03	1.55	10.58	14.72	水果	6.78	7.13	3.98	2.08
精油	39.89	1.03	16.78	0.83	调味香料	5.07	0.09	0.33	0.33
					糖类	1.80	0.12	1.50	0.04
					精油	9.25	3.48	4.59	0.47

资料来源：根据 UN COMTRAD 数据库计算整理所得

2001 年中印都具有比较优势的农产品大类是水产品、干豆、谷物和精油，其中在欧盟、美国市场上竞争最为激烈的是精油，其次是水产品；在东盟市场上 4 类农产品的市场相似度指数都比较低，竞争程度也较低；在日本市场上水产品的竞争最为激烈。2016 年，双方都具有比较优势的农产品是干豆、调味香料、糖类和精油，欧盟、日本市场上干豆的竞争以及东盟市场上精油的竞争程度是最强的，美国市场上四类产品的竞争程度要弱一些。

中俄具有比较优势的农产品种类最少，2001 年有水产品和谷物，其中水产品在日本市场上的竞争最为激烈，其次是欧盟市场；谷物在四个市场上的指数值均不足 1，互补性极强。2016 年是水产品和干豆，水产品仍然是在欧盟和日本市场上的竞争程度高，干豆在欧盟市场上竞争程度较强，在其他市场上互补性强。

中巴 2001 年具有比较优势的农产品种类只有两类，即调味香料和精油。调味香料在 4 个市场上的指数值均不高，特别是在日本市场上为 0，说明双方调味香料在日本市场上不存在竞争关系；精油在欧盟和美国上竞争激烈。2016 年除了调味香料和精油外增加了油籽和糖类。油籽在欧盟市场上存在一定程度的竞争，在其他市场上以互补性为主；糖类的指数值也很低，互补性强。

中非 2001 年双方都具有比较优势的有水产品和精油，水产品在美国和日本的竞争程度较高，精油在美国和欧盟市场上存在激烈的竞争。2016 年具有优势的种类增加到 4 类，水产品已不具有了优势，增加了水果、调味香料和糖类，但这 3 类产品的市场相似度普遍不高，竞争程度较低。精油在欧美市场上的竞争程度也由强变弱，趋于缓和。

双边都具有比较优势的农产品大类在各个市场上的相似度指数值不一定高，

即竞争性不一定激烈。

第四节 本章小结

通过采用显示性比较优势指数和出口相似度指数分析中国与其他金砖国家农产品贸易的竞争性，得出以下结论。

1. 金砖国家（整体）具有比较优势的农产品种类较多，在国际市场上具有一定的竞争力。比较优势最强的国家是巴西，其次是印度和南非，中国和俄罗斯在世界农产品出口市场上不具有比较优势。

2. 各国具有比较优势的农产品种类差别较大，各具特色，因此在相同的农产品出口市场上，并不存在真正的竞争关系。但是，中国与印度具有的比较优势农产品种类较为相似，因此两国在农产品市场存在一定的竞争性。

3. 中国对世界具有显示性比较优势的农产品有水产品、蔬菜、干豆、水果、调味香料、粮食制品、药材、精油以及棉麻丝等；中国对世界具有比较优势但是对其他金砖国家不具有比较优势的农产品有水产品、粮食制品和药材，这三类农产品的出口具有较大的潜力。

4. 中国对其他金砖国家各国出口的主要农产品皆为具有比较优势的农产品。中国对巴西出口的具有比较优势的农产品种类有蔬菜、水产品、畜产品和干豆，对印度出口的具有比较优势的农产品种类有干豆、调味香料、棉麻丝、水果、糖类和精油，对南非出口的具有比较优势的农产品种类有干豆、糖类、畜产品、谷物和水果，对俄罗斯出口的具有比较优势的农产品种类有蔬菜、水果、糖类和水产品等。这与中国出口到其他金砖各国的主要农产品类别基本相同。

5. 中国与其他金砖国家在不同的市场上，相似度指数不同，竞争的激烈程度也不尽相同，其影响因素主要来自地理位置以及资源禀赋的差异。在世界市场上，中巴两国出口的农产品相似度最低，出口的农产品更多地体现了互补性，中印具有较高的出口相似度，竞争也较为激烈；在欧盟市场、美国和日本市场上竞争程度较弱的分别为中非、中俄和中巴，竞争激烈的仍为中印；在东盟市场上竞争程度高的是中非，低的是中巴。

6. 不同市场上，竞争激烈的农产品种类较少，且市场相似度指数值普遍较低，进一步体现了中国与其他金砖国家不存在实质意义上的竞争关系，互补性较为明显。

7. 中国与其他金砖国家（整体）竞争最为激烈的农产品种类有：在日本市场上的水产品，美国市场上的坚果以及水产品和精油，欧盟市场上的精油和油籽，东盟市场上的棉麻丝、蔬菜。

具体到双边。竞争最为激烈的农产品种类包括：在日本市场上，中印、中俄、中巴的水产品和中非的坚果；在美国市场上，中印和中非的坚果、中俄的薯类、中巴的水果；在欧盟市场上，中印的干豆、中俄和中巴的坚果、中非的薯类；在东盟市场上竞争最为激烈的是中印的蔬菜、中俄的调味香料、中巴和中非的棉麻丝。

第六章

中国与其他金砖国家农产品贸易的互补关系分析

中国与其他金砖国家由于资源禀赋、消费习惯、收入水平等方面的差异，导致农产品贸易必然存在一定的互补关系。本章主要采用了反映两国贸易联系紧密程度的贸易结合度指数（*TII*）、显示进出口国贸易吻合程度的贸易互补性指数（*TCI*）以及反映同一类产品既进口又出口的产业内贸易指数来衡量农产品贸易的互补性。

第一节　中国与其他金砖国家农产品贸易的紧密度分析

一、测算贸易紧密度方法的选择

衡量两国贸易联系的紧密程度通常使用贸易结合度指数（又译为贸易强度指数或贸易密集度指数，Trade Intensity Index），最早由 Brown（1947）提出并 Kojima（1964）等加以完善，是指一个国家对某一贸易伙伴国的出口额占该国出口总额的比重，与该贸易伙伴国进口总额占世界进口总额（减去国家 a 的出口）的比重之比，其计算公式为：

$$TII_{ab} = \frac{X_{ab}/X_a}{M_b/(M_w - M_a)}$$

式中 TII_{ab} 表示 a 国对 b 国的贸易结合度，X_{ab} 表示 a 国向 b 国的出口额，X_a 表示 a 国出口总额，M_a 和 M_b 分别表示 a 国和 b 国进口总额，M_w 表示世界进口总额。$TII > 1$，表明两国农产品贸易联系紧密，TII 值越大两国农产品贸易关系越紧密；$TII < 1$，则表明两国在贸易方面联系松散，如果 $TII = 1$ 则说明正好处于平均水平。

①贸易结合度指数可细分为出口结合度指数和进口结合度指数，把上式中的出口值和进口值对换即可。

二、农产品贸易结合度指数的测算

根据文章需要对贸易结合度指数赋予新的释义：

$$TII_{ab} = \frac{X_{ab}/X_a}{M_b/(M_w - M_a)}$$

TII_{ab} 反映中国与其他金砖国家在农产品贸易方面互相依存的程度

X_{ab} 表示 a 国对 b 国出口的农产品贸易额

X_a 表示 a 国出口农产品总额

M_a 和 M_b 分别表示 a 国和 b 国农产品进口总额

M_w 表示世界农产品进口总额

（一）中国与其他金砖国家的农产品贸易结合度指数

从图 6-1 中国对其他金砖国家农产品出口贸易结合度指数的变化可以看出，指数值围绕 1 波动，表明中国与其他金砖国家的农产品贸易联系比较紧密。分国家来看，中国与巴西的贸易结合度指数上升最快，从 2001 年的 0.16 上升到 2015 年的 1.03，增长了 5 倍多，说明在此期间中国与巴西之间的农产品贸易有了很大的发展。中国与印度农产品贸易结合度指数下降趋势明显，最高值出现在 2002 年达到 1.69，是同期中国与其他金砖国家中贸易关系最紧密的，2016 年下降到 0.37，成为同期贸易关系最为松散的。中国与南非和俄罗斯在农产品方面的贸易关系相对稳定，2001—2016 年指数值基本保持在 1 以上，贸易关系比较紧密，特别是俄罗斯，2016 年指数值达到 1.36，成为金砖国家中与中国农产品贸易最紧密的国家。

（二）其他金砖国家与中国的农产品贸易结合度指数

通过图 6-2 可以看出，其他金砖国家对中国农产品出口的贸易结合度指数普遍要高于中国对其他金砖国家出口的指数值，除南非外，说明其他金砖国家与中国农产品的贸易联系要高于中国与其的密切程度，特别是巴西，随着巴西对中国农产品出口额的加大，中国已成为巴西最主要的农产品出口国。俄罗斯和印度对中国的贸易结合度指数变动呈波浪式递减，2001 年俄罗斯对中国的指数值达到 2.69，是同期其他金砖国家中对中国贸易关系最紧密的，2016 年下降到 1.11，被

———————————

① 方菲. 中国与东盟农产品贸易问题分析 [D]. 东北财经大学，2010.

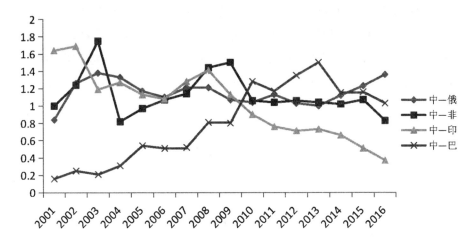

图6-1 中国对其他金砖国家农产品出口贸易结合度指数的变动

资料来源：根据 UN COMTRAD 数据库计算整理所得

巴西所替代；印度在2006年达到最高值1.99，之后下降趋势明显，2016年降到0.37，与中国的贸易关系由紧密变得松散，中国已不是印度主要的农产品出口国，印度农产品的出口国主要分布在欧盟、南亚以及西亚地区。南非对中国的农产品贸易关系相对稳定，2001—2016年指数值均在1以下，贸易关系相对较弱。

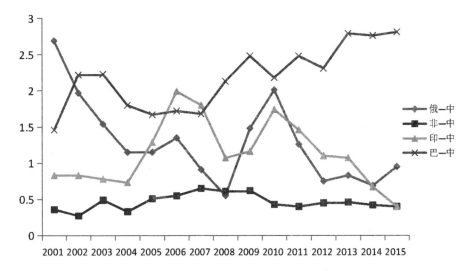

图6-2 其他金砖国家对中国农产品出口的贸易结合度指数

资料来源：根据 UN COMTRAD 数据库计算整理所得

通过以上分析可以看出，中国对其他金砖国家的农产品贸易关系最紧密的是中俄，指数值上升最快的是中巴，明显下降的是中印；其他金砖国家对中国的贸易关系，巴西对中国的最紧密，南非对中国的最为松散，俄罗斯和印度对中国的贸易结合度指数呈下降趋势，贸易关系的紧密度也由强变弱。

三、农产品大类出口的贸易结合度指数测算

（一）中国对其他金砖国家农产品大类出口的贸易结合度指数

具体到农产品层面对贸易结合度指数赋予新的释义：

$$TII_{ab} = \frac{X_{ab} / X_a}{M_b / (M_w - M_a)}$$

TII_{ab} 反映中国与其他金砖国家在农产品各大类方面的紧密程度

X_{ab} 表示 a 国对 b 国出口的某类农产品贸易额

X_a 表示 a 国出口的某类农产品总额

M_a 和 M_b 分别表示 a 国和 b 国进口的某类农产品总额

M_w 表示世界进口的某类农产品总额

这里的某类表示同一类，是 20 大类农产品中的一类。

通过对表 6 - 1 的分析可以看出，中国对其他金砖国家出口的农产品贸易结合度指数较高的大类有水果、畜产品、蔬菜、干豆、糖类等，种类较多，与其他金砖国家的贸易关系比较密切。中国对印度的出口 2001 年有 7 类农产品的指数值大于 1，像棉麻丝和花卉等指数值很高，2016 年种类为 6 类，尽管贸易关系密切的农产品种类不尽相同，但是完全可以看出，印度市场仍是中国农产品出口的重要市场。2001 年中国出口到俄罗斯的农产品中水产品、蔬菜、水果、谷物和油籽的指数值很高，贸易关系紧密，2016 年又增加了干豆、坚果、糖类以及精油等，贸易联系密切的农产品种类在增加。2001 年中国对巴西出口的农产品中，仅有坚果指数值大于 1，2016 年达到 6 类，包括畜产品、水产品、蔬菜等。对南非的出口贸易关系紧密的产品种类也在增加。总之，2016 年中国出口到其他金砖国家的贸易结合度较高的农产品种类，相对于 2001 年已明显增加，但仍有许多农产品的贸易结合度指数较低，且不稳定，这意味着其他金砖国家对中国而言，仍有很大的拓展空间。

表 6 - 1　中国对其他金砖国家农产品大类出口的贸易结合度指数

商品类别	2001				2016			
	中一印	中一俄	中一巴	中一非	中一印	中一俄	中一巴	中一非
畜产品	1.25	0.81	0.29	2.79	0.49	0.17	2.72	2.66
水产品	0.88	1.27	0.01	0.97	0.04	1.29	1.03	0.86
其他农产品	0.88	0.84	0.44	1.86	1.13	1.45	1.10	1.53
花卉	4.98	0.08	0.00	0.01	0.04	0.02	0.28	0.90
蔬菜	2.70	1.36	0.49	1.67	0.73	1.53	1.61	2.06
干豆	0.15	0.05	0.15	6.07	0.36	1.37	1.26	7.97
坚果	0.00	0.01	2.04	4.99	0.01	2.13	0.62	0.60
水果	0.74	2.40	0.05	3.85	1.66	1.57	0.07	1.99
饮品类	0.75	0.50	0.01	0.19	0.59	0.49	0.25	0.25
调味香料	3.43	0.06	0.02	0.45	0.44	0.08	0.18	0.29
谷物	0.03	2.27	0.00	0.04	0.00	1.37	0.09	0.02
薯类	0.00	0.63	0.00	0.00	0.00	1.56	0.02	0.04
粮食制品	0.68	0.37	0.00	0.09	3.88	0.82	0.57	1.05
油籽	0.38	15.12	0.00	1.50	1.84	0.22	0.03	0.57
药材	0.08	0.13	0.07	0.02	0.09	0.20	0.83	0.59
棉麻丝	7.35	0.00	0.04	0.02	8.90	0.00	3.06	0.04
植物油	0.05	0.02	0.13	0.02	0.02	0.16	0.05	0.18
糖类	2.79	0.10	0.00	0.35	1.14	1.28	1.42	1.78
饼粕	0.04	0.00	0.00	0.00	0.07	0.00	0.00	0.01
精油	2.59	0.00	0.84	0.01	1.12	1.16	0.16	0.41

资料来源：根据 UN COMTRAD 数据库计算整理所得

（二）其他金砖国家对中国农产品大类出口的贸易结合度指数

相对于中国对其他金砖国家出口，其他金砖国家对中国出口的农产品贸易结合度指数大于1的产品种类较少，表明与中国贸易关系密切的农产品较少。如表6-2所示，2001年俄罗斯出口到中国的水产品、蔬菜和坚果指数值很高，2016年出口到中国的是水产品、坚果和棉麻丝指数值较高；南非出口到中国的农产品，贸易结合度指数较高的仅有畜产品；2001 年印度出口到中国的贸易结合度指数较高的农产品有水产品、棉麻丝、糖类、饼粕和精油，但其指数值呈下降趋势，2016 年仅剩饼粕和精油指数值较高；巴西出口到中国的贸易结合度指数较高的产品 2001 年为花卉、油籽，2016 年除油籽外还增加了植物油、糖类和精油，其指数值均大于 1。

表6-2　其他金砖国家对中国农产品大类出口的贸易结合度指数

商品类别	2001				2016			
	俄—中	非—中	印—中	巴—中	俄—中	非—中	印—中	巴—中
畜产品	0.09	1.30	0.18	0.13	0.69	2.50	0.01	0.99
水产品	5.65	0.62	2.42	0.06	6.00	0.21	0.96	0.59
其他农产品	3.38	1.07	0.73	1.00	0.30	0.13	0.39	0.92
花卉	0.00	0.98	0.89	3.23	0.00	0.43	1.72	0.41
蔬菜	3.81	0.01	0.41	0.00	1.10	0.48	0.53	0.00
干豆	0.00	0.00	0.00	0.00	0.00	0.00	0.01	0.04
坚果	34.06	0.00	0.36	0.00	4.12	0.60	0.05	0.00
水果	0.00	0.04	0.00	0.62	0.20	0.39	0.26	0.41
饮品类	0.18	0.06	0.20	0.21	0.94	0.95	0.48	0.24
调味香料	0.00	0.00	0.28	0.00	0.01	0.02	0.19	0.00
谷物	0.00	0.00	0.03	0.00	0.05	0.05	0.01	0.06
薯类	0.00	0.00	0.00	0.00	0.00	0.00	0.00	0.00
粮食制品	0.00	0.00	0.15	0.07	0.45	0.02	0.01	0.04
油籽	0.26	0.00	0.03	1.06	0.67	0.00	0.05	1.54
药材	0.00	0.11	0.18	0.00	0.00	0.00	0.61	1.29
棉麻丝	0.00	0.00	1.47	0.37	3.48	0.00	0.98	0.75
植物油	0.00	0.00	0.62	0.22	0.52	0.00	2.92	1.35
糖类	0.00	0.00	1.25	0.50	0.24	0.00	0.01	1.79
饼粕	0.04	0.00	7.68	0.00	0.00	0.00	4.54	0.03
精油	0.00	0.00	2.68	0.41	0.65	0.06	1.80	1.21

资料来源：根据 UN COMTRAD 数据库计算整理所得

四、对贸易结合度指数赋予新释义的验证

结合表6-3分析可以看出，中国与其他金砖国家出口贸易结合度指数较高的农产品在各自农产品总出口中都占有十分重要的地位，进一步验证了对公式进行细分并赋予公式中变量新的释义是可行的。

表6-3　中国出口到其他金砖国家的主要农产品占其出口到其他金砖国家的

农产品总额的份额　　　　　　　　单位：%

商品类别	2001				2016			
	中—印	中—俄	中—巴	中—非	中—印	中—俄	中—巴	中—非
畜产品	3.63	20.21	13.00	30.33	0.87	1.33	10.23	18.51
水产品	1.29	12.12	0.51	9.74	1.16	14.47	27.01	11.09
其他农产品	4.10	9.38	24.85	29.12	33.53	20.80	21.11	28.32
花卉	0.01	0.01	0.00	0.00	0.00	0.01	0.01	0.03
蔬菜	3.97	15.98	43.98	8.08	2.14	31.81	33.98	14.79
干豆	4.36	0.03	4.98	14.63	9.98	0.16	1.40	5.95
坚果	0.00	0.00	1.31	0.53	0.06	0.83	0.40	0.36
水果	0.59	15.49	0.79	2.31	10.79	23.53	0.39	7.49
饮品类	0.27	3.91	0.17	1.14	2.11	3.05	1.16	1.64
调味香料	3.67	0.01	0.07	0.47	1.68	0.01	0.04	0.30
谷物	0.00	7.32	0.16	0.56	0.00	0.13	0.11	0.02
薯类	0.00	0.01	0.00	0.00	0.00	0.01	0.00	0.00
粮食制品	0.15	0.90	0.15	0.24	1.75	0.80	1.96	2.31
油籽	0.03	14.01	0.00	2.66	1.11	0.65	0.03	0.98
药材	0.05	0.0	0.41	0.01	0.33	0.07	0.70	0.21
棉麻丝	76.38	0.0	0.82	0.0	24.59	0.0	0.28	0.01
植物油	0.23	0.02	0.59	0.05	0.15	0.03	0.03	0.11
糖类	0.28	0.50	0.01	0.13	4.43	2.15	0.87	7.44
饼粕	0.00	0.00	0.00	0.00	0.01	0.00	0.00	0.01
精油	0.99	8.20	0.01		5.30	0.16	0.30	0.41

资料来源：根据 UN COMTRAD 数据库计算整理所得

　　中国出口到其他金砖国家的农产品，从贸易占比上来看，种类较多，从时间序列上来看，波动很大。以中国出口到印度为例，棉麻丝是中国出口到印度的农产品总额中占比最高的，2001年和2016年分别为76.38%和24.59%，其贸易结合度指数分别是7.35和8.90，也是中国出口印度的农产品中贸易强度最高的，其次蔬菜、调味香料、水产品等的出口额有着一定的占比，指数值也较高。随着时间推移，占比较高的农产品种类发生了变化，指数值也随之变化，如水果2001年占比仅为0.59%，2016年达到10.79%，其指数值也由0.74增加到1.66，贸易关系日益密切；畜产品占比由2001年的3.63%下降到2016年的0.87%，贸易结合度指数也由1.25降到0.49，贸易强度减弱了；但是并非占比与贸易结合度指数呈正向关系，如精油的占比由0.99%增加到5.30%，其指数值却由2.59下降到1.12，仍可以看出指数值较高的农产品，其在出口占比中有着一定的比例。

表6-4　其他金砖国家出口到中国的主要农产品占其出口到中国的农产品总额的份额

单位:%

商品类别	2001				2016			
	俄—中	非—中	印—中	巴—中	俄—中	非—中	印—中	巴—中
畜产品	0.43	29.29	1.25	1.64	2.03	56.51	0.36	5.91
水产品	58.14	21.57	63.76	0.08	71.58	2.08	8.66	0.05
其他农产品	39.37	47.32	13.77	9.16	5.14	5.14	13.98	2.10
花卉	0.00	0.16	0.03	0.01	0.00	0.07	0.12	0.00
蔬菜	0.26	0.01	0.23	0.00	0.07	0.23	0.30	0.00
干豆	0.00	0.00	0.00	0.00	0.00	0.00	0.01	0.00
坚果	0.03	0.00	0.31	0.00	0.86	0.29	0.09	0.00
水果	0.00	1.01	0.00	0.96	0.07	19.07	0.89	0.31
饮品类	0.07	0.42	0.39	0.22	2.75	15.68	3.30	0.37
调味香料	0.00	0.00	0.25	0.00	0.00	0.01	0.30	0.00
谷物	0.00	0.05	0.36	0.00	1.66	0.85	0.39	0.16
薯类	0.00	0.00	0.00	0.00	0.00	0.00	0.00	0.00
粮食制品	0.00	0.00	0.01	0.00	0.59	0.04	0.02	0.00

续表

商品类别	2001				2016			
	俄—中	非—中	印—中	巴—中	俄—中	非—中	印—中	巴—中
油籽	1.69	0.00	1.01	82.70	8.67	0.00	3.23	84.84
药材	0.00	0.14	0.41	0.00	0.00	0.00	0.60	0.00
棉麻丝	0.00	0.00	0.85	0.24	0.07	0.00	37.00	1.04
植物油	0.00	0.00	3.25	0.76	6.29	0.00	24.28	1.02
糖类	0.00	0.03	7.06	4.14	0.17	0.00	0.09	4.11
饼粕	0.00	0.00	4.31	0.00	0.00	0.00	1.40	0.00
精油	0.00	0.00	2.75	0.10	0.05	0.03	5.00	0.09

资料来源：根据 UN COMTRAD 数据库计算整理所得

其他金砖国家出口到中国的农产品结构较为单一，主要集中在畜产品、水产品、油籽、饮品类等，且随着时间推移产品种类也发生了变化。具体到各个国家来看，俄罗斯出口中国的农产品占其农产品出口总额比例最高的是水产品，且呈递增趋势，2001 年为 58.14%，2016 年达到 71.58%，其贸易结合度指数分别为 5.65 和 6.00，贸易联系非常密切；南非出口中国以畜产品和水产品为主，其他农产品占比较小甚至为 0，畜产品占比的增长速度非常快，由 2001 年的 29.29% 上升到 56.51%，水产品则下降趋势明显；印度 2001 年出口到中国的农产品 60% 多的是水产品，2016 年水产品下降到 8.66%，植物油和棉麻丝的占比增长突飞猛进，特别是棉麻丝由 2001 年的不足 1%，增长到 2016 年的 37%，其贸易结合度指数值也较高；巴西出口到中国的农产品 80% 以上的是油籽，其贸易结合度指数均大于 1。

第二节 中国与其他金砖国家农产品贸易吻合程度的分析

一、测算贸易吻合程度的方法

贸易互补性指数（Trade Complementarity Index，简称 *TCI*）同样也是主要用于衡量贸易双方关系的紧密程度。但是与贸易结合度指数测算的重点不同，Anderson 和 Norheim（1993）以及 Vaillant（2001）认为贸易互补性指数应显示进出口国的贸易吻合程度，因此他们在 Balassa（1965）提出的显性比较优势（RCA）指数的基础上，提出了细分层面上的贸易互补性指数，其公式表示为：

$$TCI_{AB} = \frac{X_A^i / X_A^T}{X^i / X^T} \times \frac{M_B^i / M_B^T}{M^i / M^T}$$

其中，X_A^i 为 A 国商品 i 的出口，X_A^T 为 A 国的总出口，M_B^i 为 B 国商品 i 的进口，M_B^T 为 B 国的总进口，M^i 和 X^i 分别为商品 i 的世界总进口和总出口，M^T 和 X^T 分别为世界总进口和总出口。该指数实际上是出口国的显性比较优势指数（RCA）和进口国的显性比较劣势指数（RCD，Revealed Comparative Disadvantage）的乘积。$TCI > 1$，说明两国的贸易互补性强，且越大越强；当 $TCD < 1$ 时，说明两国的贸易互补性比较弱，而且数值越小，双方的贸易互补性就越不明显。[1]

针对存在多种产品或行业的情况下需要计算两国的综合贸易互补性指数，Thomas、Paul（2001）通过借助显性比较优势指数和比较劣势指数，并利用加权平均方法，构建了贸易互补性指数。其表达公式为：

$$TCI = \sum_k \theta^i * TCI_{AB}^i = \sum_k \theta^i * (RCA_A^i * RCD_B^i)$$

$\theta^i = X^i / X^T$，是世界贸易中各类产品的出口比重，如果出口国的比较优势结构和进口国的比较劣势结构刚好吻合，即某国集中出口的产品与另一国集中进口的产品越吻合，则双边贸易具有互补性，增长潜力强；否则，贸易发展的潜力受限。

二、农产品贸易的互补性指数测算

通过表 6-5 中国与其他金砖国家的农产品贸易的互补性指数可以看出，其他金砖国家出口中国进口的互补性指数远远大于中国出口其他金砖国家进口的互补性指数，特别是巴西出口中国进口的贸易互补性指数 2001—2016 年间均大于 2，甚至在 2012 年后大于 3，说明巴西出口到中国的农产品贸易互补性极强，即巴西集中出口中国的农产品正是我国集中进口的农产品；对于印度出口中国进口的贸易互补性指数，除 2009 年外，其他年份均大于或接近于 1，说明印度出口到中国的农产品具有较强的互补性；南非出口中国进口的贸易互补性指数

---

[1] K. Anderson, H. Norheim. "From Imperial to Regional Trade Preferences：Its Effect on Europe's Intra and Extra – regional Trade"［J］. *Weltwirtschaftliches Archiv*, 1993, 129（1）：78 ~ 102.

172

在 1 附近波动，有着一定的互补性，发展空间很大；以中国进口为基础中俄双方农产品贸易互补性指数，尽管呈递增趋势，但是指数值均小于 0.5，互补性比较弱。

表 6 - 5　2001—2016 年中国与其他金砖国家农产品贸易的互补性指数

年份	中国出口其他金砖国家进口互补性指数				其他金砖国家出口中国进口互补性指数			
	中—俄	中—非	中—印	中—巴	俄—中	非—中	印—中	巴—中
2001	1.98	0.48	0.64	0.61	0.15	0.85	1.23	2.39
2002	1.81	0.49	0.59	0.64	0.18	0.88	1.01	2.11
2003	1.47	0.43	0.51	0.60	0.19	0.89	0.96	2.35
2004	1.15	0.39	0.36	0.40	0.16	0.99	1.15	2.88
2005	1.12	0.34	0.29	0.35	0.18	0.94	0.99	2.59
2006	1.00	0.33	0.24	0.36	0.18	0.81	1.00	2.59
2007	0.76	0.33	0.23	0.31	0.25	0.75	1.07	2.63
2008	0.61	0.28	0.15	0.25	0.20	0.88	1.17	2.92
2009	0.73	0.31	0.20	0.26	0.24	0.87	0.72	2.74
2010	0.71	0.35	0.21	0.25	0.19	0.99	0.94	2.82
2011	0.61	0.35	0.19	0.27	0.21	0.84	1.03	2.84
2012	0.54	0.32	0.18	0.23	0.33	0.98	1.45	3.34
2013	0.56	0.28	0.18	0.23	0.31	1.01	1.25	3.33
2014	0.55	0.26	0.20	0.22	0.36	1.03	1.12	3.32
2015	0.55	0.25	0.24	0.23	0.46	1.17	1.12	3.69
2016	0.62	0.40	0.35	0.39	0.56	1.17	1.17	3.53
均值	0.92	0.35	0.30	0.35	0.26	0.94	1.09	2.88

资料来源：根据 UN COMTRAD 数据库计算整理所得

中国出口其他金砖国家进口的农产品贸易互补性指数平均值均小于 1，2001—2016 年以来指数值呈明显的递减趋势，贸易互补性越来越弱，发展的潜力受阻。相对来说，中国出口俄罗进口的贸易互补性指数较高，2006 年之前均大于 1，说明中国与俄罗斯贸易仍有很大的发展空间，特别是随着俄罗斯加入世界贸易组织后，农产品关税下降，以及乌克兰事件后，俄罗斯贸易向东转移，这都给我国农产品出口俄罗斯创造了机会。总之，以中国出口为基础的贸易互补性指数较低且一路下滑，主要还是中国农产品的 RCA 不断下降引起的。随着我国产业结构变动，国家扶持力度向制造业倾斜，制造业得以迅速发展，比较优势逐渐加强，农产品比较优势相对削弱。加上入世以来，我国农产品进口关税降低，大量农产品的涌入对国内市场造成了很大的冲击，也在一定程度上削弱了竞争力。

三、农产品大类的贸易互补性指数测算

下面通过计算中国与其他金砖国家贸易分类别的互补性指数，可以更清楚地了解中国与其他金砖国家在哪些产品上互补性较强，以便调整农产品生产及出口结构，进而促进双方农产品贸易的进一步发展。

（一）中国与其他金砖国家农产品大类的贸易互补性指数

通过表 6-6 可以发现，中国出口其他金砖国家进口的农产品大类贸易互补性指数，以 2001 年和 2016 年为例，总体来看，互补性产品种类较多，指数值的波动也较大，主要是劳动密集型的农产品。分国家来看，中国出口俄罗斯进口 2001 年存在互补性的农产品类别有 6 类，包括畜产品、干豆、蔬菜、药材、棉麻丝以及糖类，2016 年互补性强的农产品有 4 类，分别是水产品、蔬菜、水果和药材，其中畜产品、干豆、棉麻丝和糖类互补性指数下降到 1 以下，互补性由强变弱，而蔬菜、水果和药材的互补性增强。2001 年中国出口南非进口存在互补性的农产品包括干豆、调味香料、饼粕、精油、药材、棉麻丝和谷物共 7 类，2016 年这 7 类产品中除了调味香料和精油外，其他 5 类产品的指数值均呈下降趋势，互补性削弱甚至消失，随着时间的推移水产品、蔬菜和糖类的互补性逐渐增强。针对出口到印度，2001 年互补性强的农产品种类有干豆、调味香料、药材、棉麻丝、植物油和精油 6 类，植物油、干豆和棉麻丝互补性指数呈明显下降态势，但也保持着较强的互补性，水产品的互补性由弱变强。2001 年中国出口巴西进口互补性较强的农产品种类达到 8 种，是中国与其他金砖国家中互补性种类最多的，包括水产品、蔬菜、干豆、谷物、棉麻丝等，2016 年谷物和棉麻丝的互补性指数降到 1 以下，互补性由强变弱，水果和粮食制品的互补性由弱变强。

表6-6 中国与其他金砖国家农产品大类的贸易互补性指数

商品类别	2001年中国出口其他金砖国家进口互补性指数				2016年中国出口其他金砖国家进口互补性指数			
	中—俄	中—非	中—印	中—巴	中—俄	中—非	中—印	中—巴
畜产品	1.00	0.52	0.23	0.34	0.54	0.41	0.05	0.24
水产品	0.71	0.89	0.21	1.43	1.54	1.53	1.55	3.40
其他农产品	0.58	0.97	0.48	0.57	1.16	1.30	0.99	1.47
花卉	0.07	0.02	0.00	0.01	0.80	0.06	0.02	0.06
蔬菜	1.60	0.78	0.39	2.36	4.50	1.34	0.26	4.30
干豆	1.11	4.44	17.70	9.64	0.21	1.22	11.74	1.98
坚果	0.04	0.10	0.74	0.10	0.25	0.33	2.51	0.39
水果	0.80	0.09	0.19	0.40	2.80	0.61	0.50	1.01
饮品类	0.55	0.49	0.05	0.28	0.64	0.59	0.15	0.45
调味香料	0.54	3.71	6.17	1.68	0.50	4.33	7.68	1.10
谷物	0.37	1.73	0.02	3.91	0.02	0.17	0.01	0.18
薯类	0.08	0.12	0.01	0.11	0.01	0.01	0.00	0.03
粮食制品	0.68	0.86	0.12	1.69	0.37	0.72	0.07	1.23
油籽	0.20	0.46	0.03	1.38	0.40	0.20	0.03	0.11
药材	1.69	2.14	4.53	4.14	3.26	1.91	9.45	4.79
棉麻丝	2.93	2.76	11.24	2.12	0.18	0.19	1.23	0.09
植物油	0.29	0.74	2.77	0.24	0.06	0.14	0.74	0.13
糖类	1.35	0.12	0.05	0.08	0.80	1.72	0.76	0.27
饼粕	0.13	1.73	0.04	0.25	0.23	0.83	0.04	0.00
精油	0.22	2.18	2.27	5.67	0.52	3.39	7.54	6.79

资料来源：根据 UN COMTRAD 数据库计算整理所得

（二）其他金砖国家与中国农产品大类的贸易互补性指数

如表6-7所示，2001年俄罗斯出口中国进口存在一定互补性的农产品种类有水产品、谷物、油籽、植物油和糖类，随着时间的推移，2016年糖类、水产品和油籽的贸易互补性指数呈下降态势，糖类的互补性消失，水产品和油籽仍具有一定的互补性，干豆的互补性由弱变强。2001 年以南非出口为基础存在互补性的农产品种类有精油、糖类、油籽、薯类、水果和水产品，除水果的指数值呈增长趋势外，其他 5 类互补性较强的产品其指数值均明显下降，2016 年降至 1 以下，互补性较弱。2001 年印度出口中国进口互补性较强的农产品种类达到 8 种，包括水产品、谷物、油籽等，其中水产品、干豆、植物油的互补性指数呈下降趋势，降到 1 以下，互补性逐渐削弱；棉麻丝和薯类的指数值呈递增态势，特别是棉麻丝的增长速度突飞猛进，由 2001 年的 0.3 增长到 2016 年的 14.59，具有极强的互补性。巴西出口中国进口互补性指数最高的是油籽，2001 年和 2016 年均在 30 以上，除此之外 2001 年的植物油、糖类和精油也具有一定的互补性，3 类产品的指数值均呈下降趋势，植物油和精油的指数值降到了 1 以下，互补性较弱，但是糖类仍保持一定的互补性；相对于 2001 年，谷物和棉麻丝的指数值呈明显的递增态势，互补性由弱变强。

表 6 - 7　其他金砖国家与中国农产品大类的贸易互补性指数

商品类别	2001 年其他金砖国家出口中国进口互补性指数				2016 年其他金砖国家出口中国进口互补性指数			
	俄—中	非—中	印—中	巴—中	俄—中	非—中	印—中	巴—中
畜产品	0.61	0.39	0.29	0.90	0.15	0.48	0.67	0.90
水产品	2.50	1.11	1.97	0.18	1.24	0.43	0.39	0.02
其他农产品	1.98	1.00	1.00	0.85	1.09	1.08	0.97	0.43
花卉	0.00	0.05	0.03	0.00	0.00	0.09	0.04	0.00
蔬菜	0.03	0.04	0.07	0.01	0.01	0.04	0.04	0.00
干豆	0.22	0.09	1.09	0.01	1.31	0.08	0.45	0.07
坚果	0.00	0.00	0.64	0.07	0.10	0.09	0.35	0.03
水果	0.06	1.31	0.10	0.33	0.05	2.87	0.20	0.31
饮品类	0.09	0.20	0.14	0.13	0.22	0.52	0.22	0.35
调味香料	0.08	0.19	2.54	0.41	0.10	0.48	2.01	0.28
谷物	1.47	0.52	1.27	0.27	4.53	0.81	2.93	1.01
薯类	0.05	2.65	0.12	0.20	0.36	0.90	1.38	0.07
粮食制品	0.12	0.05	0.02	0.02	0.37	0.22	0.17	0.03
油籽	5.56	2.49	8.14	35.64	2.40	0.54	4.91	30.32

商品类别	2001 年其他金砖国家出口中国进口互补性指数				2016 年其他金砖国家出口中国进口互补性指数			
	俄—中	非—中	印—中	巴—中	俄—中	非—中	印—中	巴—中
药材	0.04	0.00	0.32	0.00	0.00	0.00	0.00	0.00
棉麻丝	0.04	0.14	0.30	0.62	0.02	0.41	14.59	3.87
植物油	1.36	0.46	1.35	1.68	2.40	0.52	0.59	0.44
糖类	1.01	3.42	1.46	3.77	0.24	0.50	1.04	2.42
饼粕	0.03	0.00	0.26	0.49	0.07	0.01	0.06	0.17
精油	0.30	1.97	3.11	1.25	0.22	0.58	3.29	0.62

资料来源：根据 UN COMTRAD 数据库计算整理所得

四、贸易结合度指数与贸易互补指数的联系

贸易结合度指数体现的是产品贸易联系的密切程度，贸易互补性指数测算的是双方贸易的发展潜力以及具有发展潜力的产品种类，将二者结合起来，二者所测算的农产品种类不是完全吻合，也就是说贸易强度高的产品并非一定具有互补性，相反互补性强的产品并非一定是贸易强度高的产品，这就给我们指明了重点发展农产品种类的方向，即在保持住贸易强度高的产品种类出口的同时，积极开发和扶植互补性强的产品种类的生产及出口。

总之，通过贸易结合度指数和贸易互补性指数的测算发现，中国出口到其他金砖国家的农产品主要是劳动密集型和资本技术密集型产品，中国从其他金砖国家进口的农产品则主要是资源密集型和土地密集型产品。除此以外，在中国出口金砖国家和金砖国家出口中国的农产品中，有些产品种类是相同的，即同一类农产品存在进口的同时又存在出口，说明中国与其他金砖国家农产品的产业内贸易有了较大的发展，下面具体分析中国与其他金砖国家农产品产业内贸易发展的情况。

第三节　中国与其他金砖国家农产品产业内贸易的测算及影响因素分析

一、农产品产业内贸易规模的测算

测算农产品产业内贸易规模，通常采用的是产业内贸易额来衡量，其计算公式为：

$$KIIT_i = TT_i - |X_i - M_i|$$

$$KIIT = \sum_i TT_i - \sum_i |X_i - M_i|$$

式中，$KIIT_i$ 是某年某农产品 i 的产业内贸易额，TT_i 是某年某农产品 i 的进出口额，X_i 是某年某农产品 i 的出口额，M_i 是某年某农产品 i 的进口额，i 为 20 大类农产品，$KIIT$ 是某年农产品产业内贸易额，$\sum_i TT_i$ 是某年农产品进出口总额。

（一）金砖国家农产品产业内贸易发展的规模及占比

由表 6-8 分析可知，金砖国家各自的农产品产业内贸易总额总体上呈上升趋势，中国农产品产业内贸易规模最大。各国产业内贸易规模增长的速度不同，印度的年均增长率最高，达到 15% 以上；中国、南非和俄罗斯年均增长率也保持在 10% 以上；只有巴西的最低不足 10%。

表 6-8　金砖国家农产品产业内贸易发展的规模　　单位：亿美元（%）

年份	中国	印度	俄罗斯	巴西	南非
2001	176.09	28.70	33.65	55.28	20.41
2002	188.47	32.23	34.63	51.63	20.59
2003	211.17	37.62	44.83	54.74	27.63
2004	260.14	53.92	57.67	65.29	33.23
2005	322.96	73.36	66.99	56.63	42.40
2006	341.02	77.41	87.95	74.15	42.89
2007	391.24	111.75	106.50	115.78	51.32
2008	474.61	113.50	127.35	134.23	72.26

续表

年份	中国	印度	俄罗斯	巴西	南非
2009	450.58	102.37	124.36	117.12	66.34
2010	573.73	147.72	120.66	150.48	99.45
2011	718.80	164.49	153.62	209.53	124.75
2012	764.78	177.62	203.79	197.59	121.86
2013	828.15	200.22	234.13	207.57	126.04
2014	890.80	227.39	223.08	206.31	116.62
2015	873.34	223.27	167.56	165.64	89.35
2016	898.35	235.78	189.67	239.31	115.38

资料来源：根据 UN COMTRAD 数据库计算整理所得

如图 6-3 所示，从占农产品贸易总额的比例上来看，南非农产品产业内贸易额占农产品贸易总额的比例最高，平均占到贸易总额的 60% 以上；其次是中国，占比接近于 50%；占比最低的是巴西，20% 左右。除南非占比明显上升外，其他金砖国家的占比波动幅度不大。

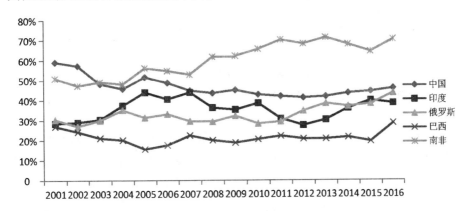

图 6-3　金砖国家产业内贸易额占农产品总额的比例

资料来源：根据 UN COMTRAD 数据库计算整理所得

（二）中国与其他金砖国家农产品产业内贸易发展的规模

从图 6-4 中可以看出，中国与其他金砖国家的农产品产业内贸易规模，呈先升后降的趋势。中俄的产业内贸易规模最大，2011 年达到最高点 15.73 亿美元，之后迅速下降，2016年下降到7.63亿美元，其年均增长率为13.31%；中印农产品产业内贸易额在金砖国家中位居第二，仅次于中俄，2012年达到最高点，之后缓慢下降，年均增长率为22.19%；中非的农产品产业内贸易规模，在2012年之前略高于中巴，位居第三，之后降到中巴之下，成为中国与其他金砖国家中农产品产业内贸易规模最低的国家，年均增长率也是最低的，为14.28%；尽管中巴的产业内贸易规模较低，但其发展速度是最快的，2001—2016年年均增长率达到27.44%。

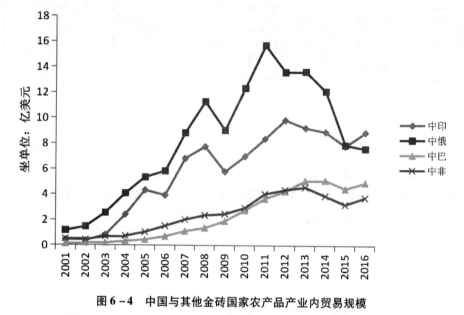

图6-4　中国与其他金砖国家农产品产业内贸易规模

资料来源：根据UN COMTRAD数据库计算整理所得

从产品类别上来看，中印农产品产业内贸易中，棉麻丝的产业内贸易额最高，2001—2016年平均值为2.79亿美元，占到中印产业内贸易总额平均值的48.15%，其次是干豆，平均产业内贸易额为0.65亿美元，占到产业内贸易总额的11.61%；中俄农产品产业内贸易中，水产品产业内贸易规模最大，平均值为5.20亿美元，占到总额平均值的近70%；中非和中巴都是畜产品的产业内贸易额最大，分别占到26.88%和24.95%。

二、产业内贸易水平度量方法的选择

从静态角度来说，加权的 $G-L$ 指数是目前学者们认为最优的产业内贸易度量方法，公式为：

$$GLI_i = 1 - \frac{|X_i - M_i|}{X_i + M_i}$$

$$GLI_w = \sum_{i=1}^{n} \left(\frac{X_i - M_i}{X + M}\right) GLI_i = 1 - \frac{\sum_{i=0}^{n} |X_i - M_i|}{X + M}$$

GLI_i 表示第 i 类农产品的产业内贸易指数，GLI_w 表示加权平均后的农产品总体产业内贸易指数，X_i 和 M_i 分别代表第 i 类产品的出口额和进口额，$\frac{X_i - M_i}{X + M}$ 表示第 i 类农产品的权数，X 和 M 表示农产品的总出口额和进口额。其中 $0 \leqslant GLI_w \leqslant 1$，越接近 1 表明产业内贸易越重，越接近于 0 表明产业间贸易越重。[1]

从动态的角度考虑，本书选取了 Brulhart 度量法，[2] 它反映了产业内贸易水平的动态变化，与之对应的 Thom、McDoellw 细分法反映了产业内贸易结构的动态变化。其公式为：

$$BI_i = 1 - \frac{|\Delta X_i - \Delta M_i|}{|\Delta X_i| + |\Delta M_i|}$$

$$BI = \sum_{i=1}^{n} \frac{|\Delta X_i| + |\Delta M_i|}{\sum_{i=1}^{n}(|\Delta X_i| + |\Delta M_i|)}$$

BI_i 表示第 i 类农产品一定时间跨度的边际产业内贸易指数，BI 通过加权平均法计算出整个农产品的 Brulhart 边际产业内贸易指数，ΔX_i 和 ΔM_i 表示两个时期间第 i 类农产品的出口和进口贸易额的变化量，这里的时间跨度为一年。其中 $0 \leqslant BI \leqslant 1$，越接近 1 表明在该类农产品贸易中的增量主要是由产业内贸易引起的，越接近 0 表明该类农产品贸易的增量主要是由产业间贸易引起的。

Thom、McDoellw 提出以 Brulhart 边际产业内贸易指数（BI）来衡量水平型产业内贸易，垂直型边际产业内贸易指数（$VIIT$）等于边际总产业内贸易指数减去水平型边际产业内贸易指数（$HIIT$）。[3] 边际总产业内贸易指数的公式为：

$$A_t = 1 - \frac{|\Delta X_t - \Delta M_t|}{\sum_{i=0}^{n}|\Delta X_i| + \sum_{i=0}^{n}|\Delta M_i|}$$

[1] Grubel, H. G., Lloyd, P.. "Intra – Industry Specislization and the Pattern of Trade" [J]. *Economics and Political Science*, 1967, 33（2）: 237~388.

[2] Brulhart, M.. "Marginal Intra – Industry Trade: Measurement and Relevance for Pattern of Industrial Adjustment" [J]. *Wiltwirtschaftliches Archiv*, 1994, 130（3）: 600~613.

[3] Thom, R., McDowell, M.. "Measuring Marginal Intra – Industry Trade" [J]. *Weltwirtschaftliches Archiv*, 1999, 135（1）: 48~61.

其中$\Delta X_t = \sum_{i=0}^{n} \Delta X_i$ $\Delta M_t = \sum_{i=0}^{n} \Delta M_i$

三、按国别和农产品类别分别计算产业内贸易指数

（一）加权 $G-L$ 指数值

通过加权的 $G-L$ 指数值的计算显示（表6-9），我国与巴西农产品产业内贸易指数最低，平均为0.02，所以中巴农产品贸易属于产业间贸易；中俄、中印也以产业间贸易为主，但是 $G-L$ 指数值有增加的趋势，说明产业内贸易的比重在提升；中非农产品贸易加权的 $G-L$ 值平均为0.46，表明我国与南非农产品的产业内贸易水平是比较高的。

表6-9　2001—2016年中国与其他金砖国家农产品贸易的 $G-L$ 指数值

年份	中巴	中俄	中印	中非
2001	0.02	0.13	0.03	0.60
2002	0.02	0.12	0.02	0.40
2003	0.01	0.18	0.05	0.38
2004	0.01	0.24	0.12	0.48
2005	0.01	0.25	0.55	0.46
2006	0.02	0.24	0.26	0.55
2007	0.02	0.30	0.39	0.45
2008	0.02	0.39	0.36	0.48
2009	0.02	0.35	0.38	0.46
2010	0.02	0.38	0.22	0.44
2011	0.02	0.40	0.19	0.50
2012	0.02	0.38	0.20	0.50
2013	0.02	0.37	0.23	0.50
2014	0.02	0.32	0.28	0.41
2015	0.02	0.23	0.42	0.37
2016	0.02	0.30	0.38	0.31
均值	0.02	0.29	0.26	0.46

资料来源：根据 UN COMTRAD 数据库计算整理所得

(二) 水平型和垂直型产业内贸易指数值

通过对表 6 - 10 的分析获知，从动态的角度来看，水平型产业内贸易指数总体比较低，中巴最低，平均仅为 0.01，其次是中印、中非，最高的是中俄，一定程度上可以看出地理位置对水平型产业内贸易的影响。垂直型产业内贸易指数最高的是中非，其均值为 0.46，个别年份甚至达到了 0.80，说明中非农产品垂直型产业内贸易水平非常高，特别是近 2011 年以来 VIIT 均大于 0.5。从水平型与垂直型产业内贸易指数的对比来看，水平型产业内贸易指数要远远小于垂直型产业内贸易指数，这充分说明我国与其他金砖国家农产品产业内贸易以垂直型产业内贸易为主，即我国与其他金砖国家农产品的进出口主要是由于质量上存在差异。从均值上来看，无论是水平型还是垂直型产业内贸易指数都没有超过 0.5，说明我国与其他金砖国家农产品贸易仍以产业间贸易为主，但是产业内贸易水平有明显的增强趋势。

表 6 - 10　2001—2016 年中国与其他金砖国家农产品贸易的水平型和垂直型产业内贸易指数

年份	中巴		中俄		中印		中非	
	HIIT	VIIT	HIIT	VIIT	HIIT	VIIT	HIIT	VIIT
2000—2001	0.02	0.31	0.11	0.73	0.00	0.16	0.46	0.22
2001—2002	0.00	0.39	0.10	0.75	0.02	0.53	0.20	0.40
2002—2003	0.00	0.00	0.18	0.71	0.10	0.07	0.27	0.19
2003—2004	0.02	0.02	0.19	0.21	0.09	0.40	0.07	0.13
2004—2005	0.02	0.86	0.16	0.57	0.02	0.24	0.33	0.34
2005—2006	0.02	0.14	0.24	0.76	0.02	0.17	0.06	0.69
2006—2007	0.03	0.25	0.45	0.30	0.41	0.42	0.20	0.53
2007—2008	0.01	0.14	0.03	0.06	0.29	0.06	0.15	0.33
2008—2009	0.00	0.63	0.45	0.11	0.10	0.18	0.04	0.80
2009—2010	0.01	0.23	0.47	0.41	0.06	0.07	0.20	0.29
2010—2011	0.02	0.11	0.28	0.57	0.04	0.07	0.47	0.41
2011—2012	0.01	0.16	0.15	0.73	0.13	0.58	0.01	0.68
2012—2013	0.00	0.46	0.12	0.48	0.12	0.06	0.13	0.50
2013—2014	0.02	0.44	0.13	0.26	0.06	0.11	0.02	0.58
2014—2015	0.01	0.48	0.35	0.00	0.06	0.20	0.20	0.69

续表

年份	中巴		中俄		中印		中非	
	HIIT	*VIIT*	*HIIT*	*VIIT*	*HIIT*	*VIIT*	*HIIT*	*VIIT*
2015—2016	0.02	0.45	0.28	0.10	0.08	0.23	0.18	0.63
均值	0.01	0.32	0.23	0.42	0.10	0.22	0.19	0.46

资料来源：根据 UN COMTRAD 数据库计算整理所得

（三）中国与其他金砖国家各类农产品产业内贸易水平

以 2016 年为例，通过表 6－11 的 $G-L$ 值可以看出，我国与其他金砖国家的产业内贸易水平不高，而且产业内贸易的农产品种类少。中俄的畜产品、饮品类、粮食制品以产业内贸易为主，特别是畜产品 $G-L$ 值达到了 0.99，产业内贸易水平非常高；中巴的花卉和调味香料以产业内贸易为主；中非的农产品产业内贸易集中在水产品、精油和棉麻丝上；中印产业内贸易的种类相对较多，有药材、精油、畜产品、干豆、坚果、蔬菜和棉麻丝等。

表 6－11　2016 年中国与其他金砖国家各类农产品产业内贸易水平

商品类别	$G-L$				Brulhart			
	中俄	中巴	中印	中非	中俄	中巴	中印	中非
谷物	0.17	0.00	0.00	0.00	0.00	0.02	0.00	0.01
棉麻丝	0.00	0.01	0.50	0.51	0.00	0.09	0.00	0.01
油籽	0.14	0.00	0.22	0.00	0.00	0.00	0.59	0.00
植物油	0.02	0.00	0.01	0.44	0.00	0.00	0.00	0.00
糖料及糖类	0.03	0.01	0.04	0.01	0.00	0.00	0.00	0.49
饮品类	0.51	0.14	0.48	0.20	0.00	0.00	0.72	0.00
蔬菜	0.00	0.00	0.50	0.05	0.00	0.00	0.00	0.01
水果	0.00	0.05	0.31	0.23	0.00	0.00	0.03	0.74
坚果	0.28	0.16	0.62	0.17	0.13	0.00	0.00	0.00
花卉	0.00	0.86	0.04	0.24	0.00	0.45	0.25	0.00
饼粕	0.00	0.00	0.01	0.00	0.00	0.00	0.00	0.00
干豆（不含大豆）	0.00	0.00	0.92	0.00	0.00	0.00	0.00	0.00

商品类别	G - L				Brulhart			
	中俄	中巴	中印	中非	中俄	中巴	中印	中非
水产品	0.32	0.05	0.19	0.93	0.69	0.00	0.86	0.00
畜产品	0.99	0.12	0.77	0.32	0.00	0.00	0.00	0.00
调味香料	0.00	0.55	0.45	0.03	0.00	0.25	0.26	0.36
精油	0.44	0.39	0.74	0.77	0.00	0.26	0.53	0.60
粮食制品	0.47	0.06	0.01	0.04	0.00	0.92	0.13	0.00
薯类	0.00	0.00	0.00	0.00	0.00	0.00	0.00	0.00
药材	0.00	0.30	0.52	0.60	0.65	0.00	0.00	0.06
其他农产品	0.33	0.49	0.56	0.75	0.66	0.20	0.83	0.47

资料来源：根据 UN COMTRAD 数据库计算整理所得

对于 Brulhart 指数值的计算，发现中俄的药材和水产品，中巴的粮食制品，中印的油籽、饮品类、水产品和精油，中非的调料及糖类、水果和精油，Brulhart 指数均超过 0.5，表明这些类农产品在 2014—2016 年贸易增量主要是由产业内贸易引起的。植物油、饼粕、薯类、干豆和畜产品的 Brulhart 值都是 0，表明这几类农产品在此期间贸易增量几乎完全来自产业间贸易。

通过对各类农产品静态 G - L 指数值和动态 Brulhart 指数值的分析，发现尽管属于产业内贸易的农产品种类不同，但是可以看出属于产业内贸易的农产品种类较少，更多的农产品贸易表现为极强的产业间贸易。

四、中国与其他金砖国家农产品产业内贸易的影响因素分析

（一）解释变量的选择

1. 人均收入差异（GDPPC）。Linder 的"需求偏好相似理论"被学者们用来解释产业内贸易的成因，即两国人均 GDP 越接近，需求结构就越相似，两国发生产业内贸易的可能性就越大。采用中国与其他金砖国家的人均国内收入之差的绝对值来衡量人均收入差异。

2. 地理距离（DIST）。地理距离一直是学者们公认的影响产业内贸易的重要因素，距离越远运输成本越高，越阻碍产业内贸易，再加上地理位置毗邻的国家生产方式和消费模式往往比较相似，它们之间产业内贸易水平往往高于相

距遥远国家的产业内贸易水平。此外，水平差异产品具有较强的替代性，所以距离对于水平型产业内贸易的阻碍作用更为明显。采用的是其他金砖国家的首都与北京的直线距离。

3. 贸易开放度（OPEN）。根据法尔威的新赫克歇尔—俄林模型，发现产业内贸易水平与关税水平和贸易限制措施程度是呈反方向变动的。一般来说，国与国之间的贸易壁垒越低，越有利于产业内贸易。用其他金砖国家的对外贸易依存度来表示贸易开放度。

4. 市场规模（SCALE）。兰卡斯特（Lancaster）认为两国平均市场规模的扩大代表着两国的消费需求增大，消费量增长和消费人数变多，进而造成两国消费需求更加多样性，厂商就会生产更多样化的产品，因此市场规模的扩大带动了产业内贸易的增加。但是从实际情况来看，并非市场规模大产业内水平就一定高，比如初级产品出口的比例高、人均收入低等因素可能会抵消市场规模的作用。用中国与其他金砖国家的 GDP 的平均值来表示市场规模。

5. 贸易不平衡程度（TIMB）。文章所采用的产业内贸易指数没有消除贸易不平衡的影响，对产业内贸易水平可能产生低估作用，所以贸易不平衡程度不容忽视。公式为 $TIMB = |X_j - M_j|/(X_j + M_j)$，$X_j$ 和 M_j 分别表示中国对其他金砖国的农产品出口额和进口额。

6. 外商直接投资（FDI）。FDI 对产业内贸易的影响是不确定的，既有相互替代的一面也有相互促进的一面。如水平差异产品的生产需要接近消费者，投其所好，对这类商品的直接投资可能阻碍东道国产业内贸易的发展。但外国直接投资带来了先进的技术，通过技术外溢有利于东道国改进生产技术和提高产品质量，进而生产多样化的产品，在一定程度上又促进了产业内贸易的发展。采用中国实际利用其他金砖国家的投资额衡量外商直接投资水平。

（二）模型的设定

模型的数据时间范围为 2001—2016 年，被解释变量为中国与其他金砖国家农产品产业内贸易的 G-L 指数、垂直型（VIIT）和水平型（HIIT）产业内贸易指数，所选取的解释变量为其他金砖国家对我国的直接投资（FDI）、贸易开放度（OPEN）、市场规模（SCALE）、农产品贸易不平衡程度（TIMB）、人均收入差异（GDPPC）、地理距离（DIST），在利用 Eviews8.0 进行回归分析的过程中，为了消除异方差，体现序列本身的规律，对各时间序列取对数进行回归分析，回归方程为：

$$\ln Y_{it} = a_0 + a_1 \ln FDI_{it} + a_2 \ln DIST_{it} + a_3 \ln GDPPC_{it}$$
$$+ a_4 \ln OPEN_{it} + a_5 \ln SCALE_{it} + a_6 \ln TIMB_{it} + \mu_{it}$$

Y_{it} 表示我国与其他金砖国 i 在 t 时刻的农产品产业内贸易指数($G-L$、$VIIT$、$HIIT$)为被解释变量,a_0 为常数项,a 为估计系数,μ_{it} 为随机误差项

被解释变量的数据来自 UN COMTRADE 数据库计算所得（表 6-9、表 6-10）。

解释变量的数据：地理位置（直线距离）来源于百度文库《北京距离世界各个国家首都距离（物理距离）》：北京—印度（新德里）3779.98km，北京—俄罗斯（莫斯科）5784.75km，北京—巴西（巴西利亚）16928.99km，北京—南非（比勒陀利亚）12954.95km。其他解释变量见附录的附表 2-6。

为保证回归分析的有效性，在对经济变量的时间序列做研究之前，对数据的平稳性进行检验。运用 ADF 单位根检验法对变量的时间序列的平稳性进行检验，结果如表 6-12 所示。

表 6-12　$G-L$、$VIIT$、$HIIT$ 指数和各影响因素单位根检验结果

变量	检验类型	ADF 检验统计值	临界值	结论
$\ln FDI$	$(C, T, 0)$	2.67844	-7.6387	非平稳
$d\ln FDI$	$(C, T, 1)$	82.1918	-7.6387	平稳
$\ln GDPPC$	$(C, T, 0)$	3.39135	-7.6387	非平稳
$d\ln GDPPC$	$(C, T, 1)$	35.6602	-7.6387	平稳
$\ln OPEN$	$(0, T, 0)$	11.3600	-7.6387	非平稳
$d\ln OPEN$	$(C, T, 1)$	23.8211	-7.6387	平稳
$\ln SCALE$	$(C, T, 0)$	4.57915	-7.6387	非平稳
$d\ln SCALE$	$(C, T, 1)$	49.1248	-7.6387	平稳
$\ln TIMB$	$(C, T, 0)$	7.19584	-7.6387	非平稳
$d\ln TIMB$	$(C, T, 1)$	64.8829	-7.6387	平稳
$\ln G-L$	$(C, T, 0)$	9.29329	-7.6387	非平稳
$ld n G-L$	$(C, T, 1)$	52.1124	-7.6387	平稳
$\ln HIIT$	$(C, T, 0)$	9.59263	-7.6387	非平稳
$d\ln HIIT$	$(C, T, 1)$	19.7792	-7.6387	平稳
$\ln VIIT$	$(C, T, 0)$	17.7543	-7.6387	非平稳
$d\ln VIIT$	$(C, T, 1)$	72.3479	-7.6387	平稳

注：C 表示常数项，T 表示趋势项，N 表示无趋势项。置信水平为 1%。

根据单位根检验的最终结果可以看出，变量在经过一阶差分后均在1%的置信水平下通过平稳性检验。经过平稳性检验，且均为一阶单整序列，进一步地做协整检验，结果显示具有协整关系，说明变量之间存在着长期稳定的均衡关系，其方程回归残差是平稳的。因此可以在此基础上直接对原方程进行回归，运用Eviews8.0对 $G-L$、$HIIT$、$VIIT$ 指数和各影响因素进行回归分析。

（三）实证分析

运用 Eviews8.0 进行回归分析，各模型的回归结果如表6-13所示。从回归效果看，除了垂直型农产品产业内贸易指数 $VIIT$ 影响因素的拟合优度不高外，其他两组的拟合优度均比较好，都以1%的显著性水平通过了总体显著性检验（F检验），表明中国与其他金砖国家的农产品产业内贸易水平与所选变量存在显著性关系。

表6-13　中国与其他金砖国家农产品产业内贸易影响因素的回归结果

Variable	ln$G-L$		ln$HIIT$		ln$VIIT$	
	Coefficient	t-Statistic	Coefficient	t-Statistic	Coefficient	t-Statistic
a_0	-15.96062***	-7.907161	-6.232429*	-1.631564	1.215887	0.769736
lnFDI	0.023186	0.196668	-0.246543	-1.240389	—	—
ln$DIST$	-3.23E-05*	-1.815849	-6.00E-05*	-1.916198	—	—
ln$GDPPC$	-0.014564	-0.114887	0.357871*	1.696622	-0.341529*	-1.704966
ln$OPEN$	3.209336***	9.709070	1.943509***	3.287606	—	—
ln$SCALE$	0.206182	1.576776	-0.394202*	-1.752102	3.95E-05	1.299451
ln$TIMB$	-0.284982***	-3.872055	-0.144783	-1.187064	-0.272852**	-2.268098
R-squared	0.861099		0.693830		0.122380	
Adjusted（R^2）	0.845374		0.430558		0.073623	
F-statistic	54.76108		7.804958		2.510005	
Prob（F-statistic）	0.000000		0.000007		0.068373	

注：***表示1%显著水平，**表示5%显著水平，*表示10%显著水平
资料来源：由 Eviews8.0 回归得出

从 $G-L$ 指数影响因素的回归结果来看，人均收入差异、地理位置和贸易不

平衡程度均为负值，且地理位置和贸易不平衡程度分别在 10% 和 1% 的显著性水平下通过了检验，意味着中国与其他金砖国家收入差距越大、距离越远、贸易不平衡程度越高，越不利于贸易的开展，对产业内贸易产生的负向影响就越大。直接投资、贸易开放度和经济规模为正值，对我国与其他金砖国家农产品产业内贸易具有正向促进作用，其中贸易开放度通过了 1% 的显著性检验，其促进作用更为突出。

通过边际水平型产业内贸易指数（$HIIT$）的回归结果发现，$HIIT$ 与人均收入的差异和开放程度是正相关的，分别在 10% 和 1% 的显著性水平下通过了检验，其中贸易开放程度对水平型产业内贸易的促进作用最为突出；与直接投资、地理距离、经济规模以及贸易不平衡程度负相关，地理距离和经济规模均在 10% 的显著性水平上通过检验，对水平型产业内贸易起到了明显的抑制作用。直接投资为负值，表明其他金砖国家对中国的直接投资具有贸易替代效应。

对于垂直型产业内贸易指数（$VIIT$）的回归，在原选定的 6 个变量的基础上不能通过 F 值检验，经过多次反复的剔除筛选，最终剔除了开放程度、直接投资和地理距离这 3 个变量，尽管拟合优度比较低，但是完全可以通过 10% 的 F 值检验。经济规模对垂直型产业内贸易具有正向的促进作用，但不显著；人均收入差异和贸易不平衡程度与垂直型产业内贸易呈负相关，分别在 10% 和 5% 的显著性水平上通过了检验，表明其对垂直型农产品产业内贸易水平起到了明显的抑制作用。

第四节　本章小结

通过采用贸易互补性指数、贸易结合度指数以及产业内贸易指数对中国与其他金砖国家农产品贸易的互补关系进行实证分析，得出的结论如下。

1. 从贸易紧密程度看，在中国出口农产品角度，俄罗斯和南非始终是中国较为紧密的合作国，只有印度与中国贸易结合度明显下降，指数值已不足 1；在中国从其他金砖国家进口角度，俄罗斯和巴西始终与中国有很紧密的贸易合作，而印度由于与中国的农产品结构较为相似，紧密度较低，可以挖掘的农产品进口空间较为有限，南非紧密度最低，但南非与中国资源禀赋差异大，农产品结构互补性大，进口有较大发展空间。

贸易关系紧密的农产品大类，从中国出口角度，有水果、畜产品、蔬菜、干豆、糖类等；从中国进口角度，有水产品、棉麻丝、畜产品、饼粕、坚果等。

2. 从贸易的吻合程度看，整体上中国与其他金砖国家在农产品贸易上的进口贸易互补性指数高于出口贸易互补性指数，中国市场是其他金砖国家农产品的主要目标市场，但不是它们进口农产品的主要来源地。从国别上来看，除俄罗斯外，巴西、印度和南非在中国从其进口农产品上具有很强的互补性，且互补性越来越强，最强的是中巴，中国对其出口方面的互补性较弱。

从双边农产品种类的互补性上看，中国出口的农产品包括水产品、蔬菜、干豆、药材、精油等，以劳动密集型产品为主；中国进口的农产品包括谷物、油籽、棉麻丝、水产品、植物油等，多为土地密集型产品。互补性较强的农产品大类与我国主要进出口的农产品种类以及我国具有比较优势的农产品种类基本保持一致。

3. 从产业内贸易角度看，金砖国家各国农产品产业内贸易规模总体上呈上升趋势，中俄的产业内贸易规模最大，中巴最低，但其发展速度是最快的。

中国与其他金砖国家的农产品产业内贸易水平不高，以产业间贸易为主。垂直型产业内贸易远远高于水平型产业内贸易，农产品在质量上存在很大差异。

产业内贸易种类，从静态的角度看有中俄的畜产品、饮品类、粮食制品，中巴的花卉和调味香料，中非的水产品、精油和棉麻丝，中印的药材、精油、畜产品、干豆、坚果、蔬菜和棉麻丝等。从动态的角度看有，中俄的药材和水产品，中巴的粮食制品，中印的油籽、饮品类、水产品和精油，中非的调料及糖类、水果和精油。静态和动态属于产业内贸易的产品种类差别较大。

通过实证分析发现：地理距离和贸易不平衡程度阻碍了产业内贸易的发展，特别是地理距离严重抑制了水平型产业内贸易的发展；贸易开放度和经济规模则起到了积极的促进作用；而外商直接投资和人均收入的差异对中国与其他金砖国家农产品产业内贸易的影响作用并不明显。

第七章

基于 CMS 模型的中国与其他金砖国家农产品贸易关系发展研究

　　农产品贸易在保障农产品有效供给、促进产业结构调整、缓解国内资源和环境压力等方面起到了积极作用。在贸易保护主义抬头，中美贸易摩擦越发紧张的当下，金砖国家作为中国农产品贸易的重要合作伙伴，研究二者的贸易关系，对于保障我国农产品进口来源地的稳定以及出口市场的安全具有重要的意义。本章从进口和出口两个角度进一步深入研究了中国与其他金砖国家的农产品贸易关系，一方面从进口方面拓展合作潜能，另一方面从出口角度探寻促进出口额增长的源泉。

　　中国对其他金砖国家的农产品贸易关系最终要归结到贸易额的增长上，本章主要来研究促进贸易额增长的影响因素，以及各因素在不同时间段的作用，运用恒定市场份额模型量化分析影响中国对金砖国家进出口贸易额增长的各项因素作用强度及其变化趋势，剖析中国与其他金砖国家农产品贸易增长的源泉与阻碍症结，以期为促进中国对金砖国家农产品贸易的平稳增长提供参考借鉴。

　　恒定市场份额模型（Constant Market Share Model，简称 CMS 模型）是一种会计处理方法，它将一个国家的出口变化分解为"需求增长项""竞争力项"和"交互项"三部分。首次运用到国际贸易问题研究的是 Tyszynski（1951）[①]，后来经过多次修改和完善，成为研究对外贸易波动与出口国际竞争力变化趋势的重要模型之一，被广泛应用于解释贸易增长的源泉及其增长影响因素的分析，对于一国贸易政策特别是出口贸易政策的制定有一定的参考价值。

[①]　H. Tyszynski. "World Trade in Manufactured Commodities, 1899—1950" [J]. *Manchester School*, 1951, 19 (3): 272~304.

第一节　CMS 模型的设定

本书假定金砖国家是一个相对封闭的市场，由中国、印度、巴西、俄罗斯和南非组成，不考虑金砖国家之外的农产品贸易情况，这样能更清晰地看出中国在该区域农产品出口贸易的竞争力。

CMS 最基本的模型形式，即仅考虑一种商品出口到一个目的国：

$$\Delta q = S^0 \Delta Q + \Delta S Q^0 + \Delta S \Delta Q$$

出口增长　结构效应　竞争力效应　二阶效应

1. 当考虑 i 种商品 j 个目的国时，模型为：

第一层次分解：

$$\Delta q = \sum_i \sum_j S_{ij}^0 \Delta Q_{ij} + \sum_i \sum_j Q_{ij}^0 \Delta S_{ij} + \sum_i \sum_j \Delta Q_{ij} \Delta S_{ij}$$

出口增长　　　结构效应　　　竞争力效应　　　二阶效应

该模型又可以进行第二层次的分解，其中结构效应分解为需求增长效应、市场效应、商品效应和结构交互效应，竞争力效应分为综合竞争力效应（整体竞争力效应）和产品竞争力效应（具体竞争力效应），二阶效应分解为纯二阶效应和动态结构效应，公式如下：

$$\Delta q = S^0 \Delta Q + [\sum_i \sum_j S_{ij}^0 \Delta Q_{ij} - \sum_i S_i^0 \Delta Q_i] + [\sum_i \sum_j S_{ij}^0 \Delta Q_{ij} - \sum_j S_j^0 \Delta Q_j] +$$

需求增长效应　　　　　市场效应　　　　　　商品效应

$$[(\sum_i S_i^0 \Delta Q_i - S^0 \Delta Q) - (\sum_i \sum_j S_{ij}^0 \Delta Q_{ij} - \sum_j S_j^0 \Delta Q_j)] + \Delta S Q^0$$

结构交互效应　　　　　　　综合竞争力效应

$$+ [\sum_i \sum_j \Delta S_{ij} Q_{ij}^0 - \Delta S Q^0] + \left(\frac{Q^t}{Q^0} - 1\right) \sum_i \sum_j \Delta S_{ij} Q_{ij}^0$$

产品竞争力效应　　　　纯二阶效应

$$+ [\sum_i \sum_j \Delta S_{ij} \Delta Q_{ij} - \left(\frac{Q^t}{Q^0} - 1\right) \sum_i \sum_j \Delta S_{ij} Q_{ij}^0]$$

动态结构残差

2. 仅考虑第 i 种商品或第 i 个目的国时，模型可简化为：

第一层次分解：

$$\Delta q = \sum_i S_i^0 \Delta Q_i + \sum_i \Delta S_i Q_i^0 + \sum_i \Delta Q_i \Delta S_i$$

第二层次分解：

$$\Delta q = S^0 \Delta Q + \left[\sum_i S_i^0 \Delta Q_i - S^0 \Delta Q \right] + \Delta S Q^0 + \left[\sum_i \Delta S_i Q_i^0 - \Delta S Q^0 \right] +$$

需求增长效应　　商品效应　　　综合竞争力效应　　产品竞争力效应

$$\left(\frac{Q^t}{Q^0} - 1 \right) \sum_i \Delta S_i Q_i^0 + \left[\sum_i \Delta Q_i \Delta S_i - \left(\frac{Q^t}{Q^0} - 1 \right) \sum_i \Delta S_i Q_i^0 \right]$$

纯二阶效应　　　　动态结构效应

上标 0、t 分别表示基期和报告期，Δq 表示中国对其他金砖国家农产品出口总额的变化量，S^0 表示基期中国农产品出口额在金砖国家农产品进口总额中所占的份额，ΔQ 表示 t 期金砖国家农产品进口总额的变化量，S_{ij}^0 表示基期中国对 j 国 i 类农产品出口额在 j 国 i 类农产品进口额中所占的份额，ΔQ_{ij} 表示 t 期 j 国 i 类农产品进口总额的变化量，S_i^0 表示基期中国 i 类农产品出口额在金砖国家 i 类农产品进口总额中所占的份额，ΔQ_i 表示 t 时期金砖国家 i 类农产品进口总额的变化量，S_j^0 表示基期中国对 j 国农产品出口额在 j 国农产品进口总额中所占的份额，ΔQ_j 表示 t 期 j 国进口总额的变化量，ΔS 表示 t 期中国农产品出口总额在金砖国家农产品进口总额中的变化量，Q^0 表示基期金砖国家农产品的进口总额，ΔS_{ij} 表示 t 期中国 i 类农产品出口额在 j 国 i 类农产品进口总额中所占份额的变化量，Q_{ij}^0 表示基期 j 国 i 类农产品的进口总额，Q^t 表示 t 期金砖国家农产品的进口总额。

3. CMS 模型分解因素的说明

结构效应：假定中国在金砖国家农产品出口中的份额保持不变，由于金砖国家农产品进口总额的变化而导致的中国农产品出口额的变化。正值表示中国农产品的出口额随着金砖国家农产品进口总额的增加而增长，负值表示中国农产品出口额随着金砖国家农产品进口总额的增加而减少。

竞争力效应：由于中国农产品出口竞争力的变动而导致的中国农产品出口额的变动，它反映了中国能否在对金砖国家农产品出口上保持其份额，正值表示竞争力提高了，负值则表示竞争力下降了。

二阶效应：由于中国农产品出口竞争力变动和金砖国家进口需求变动的交互作用而导致的中国农产品出口额的变化。是对结构效应和竞争力效应的一个修正，正负值没有明确的经济意义。

需求增长效应：假定中国在金砖国家农产品中的出口份额保持不变，由于金砖国家农产品进口总额的扩大而导致的中国农产品出口额的变化。正值表示中国农产品出口额随着金砖国家农产品进口总额的增加而增加，负值则表示变动方向相反。

市场效应：由于出口的市场机构效应而导致的中国农产品出口额的变化，它反映了中国出口在那些需求增长较快（较慢）的金砖国家的集中程度。正值表示中国集中地向需求快速增长的市场出口，负值表示中国集中地向需求增长较慢的市场出口。

商品效应：由于出口农产品结构效应而导致的中国农产品出口额的变化，它反映了中国出口在那些需求增长较快（较慢）的商品上的集中程度。正值表示中国农产品出口更多地集中在需求快速增长的农产品种类上，负值表示中国农产品出口更多地集中在需求缓慢增长的农产品种类上。

结构交互效应：假定中国在金砖国家农产品市场中的出口份额保持不变，由于特定出口商品效应和市场效应的交互作用而导致的中国农产品出口额的变化。仅是对商品效应和市场效应的一个修正，正负值无实际经济意义。

综合竞争力效应：假定金砖国家农产品进口总额保持不变，由于中国在金砖国家农产品出口份额的变动而导致的中国出口额的变动。正值表示中国的农产品的竞争力提高，负值则相反。

产品竞争力效应：假定金砖国家农产品进口总额和进口结构不变，由于中国在特定金砖国家中特定农产品上的出口份额的变动而导致的中国出口额的变化。正值表示中国的农产品出口结构朝着对出口增长有利的方向发展，负值表示出口结构朝着对出口增长不利的方向发展。

纯二阶效应：假定金砖国家农产品的进口结构不变，由于中国农产品出口结构变动和金砖国家农产品进口总额变动的交互作用而导致的中国农产品出口额的变化。正值表示中国农产品出口结构的变化适应金砖国家农产品进口规模的变化，负值则相反。

动态结构效应：由于中国农产品出口结构变动和金砖国家农产品进口结构变动的交互作用而导致的中国农产品出口额的变化。正值表示中国在金砖国家进口需求增长较快的商品种类上出口份额增长较快，负值则反之。

第二节 中国与巴西农产品贸易额变动的 CMS 分解

一、中国对巴西出口农产品的 CMS 分解

以下考察中国对某一金砖国家农产品出口状况，就不必考虑市场结构因素，

故采取了 CMS 模型简化分解形式。

根据 2001—2016 年中国对巴西农产品出口贸易增长的波动趋势（图 7 - 1），将其划分为 4 个阶段，2001—2008 年为缓慢增长阶段，2008—2009 年为第一个下降阶段，2009—2013 年为快速增长阶段，2013—2016 年为第二个下降阶段。值得注意的是，为了统计口径的一致，中国对巴西的农产品出口额采用的数据是巴西从中国的农产品进口额。

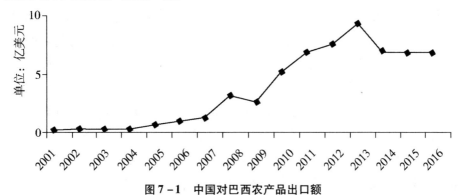

图 7 - 1　中国对巴西农产品出口额

资料来源：根据 UN COMTRAD 数据库计算整理所得

（一）中国对巴西农产品出口额变动的 CMS 分解

1. 结构效应

由表 7 - 1 可知，结构效应是影响中国对巴西农产品出口的最重要因素。具体来看 2001—2008 年和 2009—2013 年对出口增长的贡献率分别为 84.15% 和 101.00%，带动出口额分别增加了 0.32 亿美元和 1.68 亿美元。中国与巴西贸易往来历史已久，随着中国的入世，中国与巴西的经贸合作进一步加深，中国对巴西的农产品贸易也得以快速发展，但是由于受到金融危机以及世界经济危机的影响，巴西经济也没有得以逃脱，处于低迷的状态，农产品进口需求相应减少，致使 2008—2009 年和 2010—2016 年结构效应对出口增长均造成了负向拉动作用，导致中国对巴西农产品出口额分别减少了 0.68 亿美元和 1.40 亿美元。

CMS 模型的简化形式又将结构效应分为需求增长效应和商品效应，在中国对巴西农产品出口贸易中需求增长效应起着主导作用，4 个阶段对出口增长的贡献率都在 75% 以上，可见巴西农产品进口需求的变化是影响中国对巴西农产品出口的主导因素。商品效应对中国对巴西的农产品出口也有着重要影响，从上表可以看出，2001—2008 年和 2009—2013 年商品效应对出口增长起到正向作用，贡献率绝对值分别为 6.82% 和 11.89%，带动中国对巴西农产品出口分别增加了0.03亿美元和0.20亿美元,尽管数值偏低,但也在一定程度上体现了这两个时期内中国将农产品出口更多地向巴西进口需求增长较快的产品上集中。而其他两个阶段,商品效应为负值,抑制了我国农产品的出口,说明在这期间我国农产品出口的产品结构与巴西的进口结构匹配程度不高。

2. 竞争力效应。各阶段的竞争力效应贡献值均为正值,尽管数值较小但对我国农产品的出口也有着一定的影响。综合竞争力效应除2008—2009年外,其他阶段的贡献值为正值,表明在巴西农产品市场上,中国农产品的竞争力呈上升趋势;产品竞争力效应的贡献率在4个阶段均为负值,对出口为负面贡献,说明了中国对巴西的农产品出口结构不利于我国出口额的增长,我国对巴西的农产品出口结构有待调整。

3. 二阶交叉效应。纯二阶效应和动态结构效应的贡献值和贡献率都比较低,对我国向巴西农产品出口的影响要小。纯二阶效应在2008—2009年和2010—2016年为负值,中国农产品出口结构的变动不适应巴西的进口规模的变动。动态结构效应后两个阶段为负值,阻碍了出口的增长,说明中国在巴西进口需求增长较快的农产品种类上份额较低。

表7-1 2001—2016年中国对巴西农产品出口额变动的CMS分解的年度平均结果

单位:亿美元(%)

效应	2001—2008		2008—2009		2009—2013		2013—2016	
	贡献值	贡献率	贡献值	贡献率	贡献值	贡献率	贡献值	贡献率
总变化	0.38	100	-0.63	100	1.66	100	-1.28	100
第一层次的分解								
结构效应	0.32	84.15	-0.68	108.56	1.68	101.00	-1.40	110.00
竞争力效应	0.03	7.97	0.04	-6.68	0.00	0.30	0.18	-14.24
二阶交叉效应	0.03	7.87	0.01	-1.88	-0.02	-1.30	-0.05	4.24
第二层次的分解								
需求增长效应	0.29	77.33	-0.55	86.68	1.48	89.11	-1.32	103.34
商品效应	0.03	6.82	-0.14	21.88	0.20	11.89	-0.09	6.66
综合竞争力效应	0.05	12.68	-0.10	15.99	0.12	7.41	0.04	-2.74
产品竞争力效应	-0.02	-4.71	0.14	-22.67	-0.12	-7.11	0.15	-11.50
纯二阶效应	0.02	5.41	-0.01	1.12	0.00	0.27	-0.03	2.50
动态结构效应	0.01	2.46	0.02	-2.99	-0.03	-1.57	-0.02	1.73

资料来源:根据UN COMTRAD数据库计算整理所得

（二）中国对巴西细分农产品出口的 CMS 分解

根据 2001—2016 年中国对巴西农产品出口贸易增长的趋势，将其划分为 4 个阶段（同上），并根据 HS 编码将农产品分成 20 大类（与前面章节的划分标准相同），将每一大类视为一种产品，由产品分类造成的效应消失，即 $\sum_i S_i^0 \Delta Q = S^0 \Delta Q$，只适应于第一层次的分解。由于数额较小所以采用单位采用百万美元。

根据表 7 - 2 对 CMS 模型的测算结果，部分农产品的结构因素是导致我国对巴西农产品出口增长的最关键因素，其贡献值最大，说明巴西对农产品进口需求的增加是导致中国各大类农产品出口增长的最关键的因素。各阶段结构因素贡献值排名前 3 位，2001—2008 年和 2008—2009 年的其他农产品、蔬菜、干豆 3 类农产品贡献值之和分别占结构效应带动出口增长部分的 67.74% 和 64.23%，分别占同期中国对巴西农产品出口累计增长的 57.03% 和 69.74%；2009—2013 年和 2013—2016 年的干豆、蔬菜和水产品贡献值之和分别占结构效应带动出口增长部分的 77.89% 和 90.26%，分别占同期中国对巴西农产品出口累计增长的 78.67% 和 99.32%。从占比上可见我国对巴西出口的农产品种类集中，主要在我国具有比较优势的产品种类上，以蔬菜、水产品和干豆为主，这势必造成我国农产品出口巴西的风险，一旦巴西减少这其中某一农产品的进口需求，必将大大减少我国农产品的出口额。

表 7 - 2　中国对巴西细分农产品出口的 CMS 分解　　单位：百万美元

商品类别	2001—2008			2008—2009			2009—2013			2013—2016		
	结构效应	竞争力效应	二阶交叉效应	结构效应	竞争力效应	二阶交叉效应	结构效应	竞争力效应	二阶交叉效应	结构效应	竞争力效应	二阶交叉效应
畜产品	3.49	0.17	0.24	-6.59	-1.52	0.27	8.07	0.11	0.10	1.69	-0.18	0.02
水产品	1.62	1.42	1.00	-2.83	0.01	0.00	53.26	-0.22	-0.06	-14.65	0.42	0.00
其他农产品	8.55	1.02	0.55	-10.29	3.71	-0.46	22.69	3.98	-0.05	-9.88	9.61	-0.52
花卉	0.00	0.00	0.00	0.01	-0.03	-0.01	0.01	0.00	0.00	-0.01	0.03	-0.01
蔬菜	5.02	-0.18	0.33	31.92	1.48	0.91	27.92	-0.84	0.66	-13.76	-1.61	0.65
干豆	7.85	-0.02	1.53	-65.60	0.00	0.00	49.33	0.02	0.10	-98.36	0.00	0.00
坚果	0.21	0.01	0.00	-1.09	0.00	0.00	0.11	0.00	0.00	-0.23	0.00	0.00

续表

商品类别	2001—2008			2008—2009			2009—2013			2013—2016		
	结构效应	竞争力效应	二阶交叉效应	结构效应	竞争力效应	二阶交叉效应	结构效应	竞争力效应	二阶交叉效应	结构效应	竞争力效应	二阶交叉效应
水果	0.06	0.05	-0.05	-0.04	0.14	-0.01	0.96	0.33	-0.16	0.30	0.82	-0.32
饮品类	0.03	0.27	-0.04	0.92	0.92	0.40	0.06	-0.87	0.57	0.50	-0.22	0.07
调味香料	0.13	0.03	-0.14	-0.02	0.14	-0.01	0.04	-0.06	0.02	-0.01	0.01	-0.01
谷物	-0.19	-0.10	0.09	-0.13	0.28	-0.04	0.85	0.88	-1.97	0.03	0.04	0.03
薯类	0.00	0.00	0.02	-0.16	0.00	0.00	0.06	-0.01	-0.05	0.00	0.00	0.00
粮食制品	4.04	-0.01	0.02	-11.12	-0.02	0.01	0.76	-2.55	-1.03	-3.46	7.46	-4.60
油籽	0.03	-0.01	-0.01	0.06	0.13	0.05	0.06	-0.01	0.01	0.02	0.65	-0.28
药材	0.00	0.00	0.00	0.00	0.00	0.00	0.00	0.00	0.00	0.00	0.00	0.00
棉麻丝	0.00	0.02	0.00	-1.32	0.00	0.00	0.71	0.00	-0.01	-0.98	-0.15	0.11
植物油	0.33	0.31	-0.60	0.03	-0.03	0.00	-0.05	0.08	0.01	-0.27	0.56	-0.37
糖类	0.44	0.04	-0.01	-2.30	-0.10	0.06	1.90	-0.03	-0.02	-0.99	-0.10	0.01
饼粕	0.00	0.00	0.00	-0.09	-0.09	0.09	0.00	0.00	0.01	0.00	0.00	0.00
精油	0.01	-0.03	0.02	0.18	-0.81	-0.06	0.82	-0.31	-0.29	-0.39	0.87	-0.18

资料来源：根据 UN COMTRAD 数据库计算整理所得

其次是竞争力效应，我国出口巴西的部分农产品仍具有较大的竞争力，2001—2008 年水产品的竞争力效应使出口额增加了 1.42 百万美元，贡献率为 47.49%；2008—2009 年蔬菜的竞争力效应使出口额增加了 1.48 百万美元，贡献率为 35.15%；2013—2016 年的粮食制品竞争力效应的贡献值达到 7.46 百万美元，贡献率为 40.97%；以及各阶段"其他农产品"的竞争力都对我国农产品的出口额起到了积极的推动作用。但是具有持续竞争力的农产品大类很少，整体竞争力仍然较低，而且波动性比较大。以畜产品为例，第一个阶段平均每年使出口增加 0.17 百万美元，第二个阶段急剧下降使出口减少 1.52 百万美元，第三个阶段有所上升出口增加 0.11 百万美元，第四个阶段又减少 0.18 百万美元，竞争力效应的这种波动性，不利于我国农产品出口额的持续增加。

二阶交叉效应，各个阶段大部分农产品的贡献值为正值，说明大部分农产品的结构效应和竞争力效应的交互作用对出口贸易额的增长具有正面贡献，即中国对巴西出口的部分农产品具有一定的竞争力，逐步适应了巴西对农产品进口需求的变化。2013—2016 年的畜产品结构效应为正值，竞争力效应为负值，二阶交叉效应为 0.02 百万美元，虽然数值较小，但是也在一定程度上弥补了竞争力不足带来的出口额的减少。

二、中国从巴西进口农产品的 CMS 分解

根据 2001—2016 年中国从巴西进口农产品增长的波动趋势与对巴西出口的波动趋势基本相同（图 7 - 2），也将其划分为 4 个阶段：2001—2008 年为缓慢增长阶段，2008—2009 年为第一个下降阶段，2009—2013 年为快速增长阶段；2013—2016 年为第二个下降阶段。值得注意的是，为了统计口径的一致，巴西对中国农产品出口额采用的数据是中国从巴西的农产品进口额。

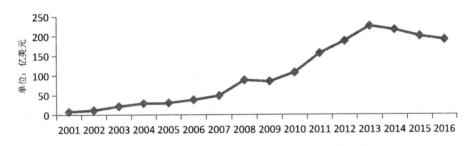

图 7 - 2　中国从巴西进口的农产品贸易额

资料来源：根据 UN COMTRAD 数据库计算整理所得

（一）中国从巴西进口农产品贸易额变动的 CMS 分解

1. 结构效应。从表 7 - 3 可以看出，结构效应在中国从巴西农产品进口额的增长中起到了主导作用，各个阶段结构效应的贡献率都在 90% 以上，前三个阶段的贡献值均为正值，分别使进口平均每年增加 6.17 亿美元、16.58 亿美元和 34.57 亿美元，进口额不断扩大。由于世界经济的低迷，我国农产品进口也随之减少，2013—2016 年结构效应为负值，最终导致这期间的农产品平均每年减少 12.95 亿美元。巴西农业资源丰富，中巴农产品贸易的互补性强，这大大促进了我国从巴西进口农产品。需求增长效应是结构效应中最重要的组成部分，各阶段的贡献率都比较高，2013—2016 年由于我国进口需求的减少而导致进口额平均每年减少 19.11 亿美元，贡献率达到 147.55%。商品效应对我国从巴西进口

农产品也起着重要影响，各阶段的贡献值均为正值，这在一定程度上表明巴西农产品的出口结构与我国进口需求增长较快的农产品种类相匹配。

表 7 - 3　2011—2016 年中国从巴西农产品进口额变动的 CMS
分解年度平均结果　　　　　　单位：亿美元（%）

效应	2001—2008		2008—2009		2009—2013		2013—2016	
	贡献值	贡献率	贡献值	贡献率	贡献值	贡献率	贡献值	贡献率
总变化	6.18	100	17.89	100.00	35.24	100	-12.95	100
第一层次的分解								
结构效应	6.17	99.75	16.58	92.66	34.57	98.12	-14.07	108.66
竞争力效应	-0.35	-5.60	-0.04	-0.25	-1.07	-3.05	1.76	-13.62
二阶交叉效应	0.36	5.85	1.36	7.58	1.73	4.92	-0.64	4.97
第二层次的分解								
需求增长效应	4.22	68.19	8.26	46.15	31.02	88.03	-19.11	147.55
商品效应	1.95	31.56	8.32	46.52	3.56	10.09	5.04	-38.90
综合竞争力效应	1.78	28.75	7.32	40.91	3.97	11.26	6.75	-52.10
产品竞争力效应	-2.12	-34.35	-7.36	-41.16	-5.04	-14.31	-4.98	38.48
纯二阶效应	0.10	1.54	0.28	1.55	0.47	1.32	0.06	-0.43
动态结构效应	0.27	4.31	1.08	6.04	1.27	3.60	-0.70	5.40

资料来源：根据 UN COMTRAD 数据库计算整理所得

2. 竞争力效应。除 2013—2016 年外，其他阶段的竞争力效应均为负值，尽管贡献值和贡献率都比较低，但也在一定程度上阻碍了巴西农产品对中国的出口。综合竞争力效应各阶段的贡献值均为正值，表明在我国农产品市场上，巴西农产品有着一定的竞争力，特别是 2013—2016 年综合竞争力效应使我国农产品进口平均每年增加 6.75 亿美元，成为这个阶段除需求增长效应外的第二大影响因素。产品竞争力效应的贡献值各阶段为负值，体现了巴西对中国的农产品出口结构仍有待调整。

3. 二阶交叉效应。纯二阶效应各阶段贡献值均为正值，表明巴西农产品出口结构的变动基本适应中国进口规模的变动，不过贡献值和贡献率较低，巴西出口结构需要进一步调整。动态结构效应的贡献值除第四个阶段外均为正值，表明巴西在中国进口需求较快的农产品种类上出口份额增长较快。

总之，结构效应因素始终是影响中国从巴西进口农产品的决定性因素且其影响程度不断加强，这说明 2001 年以来我国从巴西农产品进口额的增长主要依赖于进口需求的增加。巴西农产品在我国市场上有着一定的竞争力，农产品出口结构与我国的进口需求基本匹配，其市场适应能力较强。

（二）中国从巴西进口具体农产品层面的 CMS 分解

由表 7-4 可知我国从巴西进口的农产品主要有畜产品、水果、棉麻丝、油籽、植物油和糖类，结构效应是这 6 类产品进口增长的主要推动力，说明我国进口需求的增加是导致这几大类农产品进口增长的关键。在各个阶段油籽的贡献值最大，占到结构效应带动进口增长部分的 70% 以上，前三个阶段均为正值且增长迅猛，在 2009—2013 年平均每年使进口增加达到 29.37 亿美元，究其原因，随着经济发展和人民生活水平的提高，对大豆的需求不断增加，国内的供给不能满足需求，需要大量进口弥补，巴西已成为我国大豆进口的主要来源地。其次，畜产品结构效应的贡献值除 2008—2009 年外均为正值且呈明显上升趋势，2013—2016 年在世界经济低迷的大背景下，我国从巴西进口的畜产品平均每年增加 1.47 亿美元，体现了我国国内畜产品供给存在巨大的缺口，巴西有望成为我国畜产品进口的重要国家。再次是糖类的进口需求 2009 年之前是下降的，其结构效应的贡献值为负值，2009—2013 年的进口需求飞速增长，平均每年使进口额增加 3.24 亿美元，主要是对固体形态的甘蔗进口大幅增加，甘蔗是制作乙醇的主要原料，随着清洁能源产业的发展，甘蔗作为能源作物的作用和地位日益增加。

竞争力效应。我国从巴西进口这六大类农产品在我国市场上存在着一定的竞争力，但是其贡献值普遍较低，且在各个阶段的波动幅度较大，在我国农产品市场上不具有核心竞争力。2001—2008 年竞争力效应为正值的是畜产品、水果和油籽，但是其贡献值较小，对进口增长的作用有限，特别是油籽仅使进口额增加 1.07 百万美元，相对于需求效应产生的 4.90 亿美元的进口增加额微乎其微。2008—2009 年以及 2013—2016 年棉麻丝竞争力效应均为正值且数值较大，在一定程度上弥补了需求结构效应产生的进口大幅下降，也说明巴西的棉麻丝在我国农产品市场上有着一定的竞争力。水果和植物油竞争力效应呈下降趋势，随着我国进口农产品来源的多元化，以及其替代产品进口的增加，逐渐丧失了在我国农产品市场上的竞争优势。

表7-4　中国从巴西进口农产品种类的CMS分解　　单位：百万美元

商品类别	2001—2008			2008—2009			2009—2013			2013—2016		
	结构效应	竞争力效应	二阶交叉效应	结构效应	竞争力效应	二阶交叉效应	结构效应	竞争力效应	二阶交叉效应	结构效应	竞争力效应	二阶交叉效应
畜产品	17.70	5.29	5.08	-61.00	-82.54	68.32	38.82	2.01	72.39	146.71	72.68	28.89
水产品	0.19	-0.02	-0.12	-0.06	-0.40	0.02	-0.03	0.43	0.05	-0.17	1.10	-0.09
其他农产品	25.22	6.51	5.26	-4.83	67.37	4.22	30.78	-8.60	-3.99	-99.58	49.17	-5.08
花卉	0.00	0.00	0.00	0.00	0.01	0.00	0.00	0.00	0.00	0.01	0.02	0.01
蔬菜	0.03	-0.02	-0.02	-0.03	0.19	-0.16	0.00	0.00	-0.01	0.00	0.00	0.00
干豆	0.00	0.01	-0.01	0.00	0.00	0.00	0.00	0.00	0.00	0.00	0.00	0.00
坚果	0.08	0.02	0.03	1.74	-0.86	-0.47	-0.39	-1.23	1.19	0.14	-0.02	-0.03
水果	11.24	0.28	-0.01	-3.21	-4.03	-0.14	26.57	-18.65	-1.18	15.35	-12.83	-5.18
饮品类	0.76	-0.17	-0.21	1.30	-1.15	0.92	2.87	-1.56	-0.54	9.09	15.38	20.49
调味香料	-0.06	-0.07	0.08	0.00	-0.01	0.00	0.00	0.01	0.01	0.09	0.39	-0.14
谷物	0.00	0.00	0.00	0.00	0.00	0.00	0.00	0.01	0.02	0.10	-0.08	-0.10
薯类	0.00	0.00	0.00	0.00	0.00	0.00	0.00	0.00	0.00	0.00	0.00	0.00
粮食制品	0.00	0.00	0.00	-0.02	0.09	-0.05	0.02	0.28	-0.26	1.06	-0.48	-0.49
油籽	490.28	1.07	-1.58	1705.10	20.82	2.16	2937.20	8.34	2.78	-1003.4	-95.02	6.74
药材	0.04	0.00	-0.05	0.00	0.04	0.00	0.04	0.05	0.05	-0.14	0.16	0.05
棉麻丝	51.93	-16.88	-27.44	-9.74	47.77	-23.24	49.93	-26.30	40.48	-144.39	232.65	-129.33
植物油	31.37	-15.78	25.15	31.69	-60.59	67.39	44.58	-63.23	47.61	-85.58	-88.76	19.98
糖类	-11.09	-13.71	27.57	-3.39	9.36	16.84	323.55	2.49	15.84	-244.59	0.19	0.24
饼粕	-1.11	-1.32	2.43	-0.02	-0.03	0.05	0.00	0.00	0.00	0.00	0.00	0.00
精油	0.28	0.14	0.03	0.47	-0.49	-0.16	3.54	-1.35	-1.07	-1.59	1.86	-0.27

资料来源：根据 UN COMTRAD 数据库计算整理所得

二阶交叉效应。针对我国从巴西进口的这六大类农产品，除水果的二阶交叉效应在各阶段均为负值外，其他种类普遍为正值，说明中国从巴西进口的农产品有着一定的竞争力，在一定程度上适应了中国农产品进口需求的变化，对进口额的增加有正向的促进作用。

三、中国与巴西农产品贸易合作的重点领域

巴西是中国食品安全、粮食安全和战略物资不可或缺之地，是中国国际化走出去的战略要地。中国也是巴西最大的农产品出口市场。双边农产品贸易合作的重点可集中在：一是大豆的进口将进一步增加。中国市场对大豆的需求将出现持续走高的态势，以及针对美国挑起的贸易摩擦，中国政府对进口美国大豆加征关税，进口美豆将涨价，对华大豆市场份额或将被巴西、阿根廷等其他大豆主产国所替代，这势必进一步加强中国与巴西之间的大豆贸易。① 二是可进一步拓展肉类市场。中国是最大的猪肉和鸡肉消费市场，但目前中国从巴西进口猪肉较少，未来可进一步拓展猪肉市场。三是适当增加浓缩甘蔗汁的进口，浓缩甘蔗汁是重要的清洁能源，加工制成乙醇、糖或柠檬酸，这种生物能源的应用有助于环境治理，尤其是受到雾霾侵害的空气环境。② 四是增加我国优势产品水果、蔬菜、水产品等劳动密集型产品对巴西的出口，特别是加工类农产品的出口。此外，巴西的咖啡、柑橘、玉米等农作物也在世界上占有一席之地，增加自巴西进口的农产品种类有助于实现我国农产品来源市场的多元化，加强中巴之间的经济合作关系。

第三节　中国与俄罗斯农产品贸易额变动的 CMS 分解

根据 2001—2016 年中国对俄罗斯农产品出口贸易增长的波动趋势，将其划分为 4 个阶段：2001—2008 年为增长阶段；2008—2009 年为急剧下降阶段；2009—2014 年为波动增长阶段，这一阶段出口额有升有降但是增长趋势明显；2014—2016 年为震荡阶段。如图 7 - 3 所示。

---

① 晏澜菲. 商务部：中巴农业合作前景广阔 [N]. 新农村商报，2016 - 6 - 22 (04).
② 颜欢. 农业合作拉近中国与巴西距离 [N]. 人民日报，2016 - 4 - 12 (003).

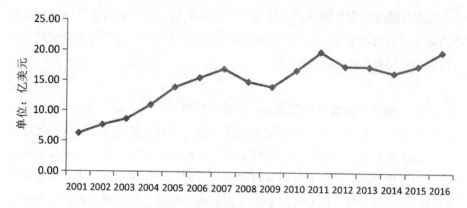

图 7 - 3　中国对俄罗斯农产品出口额

资料来源：根据 UN COMTRAD 数据库计算整理所得

一、中国对俄罗斯出口农产品的 CMS 分解

（一）中国对俄罗斯农产品出口额变动的 CMS 分解

1. 结构效应。从表 7 - 5 可以看出，结构效应在中国对俄罗斯农产品出口额的增长中起到了主导作用，这反映了中国对俄罗斯农产品出口贸易额的增长主要来自俄罗斯市场进口需求的增长。2001—2008 年和 2009—2014 年结构效应的贡献值为正值，分别使出口额增加了 1.83 亿美元和 1.41 亿美元，且贡献率都在 100%以上。世界经济良好的发展态势，以及中俄两国地理位置毗邻，农业资源互补，都促进了我国对俄出口贸易额的增加。2008—2009 年以及 2014—2016 年结构效应使得出口分别减少了 2.04 亿美元和 2.57 亿美元，究其原因，同样是受到金融危机以及世界经济危机的影响，俄罗斯经济增长乏力，致使进口需求减少。

表 7 - 5　2001—2016 年中国对俄罗斯农产品出口额变动的 CMS

分解的年度平均结果　　　　　　　　单位：亿美元（%）

效应	2001—2008		2008—2009		2009—2014		2014—2016	
	贡献值	贡献率	贡献值	贡献率	贡献值	贡献率	贡献值	贡献率
总变化	1.58	100	- 1.82	100	1.38	100	- 2.98	100
第一层次的分解								
结构效应	1.83	115.75	- 2.04	112.11	1.41	102.36	- 2.57	86.24
竞争力效应	- 0.07	- 4.36	0.43	- 23.59	0.73	53.21	- 0.44	14.87
二阶交叉效应	- 0.18	- 11.38	- 0.21	11.48	- 0.77	- 55.57	0.03	- 1.11

续表

效应	2001—2008		2008—2009		2009—2014		2014—2016	
	贡献值	贡献率	贡献值	贡献率	贡献值	贡献率	贡献值	贡献率
总变化	1.58	100	−1.82	100	1.38	100	−2.98	100
第二层次的分解								
需求增长效应	1.33	84.03	−2.16	118.72	0.70	50.98	−4.14	139.04
商品效应	0.50	31.71	0.12	−6.61	0.71	51.38	1.57	−52.80
综合竞争力效应	0.27	17.17	0.40	−22.09	0.74	54.00	1.48	−49.75
产品竞争力效应	−0.34	−21.53	0.03	−1.50	−0.01	−0.80	−1.92	64.61
纯二阶效应	−0.03	−2.09	−0.07	3.60	−0.07	−5.23	0.10	−3.20
动态结构效应	−0.15	−9.29	−0.14	7.88	−0.69	−50.34	−0.06	2.09

资料来源：根据 UN COMTRAD 数据库计算整理所得

需求增长效应是结构效应中最重要的部分，贡献率最低的 2009—2014 年也达到了 50%。

商品效应也是影响我国对俄农产品出口的重要因素，其贡献值在各阶段均为正值，2014—2016 年促进出口额增加 1.57 亿美元，体现了中国农产品出口更多地集中在俄罗斯需求快速增长的农产品种类上，中国农产品的出口结构与俄罗斯的进口结构相匹配。

2. 竞争力效应。竞争力效应是影响我国对俄农产品出口的重要因素，其贡献值经历了逐步上升到下降的过程，其中综合竞争力效应的贡献值均为正值且逐步上升，产品竞争力效应除 2008—2009 年外均为负值，特别是 2014—2016 年骤减了 1.92 亿美元，这也是拉动竞争力效应下降的原因，这既体现了中国农产品在俄罗斯市场上有着一定的竞争力而且竞争力不断增强，也反映了中国对俄罗斯的农产品出口结构抑制我国农产品出口额的增长。

3. 二阶交叉效应。纯二阶效应的贡献值除 2014—2016 年外均为负值，说明中国农产品出口结构的变动不适应俄罗斯进口规模的变动。动态结构效应的贡献值各阶段均为负值，除第四个阶段外，各阶段贡献值和贡献率的绝对值都大于纯二阶效应，体现了其对我国农产品出口贸易的阻碍作用大于纯二阶效应的影响，这进一步反映了中国对俄罗斯农产品出口结构的不合理性，尤其是在俄罗斯进口需求增长较快的商品种类上中国的出口增长缓慢。

（二）中国对俄罗斯细分农产品出口的 CMS 分解

根据表 7-6 CMS 模型测算结果，部分农产品的结构效应成为中国对俄罗斯农产品出口增长的主要推动力。2001—2008 年的畜产品、水产品、蔬菜、水果和油籽的结构效应较大，平均每年使出口额增加 15.92 百万美元、37.85 百万美元、50.79 百万美元、44.91 百万美元和 15.35 百万美元，占结构效应带动出口增长部分的 8.69%、20.66%、27.72%、24.51% 和 8.38%，累计占到 81.27%，可见在此期间俄罗斯农产品的进口倾向于这几类产品。其中水产品、蔬菜和水果的贡献值在其他 3 个阶段也都是较高的，表明中国出口到俄罗斯的农产品种类集中，主要是劳动密集型产品。绝大部分农产品结构效应的绝对值要大于竞争力效应以及二阶交叉效应的绝对值，进一步体现了俄罗斯农产品进口需求规模以及农产品进口结构是影响我国农产品对俄出口的最重要因素。

表 7-6　中国对俄罗斯细分农产品出口的 CMS 分解　　单位：百万美元

商品分类	2001—2008			2008—2009			2009—2014			2014—2016		
	结构效应	竞争力效应	二阶交叉效应	结构效应	竞争力效应	二阶交叉效应	结构效应	竞争力效应	二阶交叉效应	结构效应	竞争力效应	二阶交叉效应
畜产品	15.92	-12.73	-3.15	-0.31	9.46	-0.64	0.11	3.27	1.43	-13.01	0.56	-0.20
水产品	37.85	-1.98	-0.76	-66.32	7.78	-1.82	10.91	2.46	-0.34	-96.85	-0.99	0.33
其他农产品	12.88	1.64	-0.40	17.65	3.04	0.36	11.86	20.36	0.88	-17.63	-12.61	0.66
花卉	0.41	0.03	0.04	-1.28	0.07	-0.02	-0.12	-0.33	0.05	-0.19	-0.23	0.07
蔬菜	50.79	0.30	-0.13	-69.90	-7.19	1.17	59.82	0.27	-1.23	-72.46	22.55	-2.52
干豆	0.54	0.00	0.01	1.74	-0.02	-0.01	-0.45	-0.16	0.01	1.49	0.12	0.06
坚果	0.00	0.16	-0.04	0.24	0.06	0.02	0.56	1.71	0.11	3.85	1.04	0.30
水果	44.91	1.77	-0.38	-56.56	1.16	-0.16	20.58	-5.92	-1.52	-31.78	-46.51	3.63
饮品类	2.39	3.55	-0.63	1.62	-4.09	-0.14	4.00	4.67	-0.30	-1.24	-4.42	0.06
调味香料	0.01	0.02	-0.02	0.01	0.08	0.01	0.07	0.00	0.01	-0.03	-0.06	0.00
谷物	-2.63	-1.85	1.71	2.16	-0.17	-0.02	4.23	-7.67	0.86	-2.19	-1.98	0.86
薯类	0.02	-0.01	0.01	-0.12	0.00	0.00	0.07	0.10	-0.16	-0.05	0.00	0.00
粮食制品	2.79	-0.34	-0.18	-11.98	-5.02	3.12	0.82	1.26	0.31	-5.09	-0.77	0.22
油籽	15.35	-4.49	-8.23	-7.12	-0.82	0.17	25.07	6.48	-32.06	-4.15	-2.89	0.48

续表

商品分类	2001—2008			2008—2009			2009—2014			2014—2016		
	结构效应	竞争力效应	二阶交叉效应	结构效应	竞争力效应	二阶交叉效应	结构效应	竞争力效应	二阶交叉效应	结构效应	竞争力效应	二阶交叉效应
药材	−0.02	0.00	0.00	−0.02	0.00	0.00	0.06	0.00	0.00	−0.25	0.00	0.00
棉麻丝	0.76	3.63	−4.52	−0.01	0.27	−0.20	0.40	0.10	−0.41	−0.01	−0.21	0.01
植物油	0.31	0.46	−0.59	−1.31	5.30	−4.87	0.13	0.01	−0.09	0.12	0.07	0.01
糖类	0.16	3.17	−0.39	−11.31	28.39	−13.60	2.54	46.51	−43.78	−16.65	1.64	−0.51
饼粕	0.75	−0.23	−0.36	−1.22	4.62	−4.24	0.35	0.14	−0.33	−0.73	0.34	−0.19
精油	0.02	−0.01	−0.01	0.00	0.01	0.00	0.01	0.05	0.01	0.03	0.06	0.00

资料来源：根据 UN COMTRAD 数据库计算整理所得

其次是竞争力效应，我国出口俄罗斯的农产品竞争力效应绝大多数为正值，且上升趋势明显，说明我国大部分农产品在俄罗斯市场上具有一定的竞争力。2001—2008 年竞争力较强的农产品大类是饮品类和棉麻丝，平均每年使出口额增加 3.55 百万美元和 3.63 百万美元；2008—2009 年的畜产品、水产品和糖类，竞争力效应的贡献值为 9.46 百万美元、7.78 百万美元和 28.39 百万美元，共占同期中国对俄罗斯农产品出口额变动的 25.07%；2009—2014 年竞争力负效应的只有花卉、干豆、水果和谷物这 4 类农产品，其他类别的农产品竞争力效应均为正值，对我国农产品出口起到了积极的带动作用；2014—2016 年竞争力正效应表现最为明显的是蔬菜，使出口额增加 22.55 百万美元；水果的竞争力急剧下降，出口额减少了 46.51 百万美元。通过上面各个阶段的分析，可以看出农产品大类的竞争力效应各阶段的波动较大，不能保持持续的稳定性；结构效应较大的水果、蔬菜、水产品的竞争力效应与之不匹配，例如 2001—2008 年和2009—2014 年的蔬菜的结构效应贡献值都在 50 百万美元以上，而竞争力效应的贡献值不足 0.30 百万美元，说明我国农产品对俄罗斯的出口要持续稳定增加，必须提高具有出口优势农产品的竞争力。

二阶交叉效应，除第四阶段外，其他 3 个阶段大部分农产品的贡献值为负值，说明大部分农产品的结构效应和竞争力效应的交互作用对出口贸易额的增长具有负面贡献，即中国对俄罗斯大部分农产品的出口份额与俄罗斯进口需求的变动还不完全相符。2014—2016 年的二阶交叉效应除了畜产品、蔬菜、糖类和饼粕为负值外，其他类别农产品的二阶交叉效应为正值，虽然数值较小，但也体现了在此期间中国对俄罗斯出口的绝大部分农产品具有一定的竞争力，逐步适应了俄罗斯对农产品进口需求的变化。

二、中国从俄罗斯进口农产品的 CMS 分解

根据 2001—2016 年中国从俄罗斯进口农产品贸易额增长的波动趋势，将其划分为 4 个阶段：2001—2008 年为爬坡式增长阶段；2008—2009 年为下降阶段；2009—2016 年为波动增长阶段，这一阶段进口额有升有降但是增长趋势明显。如图 7-4 所示。

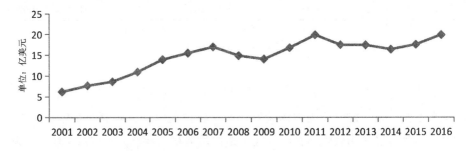

图 7-4　中国从俄罗斯进口的农产品贸易额

资料来源：根据 UN COMTRAD 数据库计算整理所得

（一）中国从俄罗斯进口农产品贸易额变动的 CMS 分解

从表 7-7 可以看出，竞争力效应是推动中国进口俄罗斯农产品贸易增长的主要原因，从第一层次上来看，竞争力效应的贡献率都在 50% 以上，2001—2008 年竞争力效应使进口额平均每年增加 1.58 亿美元，贡献率达到了 92.88%，促使中国进口俄罗斯农产品猛增。2008—2009 年贡献率近 60% 的竞争力效应为负值，促使进口额也为负值。在 2009—2016 年竞争力效应大于结构效应的贡献，对于进口的增加起到了关键作用。从第二层次来看，综合竞争力效应的贡献值在各阶段均为负值，说明俄罗斯农产品在我国市场上整体缺乏竞争力，而产品竞争力效应的贡献值在各阶段均为正值，说明俄罗斯的农产品出口结构朝着有利于出口的方向发展，这与俄罗斯近年来在农产品进出口环境与政策上做出的调整是分不开的，中俄两国政治环境的稳定以及相关贸易政策的实施对两国农产品贸易的影响重大。

表 7 - 7　2011—2016 年中国进口俄罗斯农产品贸易额变动的 CMS

分解年度平均结果　　　　　　　　单位：亿美元（%）

效应	2001—2008		2008—2009		2009—2016	
	贡献值	贡献率	贡献值	贡献值	贡献率	贡献值
总变化	1.70	100	-1.46	100	0.59	100
第一层次的分解						
结构效应	1.21	71.22	-0.67	45.45	0.20	34.44
竞争力效应	1.58	92.88	-0.87	59.42	0.32	53.82
二阶交叉效应	-1.09	-64.10	0.07	-4.87	0.07	11.75
第二层次的分解						
需求增长效应	2.28	134.16	3.56	-242.77	2.44	416.67
商品效应	-1.07	-62.95	-4.22	288.22	-2.24	-382.24
综合竞争力效应	-0.19	-11.01	-3.26	222.42	-1.32	-225.64
产品竞争力效应	1.77	103.89	2.39	-163.01	1.64	279.46
纯二阶效应	-0.29	-16.88	0.01	-0.99	0.01	1.77
动态结构效应	-0.80	-47.22	0.06	-3.88	0.06	9.98

资料来源：根据 UN COMTRAD 数据库计算整理所得

　　结构效应也是促进中国进口俄罗斯农产品的重要因素。结构效应中的需求增长效应又是关键因素，在各阶段其贡献值均为正值，贡献率也较高，说明中国农产品进口需求的增加对进口起着正面的促进作用。各阶段的商品效应为负值，表明俄罗斯出口中国的主要农产品与中国需求增长较快的农产品不匹配，阻碍了中国农产品从俄罗斯的进口。

　　纯二阶效应和动态结构效应，在第一阶段均为负值，一方面体现了俄罗斯的农产品出口结构不适应中国农产品进口规模的变化；另一方面体现了在中国需求增长较快的农产品种类上，俄罗斯的出口份额较低，不能与之相匹配。在第二和第三阶段均为正值，对中国进口俄罗斯农产品起到了积极的影响，说明俄罗斯贸易政策的调整使出口结构逐步适应中国进口的变化，特别是乌克兰事件后，俄罗斯更加依赖于中国市场，2016 年中国已成俄罗斯第二大农产品出口国和第三大进口国。

（二）中国从俄罗斯进口具体农产品层面的 CMS 分解

通过表 7 - 8 可以看出，我国从俄罗斯进口的农产品种类较少，集中度高。2001—2008 年，从俄罗斯主要进口畜产品和水产品，畜产品的结构效应对进口额的增加起到了积极的促进作用，进口额平均每年增加 0.26 亿美元，但是竞争力效应的负面影响却使进口额减少 0.15 亿美元；水产品的进口起主导作用的是竞争力效应，平均使进口额每年增加 1.78 亿美元，说明俄罗斯的水产品在中国市场上具有较强的竞争力，结构效应为正值也促进了进口的增加。2008—2009 年，主要进口的产品种类仍为畜产品和水产品，结构效应和竞争力效应均为负值，我国进口俄罗斯农产品大幅下降。2009—2016 年，中国从俄罗斯进口的产品种类日益丰富，除畜产品和水产品外，增加了对坚果、饮品类、油籽、植物油以及谷物的进口，这个阶段畜产品和水产品的结构效应贡献值比较低，相对于第一个阶段的结构效应大幅下滑，一方面体现了我国畜产品和水产品进口多元化，降低对俄罗斯的依赖，分散了进口风险，另一方面与我国大力发展畜产品和水产品的养殖，培育我国具有优势的农产品种类是分不开的。坚果、饮品类和谷物随着我国进口需求的增加进口额大幅增长，结构效应起到了主导作用，而油籽进口更大程度上依赖于竞争力效应的推动。

表 7 - 8 中国进口俄罗斯农产品种类的 CMS 分解 单位：百万美元

商品类别	2001—2008			2008—2009			2009—2016		
	结构效应	竞争力效应	二阶交叉效应	结构效应	竞争力效应	二阶交叉效应	结构效应	竞争力效应	二阶交叉效应
畜产品	25.86	-14.55	-4.11	-16.10	-21.69	10.34	3.50	0.39	-0.68
水产品	60.08	177.53	-98.43	-55.68	-19.75	0.64	1.40	8.38	-0.32
其他	33.44	-3.50	-5.87	4.27	-45.41	-3.59	3.39	-20.99	3.78
花卉	0.00	0.00	0.00	0.00	0.00	0.00	0.00	0.00	0.00
蔬菜	0.36	-0.12	-0.10	-0.20	0.11	-0.06	0.32	0.47	-0.78
干豆	0.00	0.00	0.00	0.00	0.01	0.00	0.00	0.00	0.00
坚果	0.00	0.00	0.00	0.00	0.00	0.00	4.70	-1.80	11.94
水果	0.03	0.08	0.02	0.04	-0.42	-0.04	0.00	0.12	0.01
饮品类	0.36	0.07	-0.17	0.90	-0.83	-0.26	2.81	0.36	-0.45
调味香料	0.00	0.00	0.00	0.00	0.00	0.00	0.00	0.00	0.00

续表

商品类别	2001—2008			2008—2009			2009—2016		
	结构效应	竞争力效应	二阶交叉效应	结构效应	竞争力效应	二阶交叉效应	结构效应	竞争力效应	二阶交叉效应
谷物	0.01	0.00	0.00	−0.05	0.11	−0.03	2.96	0.50	0.39
薯类	0.00	0.00	0.00	0.00	0.00	0.00	0.00	0.00	0.00
粮食制品	0.00	0.01	0.00	−0.02	0.07	−0.04	0.34	0.21	0.15
油籽	0.58	−1.22	−0.43	0.25	1.01	0.19	1.68	24.20	−1.87
药材	−0.08	−0.41	0.48	0.00	0.01	0.00	−0.03	0.17	−0.15
棉麻丝	0.42	−0.01	−0.33	0.02	−0.24	−0.02	−0.30	2.38	−1.25
植物油	0.00	0.00	0.00	0.00	0.00	0.00	−0.62	16.89	−3.85
糖类	0.00	0.00	−0.01	0.00	0.00	0.00	0.01	0.11	−0.02
饼粕	0.00	0.01	−0.01	0.00	0.00	0.00	0.00	0.00	0.00
精油	0.00	0.00	0.00	0.00	0.00	0.00	0.01	0.13	−0.02

资料来源：根据 UN COMTRAD 数据库计算整理所得

三、中国与俄罗斯农产品贸易合作的重点领域

中国和俄罗斯两国互为最大邻国，地缘优势突出，交通条件便捷且运输成本低廉；中国农业生产资金充足、劳动力富集的优势与俄罗斯土地资源丰富的优势紧密结合，有利于开展贸易合作。双边农产品贸易合作的重点：一是粮食的进口将进一步增加。中国的粮食市场需求巨大，需要高品质的农产品供应，而俄罗斯拥有得天独厚的自然条件和黑土地资源，农业生产状况的改善与粮食产量的提高，为我们提供了良好的进口来源，也在一定程度上替代了美国对我国粮食的出口，分散了进口的风险，有利于我国粮食的安全。二是蔬菜、水果的出口将继续增加。中国是世界第一大蔬菜生产和出口国，水果出口品种齐全。由于受气候条件限制，俄罗斯蔬菜、水果生产十分有限，在当前欧美农产品贸易对俄罗斯制裁的情况下，需要大量从中国进口。三是奶类制品的进口增加。当前中国对高质量奶制品的需求与日俱增，而俄罗斯是世界上重要的奶制品生产国，乌克兰事件后俄罗斯宣布禁止与欧美等国的奶类贸易，奶制品更多地面

向中国市场。① 此外肉类、水产品、坚果、油籽等也是中俄重要的农产品贸易种类，丰富了农产品进出口种类，改变了中俄农产品贸易结构高度集中的局面。

第四节　中国与印度农产品贸易额变动的 CMS 分解

根据 2001—2016 年中国对印度农产品出口贸易增长的波动趋势，将其划分为 3 个阶段：2001—2010 年为稳定增长阶段，2010—2011 年为迅猛增长阶段，2011—2016 年为震荡阶段。如图 7 − 5 所示。

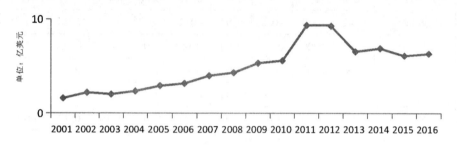

图 7 − 5　中国对印度农产品出口额

资料来源：根据 UN COMTRAD 数据库计算整理所得

一、中国对印度出口农产品的 CMS 分解

（一）中国对印度农产品出口额变动的 CMS 分解

1. 结构效应。从表 7 − 9 可以看出，结构效应在各阶段均为正值，体现了中国对印度农产品的出口额随着印度农产品进口额的增加而增加，除了第三阶段外结构效应在中国对印度农产品出口中仍然起到主导作用。需求增长效应在2001—2010 年和 2011—2016 年均为正值，平均每年使出口额增加 0. 78 亿美元和 1. 11 亿美元，而在此期间商品效应为负值，使出口额减少了 0. 08 亿美元和1. 01 亿美元，这既反映了印度农产品进口额的增加促进了中国农产品对印度的出口，也体现了中国对印度农产品出口更多地集中在印度需求缓慢增长的农产品种类上，出口结构有待调整。

---

① 许振宝，李哲敏. "一带一路"战略下中国与俄罗斯农业合作探析［J］. 世界农业，2016（8）：192～195.

表 7 - 9　2001—2016 年中国对印度农产品出口额变动的 CMS

分解的年度平均结果　　　　　　　　　单位：亿美元（%）

效应	2001—2010		2010—2011		2011—2016	
	贡献值	贡献率	贡献值	贡献率	贡献值	贡献率
总变化	0.41	100	3.78	100	- 0.81	100.00
第一层次的分解						
结构效应	0.70	173.23	2.43	64.32	0.10	- 11.72
竞争力效应	0.55	135.40	1.97	52.20	- 0.62	75.63
二阶交叉效应	- 0.85	- 208.62	- 0.62	- 16.52	- 0.29	36.09
第二层次的分解						
需求增长效应	0.78	193.63	- 0.73	- 19.25	1.11	- 135.94
商品效应	- 0.08	- 20.40	3.16	83.57	- 1.01	124.22
综合竞争力效应	0.10	25.57	5.18	137.09	- 1.41	173.75
产品竞争力效应	0.45	109.82	- 3.21	- 84.89	0.80	- 98.12
纯二阶效应	0.00	0.16	- 0.26	- 6.79	- 0.07	8.47
动态结构效应	- 0.85	- 208.78	- 0.37	- 9.73	- 0.22	27.62

资料来源：根据 UN COMTRAD 数据库计算整理所得

2. 竞争力效应。与中巴和中俄不同的是，前两个阶段竞争力效应在总效应中的贡献，无论是贡献值还是贡献率都仅次于结构效应，成为推动中国对印度农产品出口增长的非常重要的影响因素，也反映出中国对印度农产品出口贸易的增长在很大程度上得益于竞争力的提升，中国农产品在印度市场上的出口份额稳步增加。第三个阶段的竞争力效应为负值，且其绝对值远远大于结构效应，抵消了结构效应的正面影响，导致这个阶段的总效应为负值，说明由于竞争力下降致使中国农产品出口减少的贸易额，远远大于此期间结构效应对农产品出口的拉动作用，竞争力成为此期间影响我国农产品对印度出口的主导因素。具体来看，综合竞争力效应前两个阶段为正值，体现了中国农产品在印度市场上存在一定的竞争力；产品竞争力效应除了 2010—2011 年外，其他阶段为正值，说明中国对印度农产品出口结构变化迅速改善，基本适应印度农产品市场需求的变化。

3. 二阶交叉效应。二阶交叉效应，在各个阶段均为负值，说明印度农产品进口需求变动和中国农产品出口竞争力变动的交互作用对出口贸易额的增长具有抵消作用。纯二阶效应的贡献值除第一阶段外均为负值，说明中国农产品出口结构的变动不适应印度进口规模的变动。动态结构效应的贡献值各个阶段均为负值，反映了中国在印度进口需求增长较快的商品种类上出口份额增长较慢。

（三）中国对印度细分农产品出口的 CMS 分解

根据表 7-10 CMS 模型测算结果，如上表所示，与中俄、中巴不同的是，竞争力效应对农产品出口的影响程度要大。究其原因，中印两国都属于人口众多的农业大国，自然禀赋相近，农产品出口种类上有着一定的相似性，提高农产品的竞争力成为促进出口额持续增长的关键。

表 7-10　中国对印度细分农产品出口的 CMS 分解　单位：百万美元

商品类别	2001—2010			2010—2011			2011—2016		
	结构效应	竞争力效应	二阶交叉效应	结构效应	竞争力效应	二阶交叉效应	结构效应	竞争力效应	二阶交叉效应
畜产品	2.77	-1.68	-0.06	8.70	13.65	6.53	-5.54	-2.20	0.76
水产品	0.34	-0.02	-0.03	5.39	-0.03	-0.03	0.40	0.30	-0.04
其他农产品	8.24	1.47	0.00	67.03	9.83	6.30	8.76	-2.66	0.66
花卉	-0.02	0.00	0.03	0.17	0.06	0.16	-0.06	-0.06	0.06
蔬菜	1.58	-0.01	-0.10	5.78	0.32	0.10	-3.04	-0.20	0.02
干豆	6.83	1.29	-1.02	69.17	-20.97	-20.19	18.92	-8.78	-17.89
坚果	0.21	0.16	0.08	19.85	0.12	0.53	-6.34	-0.81	0.93
水果	5.77	0.35	0.25	20.09	1.31	0.41	-5.61	-6.12	2.32
饮品类	4.57	15.28	-19.05	2.36	11.75	3.40	0.85	3.00	-8.33
调味香料	0.65	0.14	-0.03	9.78	-1.46	-1.29	-2.05	-0.74	-0.57
谷物	15.53	10.19	-26.20	-0.91	4.74	-3.23	0.71	-0.10	-0.86
薯类	0.02	0.00	0.00	-0.22	0.00	0.00	0.00	0.00	0.00
粮食制品	0.41	0.10	-0.04	1.01	0.01	0.00	2.51	-0.01	0.01
油籽	0.12	0.11	0.17	-0.46	-0.07	0.01	0.88	0.01	0.01
药材	0.00	0.00	0.00	0.00	0.00	0.00	0.02	0.00	0.00
棉麻丝	4.19	3.00	0.21	29.05	0.37	0.06	-17.62	-1.31	-0.28
植物油	1.13	1.12	-1.93	8.14	35.27	77.91	-0.99	-39.76	9.69

续表

商品类别	2001—2010			2010—2011			2011—2016		
	结构效应	竞争力效应	二阶交叉效应	结构效应	竞争力效应	二阶交叉效应	结构效应	竞争力效应	二阶交叉效应
糖类	15.07	23.14	-37.20	-12.57	143.43	-132.84	18.42	-1.05	-16.82
饼粕	0.00	0.00	0.00	0.02	-0.02	-0.01	-0.11	-0.17	0.27
精油	2.80	0.25	0.36	10.81	-0.94	-0.29	-0.57	-0.88	0.72

资料来源：根据 UN COMTRAD 数据库计算整理所得

第一阶段（2001—2010）绝大部分农产品大类的结构效应、竞争力效应贡献值的绝对值大小变动保持一致，即结构效应贡献值的绝对值较大的农产品，其竞争力效应贡献值的绝对值也比较大。结构效应的贡献值较大的有谷物和糖类，平均每年使出口额增加 15.53 百万美元和 15.07 百万美元，共占结构效应带动出口增长额的 43.58%；其竞争力效应也较大，平均每年使出口额增加 10.19 百万美元和 23.14 百万美元，占竞争力效应带动出口增长部分的 60.72%。体现了在此期间印度从中国进口的农产品主要集中在谷物和糖类上，这两类农产品在印度市场上具有较强的竞争力。

第二阶段（2010—2011）结构效应为负值的仅有四类，其他类别的农产品均为正值，体现了中国农产品的出口额随着印度农产品进口额的增加而增长，我国农产品出口结构基本适应印度农产品市场需求的变化。结构效应较大的农产品种类较多，贡献值在两位数以上的包括干豆、坚果、水果、棉麻丝以及精油等。在此阶段，竞争力效应除了糖类的贡献值大大提高外，其他结构效应较大的农产品种类竞争力效应反而极低，例如棉麻丝的结构效应达到 29.05 百万美元，但是其竞争力效应仅有 0.37 百万美元，说明在该阶段农产品的竞争力较低，对出口增长的影响较小，该阶段农产品出口的增长主要是结构效应的推动。

第三阶段（2011—2016）结构效应较大的农产品是糖类和干豆，平均每年使出口额增加 18.42 百万美元和 18.92 百万美元，在该阶段印度倾向于这两类农产品的进口。该阶段绝大多数的农产品竞争力效应为负值，竞争力的下降是导致该阶段中国出口印度农产品贸易出现明显下滑的关键因素。

在各个阶段大部分农产品二阶交叉效应的贡献值为正值，说明大部分农产品的结构效应和竞争力效应的交互作用对出口贸易额的增长具有正面贡献，即中国对印度大部分农产品的出口份额与印度进口需求的变动相适应。

二、中国从印度进口农产品的 CMS 分解

根据 2001—2016 年中国进口印度农产品贸易增长的波动趋势，将其划分为三个阶段：2001—2009 年为颠簸阶段，2009—2012 年为迅速增长阶段，2012—2016 年为明显下降阶段。如图 7－6 所示。

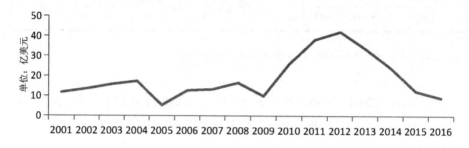

图 7－6　中国进口印度农产品贸易额的波动趋势

资料来源：根据 UN COMTRAD 数据库计算整理所得

（一）中国从印度进口农产品贸易额变动的 CMS 分解

根据表 7－11 可知，2001—2009 年，中国进口印度农产品贸易额平均每年增加 0.44 亿美元，在这一阶段结构效应的贡献率为 212.60%，竞争力效应的贡献率为 －231.66%，二阶交叉效应的贡献率为 119.06%，可以看出竞争力效应的变动促使中国进口印度农产品大幅下滑。竞争力效应中的综合竞争力效应为负值且贡献值和贡献率都比较大，表明印度农产品在我国市场上整体不具有竞争力，成为抑制中国进口印度农产品的最大障碍；产品竞争力效应为正值，表明印度农产品的出口结构朝着有利于出口的方向调整，在一定程度上弥补了由于竞争力下降造成的对中国出口额的下降。结构效应和二阶交叉效应起到了积极的促进作用。结构效应使进口额平均每年增加 0.94 亿美元，其中需求增长效应起到了主导作用，促使进口额每年增加 2.53 亿美元，表明中国的进口需求的增长是促使进口增长的关键，但是商品效应为负值，表明印度出口的农产品与中国进口需求增长较快的农产品不相匹配，阻碍了中国进口的增加。纯二阶效应和动态结构效应均为正值，尽管数值和占比较小，但在一定程度上也促进了中国进口的增加。

表 7 - 11 2011—2016 年中国进口印度农产品变动的 CMS
分解年度平均结果   单位：亿美元（％）

效应	2001—2009		2009—2012		2012—2016	
	贡献值	贡献率	贡献值	贡献值	贡献率	贡献值
总变化	0.44	100	10.75	100	- 9.94	100
第一层次的分解						
结构效应	0.94	212.60	11.92	110.85	- 10.44	105.07
竞争力效应	- 1.03	- 231.66	- 0.69	- 6.46	0.56	- 5.67
二阶交叉效应	0.53	119.06	- 0.47	- 4.39	- 0.06	0.60
第二层次的分解						
需求增长效应	2.53	569.87	6.81	63.35	0.08	- 0.83
商品效应	- 1.59	- 357.27	5.11	47.50	- 10.52	105.90
综合竞争力效应	- 2.23	- 501.11	2.75	25.54	- 10.07	101.37
产品竞争力效应	1.20	269.45	- 3.44	- 31.99	10.64	- 107.03
纯二阶效应	0.13	29.78	- 0.15	- 1.40	0.00	- 0.01
动态结构效应	0.40	89.28	- 0.32	- 2.99	- 0.06	0.61

资料来源：根据 UN COMTRAD 数据库计算整理所得

2009—2012 年结构效应成为拉动中国进口印度农产品贸易的主要因素，平均每年使进口额增加 11.92 亿美元，贡献率达到 110.85％。结构效应中的需求增长效应和商品效应均为正值，对进口额的增加起到了积极的促进作用。综合竞争力为正值，表明印度农产品在我国市场上的竞争力提高，但是产品竞争力为负值，表明印度的出口结构不利于我国农产品的进口。纯二阶效应和动态结构效应在这个阶段均为负值，表明印度出口中国的农产品与中国进口增长的农产品结构不相匹配。

2012—2016 年我国进口印度农产品大幅下滑，平均每年减少 9.94 亿美元，结构效应是主导因素，但与其他阶段不同的是进口需求的贡献率非常低，不足 1％，而商品效应以及综合竞争力效应使进口额平均每年减少 10.52 亿美元和 10.07 亿美元，贡献率达到 105.90％ 和 101.37％，是促使这个阶段进口下降的关键因素，再次表明印度农产品出口结构与我国进口需求增长较快的农产品种类不相匹配，以及印度农产品在我国市场上的竞争力较弱。产品竞争力为正值，对印度出口中国农产品起到了巨大的推动作用，表明印度相关农产品贸易政策的出台，促进了对中国农产品的出口，这在一定程度上也弥补了商品效应和综合竞争力效应产生的负面影响。

总之，在中国进口印度农产品贸易额的变动中，我国进口需求的变动起到了关键性的作用，但是由于印度农产品缺乏竞争力，以及出口结构与我国进口增速较快的农产品不相适应，阻碍了进口的增加。

（二）中国从印度进口具体农产品层面的 CMS 分解

第一阶段，我国从印度进口的农产品主要有水产品、油籽、棉麻丝、植物油、糖类以及饼粕（见表 7 - 12）。水产品和油籽的进口主要来自结构效应的带动，竞争力效应为负值阻碍了进口的增加，表明这两种农产品在我国市场上不具有竞争力。棉麻丝和饼粕的进口主导因素也是结构效应，但是其竞争力效应为正值，在一定程度上促进了进口的增加。植物油和糖类的进口很大程度上是由竞争力效应决定的，在我国市场上有较强的竞争力，同时结构效应对出口的增加也起到了积极的正面影响。

表 7 - 12　中国从印度进口农产品种类的 CMS 分解　　单位：百万美元

商品类别	2001—2009			2009—2012			2012—2016		
	结构效应	竞争力效应	二阶交叉效应	结构效应	竞争力效应	二阶交叉效应	结构效应	竞争力效应	二阶交叉效应
畜产品	0.58	2.36	- 2.82	1.14	- 0.24	- 0.48	0.14	- 0.03	0.26
水产品	14.95	-136.06	78.30	8.02	- 11.47	- 0.19	- 3.51	- 10.54	0.50
其他农产品	7.94	- 4.47	0.22	7.45	21.42	0.65	- 17.87	- 0.88	- 0.79
花卉	0.01	0.00	0.00	0.05	- 0.01	0.00	0.13	- 0.11	- 0.04
蔬菜	0.06	0.02	0.14	0.03	- 2.44	2.41	0.08	0.67	0.10
干豆	1.03	- 0.01	0.01	65.71	0.00	0.00	- 53.72	0.00	0.00
坚果	0.09	0.10	0.03	2.58	- 0.74	- 1.96	2.63	3.62	- 6.54
水果	0.01	0.19	- 0.01	1.15	0.09	- 0.25	1.02	1.58	0.06
饮品类	0.32	0.23	- 0.17	4.99	2.91	0.99	19.97	- 6.99	- 8.78
调味香料	0.15	0.05	- 0.06	1.28	- 0.02	- 0.01	- 0.53	- 0.25	0.09
谷物	0.05	- 0.02	0.00	0.53	- 0.32	- 0.15	1.14	- 0.62	- 0.56
薯类	0.00	0.00	0.00	- 0.46	0.00	0.00	- 0.02	- 0.04	0.04

续表

商品类别	2001—2009			2009—2012			2012—2016		
	结构效应	竞争力效应	二阶交叉效应	结构效应	竞争力效应	二阶交叉效应	结构效应	竞争力效应	二阶交叉效应
粮食制品	0.10	0.01	-0.10	0.16	0.01	-0.19	0.01	0.00	0.00
油籽	5.65	-4.68	1.06	12.12	-8.95	-2.05	1.08	12.77	-2.40
药材	0.68	0.31	-0.34	1.16	-0.08	-0.06	-0.89	-0.57	0.27
棉麻丝	22.58	2.61	27.27	991.14	-77.73	-18.61	-898.50	-44.36	51.82
植物油	21.73	25.66	-34.14	110.57	5.93	-28.73	-96.90	103.90	-40.37
糖类	4.90	5.48	-11.23	0.01	1.17	0.22	0.01	-1.00	-0.21
饼粕	11.93	5.27	-5.26	-30.43	0.00	0.00	5.01	0.00	0.00
精油	1.72	0.00	0.01	14.60	1.04	1.18	-3.50	-0.83	0.59

资料来源：根据 UN COMTRAD 数据库计算整理所得

第二阶段，我国从印度进口的主要农产品相对于第一阶段增加了干豆、精油和饮品类，减少了糖类。干豆、精油和饮品类的进口主要来自我国进口需求的增长，特别是干豆，其竞争力效应几乎为 0。在这个阶段棉麻丝和植物油的进口迅猛增加，分别使进口额平均每年增加 9.91 亿美元和 1.11 亿美元；饼粕的进口需求大幅降低，平均每年使进口额减少 0.30 亿美元。坚果和水果的进口额也出现了小幅增长，同样来自结构效应的贡献。总之，在第二个阶段，进口农产品的种类增加了，国内需求的增加成为推动进口印度农产品的主要因素。

第三阶段，主要进口的农产品种类与第二阶段基本相同，但是除油籽、饮品类、谷物和饼粕外结构效应均为负值，特别是棉麻丝的结构效应使进口额平均每年减少 8.99 亿美元，其次植物油和干豆的进口需求也急剧下降，但是植物油在我国农产品市场上仍具有一定的竞争力，部分抵消了由于进口需求的下降而导致的进口额的大幅下滑。总之，在这一阶段结构效应仍是进口印度农产品变动的主导因素。

总之，我国从印度进口的农产品种类不断丰富，印度农产品在我国市场上的竞争力普遍较低，结构效应也是拉动中国进口印度农产品贸易增长的主要原因。

三、中国与印度农产品贸易合作的重点领域

在国际市场上，中印农产品出口具有较高的相似性，但两国农产品双边贸易仍存在较强的互补性，特别是农产品消费结构的差异，使未来农业合作潜力巨大。双边农产品贸易合作的重点可集中在：一是扩大中国对印度的豆类出口。印度是世界上最大的豆类进口国，源于印度民众的宗教信仰，国民饮食结构偏素食，对植物蛋白的需求量大，特别是对非转基因豆类的需求强劲。二是增加中国农产品加工制品对印度的出口。随着印度经济增长进入高速阶段，人口继续增长，未来农产品特别是加工农产品的需求更加旺盛，我国可积极开拓农产品加工制品对印度的出口市场。三是增加畜产品、棉花、蔗糖等印方优势农产品的进口。印度牛、羊数量位居世界前列，受国内消费习惯的限制，主要用于出口；印度棉花以及棉纱具有价格低廉、品质较好等优势，进口印度的棉花及棉纱补充国内供需缺口，确保产业平稳运行。①②

第五节　中国与南非农产品贸易额变动的 CMS 分解

根据 2001—2016 年中国对南非农产品出口贸易增长的波动趋势，将其划分为 3 个阶段：2001—2011 年为稳定增长阶段，2011—2012 年为迅猛增长阶段，2012—2016 年为波动阶段。如图 7 - 7 所示。

一、中国对南非出口农产品的 CMS 分解

中国与南非存在天然的合作基础，经济互补性强，合作潜力大。近年来，随着两国农业合作力度加大，农产品贸易不断扩大。但是中国与南非的农产品贸易规模仍较小，农产品贸易的种类比较集中，结合表 7 - 13 和表 7 - 14 所示分析如下。

---

① 李天华. 中国与印度经贸关系发展分析 [J]. 国际贸易问题 2004 (1)：49～54.
② 张雯丽，翟雪玲. 中印农业合作现状、投资环境与合作潜力分析. 中国经贸导刊，2017 (5)：34～35.

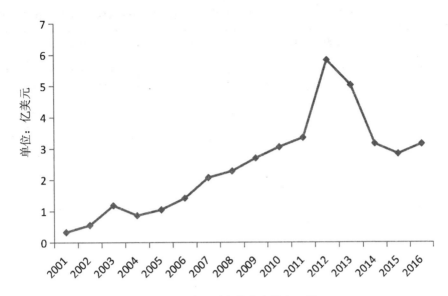

图 7 - 7 中国对南非农产品出口额

资料来源：根据 UN COMTRAD 数据库计算整理所得

表 7 - 13 2001—2016 年中国对南非农产品出口额变动的 CMS 分解的年度平均结果

单位：亿美元（%）

效应	2001—2011		2011—2012		2012—2016	
	贡献值	贡献率	贡献值	贡献率	贡献值	贡献率
总变化	0.27	100	2.49	100	-1.00	100
第一层次的分解						
结构效应	0.27	98.41	0.04	1.67	-0.33	32.72
竞争力效应	0.03	11.77	1.22	48.96	-0.67	67.16
二阶交叉效应	-0.03	-10.18	1.23	49.37	0.00	0.12
第二层次的分解						
需求增长效应	0.25	92.35	0.86	34.71	-0.54	54.42
商品效应	0.02	6.06	-0.82	-33.04	0.22	-21.70
综合竞争力效应	0.03	10.71	1.29	51.90	-0.47	47.38
产品竞争力效应	0.00	1.06	-0.07	-2.94	-0.20	19.78
纯二阶效应	0.00	-0.72	0.31	12.63	0.09	-8.98
动态结构效应	-0.03	-9.46	0.91	36.74	-0.09	9.09

资料来源：根据 UN COMTRAD 数据库计算整理所得

表7-14　中国对南非细分农产品出口的 CMS 分解　单位：百万美元

商品类别	2001—2011			2011—2012			2012—2015		
	结构效应	竞争力效应	二阶交叉效应	结构效应	竞争力效应	二阶交叉效应	结构效应	竞争力效应	二阶交叉效应
畜产品	5.60	-0.52	-1.50	-4.98	3.08	-0.28	-7.67	-1.61	0.06
水产品	1.96	0.44	-0.19	-14.06	35.75	-19.15	-1.56	0.31	0.00
其他农产品	3.86	2.46	-0.22	-1.03	11.64	-0.17	-0.44	-1.17	0.10
花卉	0.01	0.00	0.01	-0.04	-0.01	0.00	-0.01	-0.03	0.01
蔬菜	2.91	0.02	0.02	-4.55	4.30	-0.56	3.78	-0.43	0.13
干豆	4.50	0.29	-0.24	11.22	1.00	0.19	-19.83	-0.73	0.51
坚果	0.00	0.00	0.04	-0.04	0.71	-0.08	0.10	0.05	0.02
水果	3.63	0.22	-0.13	3.13	-3.09	-0.21	-0.66	0.66	-0.02
饮品类	0.47	-0.05	0.03	-1.57	3.41	-1.00	-0.13	-0.03	-0.16
调味香料	0.13	0.02	-0.01	-0.12	1.46	-0.10	-0.19	-0.54	0.20
谷物	-0.61	-1.37	2.43	12.40	60.24	144.65	-10.84	-70.01	8.44
薯类	0.01	0.00	0.00	0.02	0.02	0.00	-0.02	0.00	0.00
粮食制品	0.79	0.17	0.09	0.51	-0.09	0.00	2.80	-0.46	-0.32
油籽	1.19	1.13	-2.07	1.76	-0.32	-0.14	3.01	-0.82	-2.30
药材	0.01	0.00	0.00	-0.04	0.02	-0.01	-0.02	0.00	0.00
棉麻丝	0.20	0.07	-0.26	-0.19	0.48	-0.33	0.38	0.02	-0.28
植物油	0.10	0.07	-0.14	-0.16	0.57	-0.29	-0.13	0.83	-0.72
糖类	1.48	0.15	-0.24	2.16	2.53	0.35	-1.22	6.49	-5.69
饼粕	0.30	0.06	-0.32	-0.21	0.25	-0.12	-0.03	0.10	-0.04
精油	0.10	0.01	-0.03	-0.06	-0.19	0.01	-0.07	0.21	-0.05

资料来源：根据 UN COMTRAD 数据库计算整理所得

第一阶段（2001—2011）根据对 CMS 模型测算结果的分析，结构效应在中国对南非的农产品出口中起到了主导作用，其贡献值最大，为0.27亿美元，贡献率达到98.41%；结构效应中的需求增长效应，平均每年使出口额增加0.25亿美元，影响程度为92.35%，说明南非对农产品进口需求的增加是导致中国各大类农产品出口增长的最关键的因素。竞争力效应的贡献值和贡献率比较低，其对中国农产品出口增长的影响相对较小。在该阶段我国对南非出口的农产品种类主要集中在畜产品、水果、干豆上，3 类农产品推动出口增加 11.85 亿美元，占到我国对南非农产品出口额增长的 43.76%。

第二阶段（2011—2012）竞争力效应成为促进中国对南非农产品出口增长的主要推动力量，竞争力效应平均每年使出口额增加 1.22 亿美元，比该阶段的结构效应多出 1.18 亿美元，竞争力效应的贡献值远高于结构效应的贡献值，所以农产品竞争力的提高成为我国农产品出口增长的最重要因素。水产品和谷物的竞争力效应急剧提高，其竞争力的贡献值分别达到 35.75 百万美元和 60.24 百万美元，在南非市场上表现出较强的竞争力。该阶段干豆和谷物进口需求的大幅增加，抵消了其他类别农产品进口额的下降，最终导致总的结构效应为正值，但其贡献值较低，仅为 0.04 亿美元。

第三阶段（2012—2016）根据模型测算结果，结构效应和竞争力效应的贡献值均为负值，导致总效应也为负值。致使中国农产品出口下降的决定性因素是出口竞争力的下降，导致中国农产品平均每年出口减少了 0.67 亿美元，对总效应的贡献率为 67.16%。此外，南非进口需求的大幅下滑，其影响程度高达 32.72%，使我国农产品平均每年出口减少 0.33 亿美元。从结构效应的构成上来看，商品效应为正值，一定程度上抑制了南非进口需求的减少而导致的我国出口额下降，即我国农产品出口结构的调整促进了对南非出口的增长。从农产品种类上来看，在该阶段南非对干豆和谷物的进口大大减少，谷物在南非市场上的竞争力明显下降。

二、中国从南非进口农产品的 CMS 分解

根据 2001—2016 年中国进口南非农产品贸易增长的波动趋势，将其划分为 3 个阶段：2001—2007 年为平稳增长阶段，2007—2014 年为爬坡式增长阶段，2014—2016 年为下降阶段。如图 7 - 8 所示。

根据表 7 - 15 和表 7 - 16 可以看出：

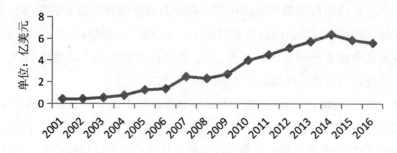

图 7 - 8　中国从南非进口的农产品贸易额

资料来源：根据 UN COMTRAD 数据库计算整理所得

表 7 - 15　2011—2016 年中国从南非农产品进口额变动的 CMS 分解年度平均结果

单位：亿美元（％）

效应	2001—2007		2007—2014		2014—2016	
	贡献值	贡献率	贡献值	贡献值	贡献率	贡献值
总变化	0.31	100	0.56	100	- 0.52	100
第一层次分解						
结构效应	0.33	105.93	0.98	176.34	1.55	- 295.67
竞争力效应	0.20	65.60	0.31	56.00	- 1.50	286.72
二阶交叉效应	- 0.22	- 71.53	- 0.74	- 132.35	- 0.57	108.95
第二层次分解						
需求增长效应	0.17	54.18	0.66	119.31	- 0.66	125.89
商品效应	0.16	51.75	0.32	57.03	2.21	- 421.56
综合竞争力效应	0.15	48.29	0.02	3.34	0.15	- 28.87
产品竞争力效应	0.05	17.31	0.29	52.67	- 1.65	315.59
纯二阶效应	- 0.06	- 18.84	- 0.15	- 26.72	0.06	- 11.26
动态结构效应	- 0.16	- 52.69	- 0.59	- 105.62	- 0.63	120.20

资料来源：根据 UN COMTRAD 数据库计算整理所得

表 7 - 16　中国从南非进口农产品种类的 CMS 分解　单位：百万美元

商品类别	2001—2007			2007—2014			2014—2016		
	结构效应	竞争力效应	二阶交叉效应	结构效应	竞争力效应	二阶交叉效应	结构效应	竞争力效应	二阶交叉效应
畜产品	5.20	7.95	-1.07	67.47	22.34	-59.71	148.92	-114.96	-55.83
水产品	0.78	4.13	-2.34	0.50	4.03	-0.09	-4.43	-23.04	1.90
其他农产品	8.78	5.20	0.47	2.10	-8.34	0.15	-18.77	-2.39	0.64
花卉	0.00	0.00	0.00	0.02	0.02	0.00	0.10	0.21	0.06
蔬菜	0.03	-0.02	-0.01	0.16	0.38	-0.41	-0.10	0.07	-0.01
干豆	0.00	0.00	0.00	0.00	0.00	0.00	0.00	0.00	0.00
坚果	0.00	0.01	0.03	7.70	0.34	-8.05	0.26	5.36	5.69
水果	0.97	-0.44	-0.02	7.05	15.24	2.28	-5.84	-4.43	0.15
饮品类	-0.03	0.01	0.41	3.88	-0.58	-0.15	37.00	-7.87	-11.70
调味香料	0.00	0.00	0.00	0.00	0.00	0.00	0.00	0.00	0.00
谷物	0.00	0.00	0.00	0.02	-0.01	-0.01	0.00	0.00	0.00
薯类	0.00	0.00	0.00	0.00	0.00	0.00	0.00	0.00	0.00
粮食制品	0.06	0.00	0.13	-0.21	-0.25	0.29	0.22	-0.12	-0.15
油籽	0.02	-0.08	-0.02	0.00	0.00	0.00	0.00	0.00	0.00
药材	0.00	0.00	0.00	-0.01	0.05	-0.01	-0.03	0.05	-0.01
棉麻丝	1.04	-0.08	-0.57	0.46	-0.60	0.26	-2.35	-3.59	2.24
植物油	0.36	0.12	-0.48	0.10	-0.08	-0.03	-0.01	0.07	-0.01
糖类	15.82	3.66	-18.84	8.90	-1.30	-8.21	0.03	-0.14	-0.01
饼粕	0.00	0.00	0.00	0.00	0.00	0.00	0.00	0.00	0.00
精油	0.01	0.00	0.00	0.10	-0.04	-0.04	-0.04	0.51	-0.06

资料来源：根据 UN COMTRAD 数据库计算整理所得

　　第一阶段，结构效应和竞争力效应对中国进口南非农产品都起到了积极的促进作用，虽然结构效应的贡献值略大于竞争力效应，但是贡献率远高于竞争力效应，说明结构效应在进口贸易额的变动中起着主导作用。从第二层次分解可以看出，需求增长效应、商品效应、综合竞争力效应和产品竞争力效应均为正值，表明南非农产品在我国农产品市场上具有一定的竞争力，南非出口的农产品结构与我国进口需求增长较快的农产品种类相匹配。在这一阶段，我国从南非进口的农产品主要有畜产品和糖类，糖类进口额的变动主要来自结构效应，畜产品的进口中竞争力效应起到了关键作用。

第二阶段，相对于第一阶段结构效应的作用凸显，在这一阶段结构效应的贡献率达到176.34%，平均每年使进口增加0.98亿美元，而竞争力效应的贡献率仅为56%，平均每年使进口增加0.31亿美元。从第二层次分解可以看出，需求增长效应是拉动中国进口印度农产品增长的主要因素，贡献率达到119.31%，商品效应和产品竞争力效应的贡献率也较大，对进口额的增长起到了正面的促进作用。纯二阶效应和动态结构效应均为负值，尤其是动态结构效应的贡献值和贡献率都较高，说明南非出口中国的农产品结构与中国进口增长较快的农产品种类不匹配。在这一阶段主要进口的农产品大类有畜产品、坚果、水果、饮品类和糖类，进口农产品的种类在增加，结构效应是进口农产大类的关键因素。进口额变动幅度最大的是畜产品，使进口额平均每年增加0.67亿美元。

第三阶段，结构效应仍占据主导地位，促使中国进口南非农产品的大幅增长，但是这一阶段竞争力效应的负面影响较大，最终使总效应为负值。从第二层次分解可以看出，需求增长效应为负值，表明在这个阶段我国对南非农产品的进口需求有所下降；产品竞争力效应为负值，且贡献值和贡献率都较大，南非农产品的出口结构不利于我国农产品的进口的增长；商品效应促使进口额大幅增加。在这一阶段主要进口的农产品种类有畜产品和饮品类，结构效应是其主导因素。

三、中国与南非农产品贸易合作的重点领域

南非是非洲最发达的国家，是中国在非洲的第一大贸易伙伴，促进同南非的贸易发展是我国实施出口市场多元化战略的重要措施，也是中国进入非洲市场的重要渠道。目前，中国与南非的农产品贸易规模小，贸易结构相对集中，但是南非农业资源丰富，两国经贸合作态势良好，双方贸易合作潜力巨大，南非有望成为我国重要的农产品进口来源地。我国对南非农产品要加大具有传统优势的蔬菜、水果、水产品等的出口，同时也要增加干豆、棉麻丝、茶叶以及药材等农产品的出口，使中国农产品出口市场更加多元化。南非是水果出口大国，特别是葡萄、柑橘以及苹果的出口非常有竞争力，此外南非的饮品类、畜产品、谷物、糖类等也是南非具有比较优势的农产品，进一步丰富了进口品种

的种类。

第六节　本章小结

本章利用恒定市场份额模型（CMS 模型）对中国与其他金砖国家农产品贸易增长的影响因素进行了分析，研究结果如下。

（一）从出口的角度

1. 中巴和中俄。在巴西和俄罗斯农产品市场上，中国对巴西和俄罗斯农产品出口贸易额的增长主要来自这两国进口需求的增长，结构效应中的需求增长效应起到了主导作用。各阶段中国对巴西农产品出口额增长的 60% 以上来自巴西对蔬菜、水产品和干豆的进口，俄罗斯农产品的进口倾向于畜产品、水产品、蔬菜、水果。我国大部分农产品种类在这两个市场上具有一定的竞争力，但具有持续竞争力的农产品大类很少，而且波动性比较大。

2. 中非和中印。在印度和南非农产品市场上，中国对印度和南非农产品出口贸易额的增长在很大程度上得益于竞争力的提升，特别是在南非，2011 年后竞争力效应成为促进中国对南非农产品出口增长的主要推动力量。在印度市场上，竞争力较强的农产品有干豆、糖料及糖类、植物油、饮品类等，在南非市场上有谷物、水产品和糖类等，但是竞争力效应在各阶段的波动幅度较大，我国农产品出口缺乏持续的竞争优势。

3. 促进出口额增长的因素。中国对金砖国家农产品出口贸易额增长主要来自结构效应，特别是其中的需求增长效应，即金砖国家农产品进口需求的增加是中国农产品出口贸易增长的最主要动因。

阻碍出口额增长的因素。阻碍中国对金砖国家农产品出口贸易额增长的"症结"包括两方面：出口竞争力不足和出口结构不合理。中国农产品在金砖国家农产品市场上虽然表现出一定的竞争优势，但不显著，没有形成核心竞争力；出口商品种类与金砖国家市场进口需求快速增长的商品种类之间的匹配程度不高。

（二）从进口的角度

1. 从巴西进口。我国进口巴西农产品的增长主要依赖于进口需求的增加，巴西农产品在我国市场上有着一定的竞争力，农产品出口结构与我国的进口需求基本匹配，市场适应能力较强。我国从巴西进口的农产品主要有畜产品、水果、棉麻丝、油籽、植物油和糖类，结构效应是这六类产品进口增长的主要推动力。

2. 从俄罗斯进口。竞争力效应是推动中国进口俄罗斯农产品贸易增长的主要原因，得益于俄罗斯贸易政策的调整使出口结构逐步适应中国进口的变化，特别是乌克兰事件后，俄罗斯更加看重中国市场。从俄罗斯主要进口畜产品和水产品，畜产品的结构效应和水产品的竞争力效应对进口额的增长起主导作用。

3. 从印度进口。进口需求的变动起到了关键性的作用，印度农产品在我国市场上普遍缺乏竞争力。我国从印度进口的农产品主要有水产品、油籽、棉麻丝、植物油、糖类以及饼粕等农产品种类不断丰富，产品的结构效应是进口增长的主要因素。

4. 从南非进口。结构效应在进口贸易额的变动中起着主导作用，但是竞争力效应的作用也非常凸显，南非农产品在我国农产品市场上具有一定的竞争力。我国从南非进口的农产品主要有畜产品、糖类、饮品类和水果，糖类和饮品类的进口主要来自结构效应，畜产品和水果的进口中竞争力效应则起到了关键作用。

5. 总之，进口需求成为推动中国进口其他金砖国家农产品贸易增长的主导因素，但是由于其他金砖国家农产品普遍缺乏竞争力，以及出口结构与我国进口增速较快的农产品不相适应，阻碍了进口的增加。

（三）贸易合作的重点领域

1. 中巴，增加大豆的进口，拓展肉类市场特别是禽肉和猪肉的进口；增加我国优势产品水果、蔬菜、水产品等劳动密集型产品对巴西的出口，特别是加工类农产品的出口。

2. 中俄，进一步增加粮食、奶类制品的进口；增加蔬菜、水果的出口；丰富农产品进出口种类，特别是肉类、水产品、坚果、油籽等中俄重要的农产品贸易种类。

3. 中印，扩大中国对印度的豆类出口，增加中国农产品加工制品对印度的出口，增加畜产品、棉花、蔗糖等印方优势农产品的进口。

4. 中非，对南非农产品的出口要加大我国具有传统优势的蔬菜、水果、水产品等出口；同时增加水果、饮品类、畜产品、谷物和糖类等南非具有比较优势农产品的进口，进一步丰富进口种类，使南非成为我国重要的农产品进口来源地。

第八章

推进中国与其他金砖国家农产品贸易合作的对策建议

第一节　构建金砖国家贸易共同体，实现互利共赢

2017年习近平在十九大报告中提出，坚持和平发展道路，推动构建人类命运共同体，2018年第十三届全国人民代表大会第一次会议将其写入宪法。人类命运共同体旨在追求本国利益时兼顾他国合理关切，在谋求本国发展中促进各国共同发展。共同发展是核心，鉴于此提出了贸易共同体，金砖国家是我国重要的贸易合作伙伴，构建贸易共同体，有助于实现共同繁荣，进而降低中美贸易战所带来的负面影响。具体措施如下。

第一，各方应进一步扩大市场开放力度，提高贸易自由化、便利化水平。加快推进自贸区建设，利于降低贸易门槛，将金砖国家更加紧密地联系在一起。加强海关合作，并为跨境电子商务发展营造良好环境。

第二，扩大农业生产和投资合作，打造互利共赢的农业产业链。在扩大传统农业合作的同时，加快数字农业、生态农业、绿色农业、功能农业等新兴农业的合作；围绕农业产业链培育一批成长性好、带动力强的龙头企业，并发挥好中小企业的配套协作作用。

第三，加强基础设施合作，构建互联互通网络。互联互通不只是修路架桥、平地化和单线条的连通，而应该是基础设施、规章制度、人员交流三位一体，这当中基础设施的互联互通是基础，也是目前制约金砖国家深入合作的薄弱环节，在尊重金砖国家主权和安全的基础上，加强各国之间基础设施建设的规划。进而拉近沿线国家在地理空间、物理空间和制度空间上的距离，深化和扩大各国之间的贸易投资合作。

第四，加强金融领域的合作，促进资金的融通。金砖国家经济实力日益增强，贸易规模逐渐扩大，催生出更大规模的投融资需求，降低和消除对美元霸权的过度依赖，增强互信，推动用各自的货币直接结算的贸易往来，即本币结算。并要充分发挥金砖国家开发银行和金砖国家外汇储备库以及亚洲基础设施投资银行、丝路基金的作用。

第五，构建金砖国家间经贸利益平衡与协调合作机制。适宜的机制，能够平衡金砖国家间的经贸利益关系，实现彼此间的良性互动，化解利益冲突，达到利益平衡。

第二节 培育具有比较优势的农产品，优化出口结构

基于 CMS 模型对金砖国家农产品贸易增长的影响因素进行分析，发现出口结构不合理是影响我国农产品出口额增长的重要因素。中国需要调整市场结构，将出口更多地集中在金砖国家需求规模快速扩张的市场上；同时需要调整商品结构，对进口需求快速增长的商品种类增加出口份额，以充分适应金砖国家的进口需求规模和结构。因此，中国应该根据自身的比较优势，生产和扩大具有比较优势的产品，优化农产品出口结构，在力求满足金砖国家需求的基础上，寻求提高出口竞争力的策略，有力地推动优势产品的出口。具体的路径有以下三条。

第一，选择具有比较优势的农产品作为重点培育目标。根据前面章节的测算，我国具有比较优势的农产品大类有水产品、畜产品、水果、蔬菜、干豆和药材等，结合生产要素投入的差异程度，在保证大宗农产品安全供给的情况下，适当增加增加水产品、畜产品、水果等劳动密集型农产品的生产。

第二，为目标农产品的发展提供支持。在确立合适的农产品比较优势培育的目标品种后，政府要通过战略引导和政策倾斜对该品种产业给予支持。包括大力推进农业科技进步，为具有比较优势的农产品提供强有力的科技支撑；加强人才培养，培养一批学科带头人、高级农业技术推广人才、高级农业管理人才、农业科技企业家；加强对具有比较优势农产品的龙头企业提供必要的资金支持，对其促进农产品出口的建设项目和技术改造项目优先安排贷款，并实施政府担保制度。

第三，加快对具有比较优势农产品的出口退税。逐步建立科学、规范的出

口退税保障机制，对生产企业出口进行"免、抵、退"税管理；要相应增加出口退税指标，加强出口退税管理，简化和完善出口退税操作程序，提高出口退税效率，加快有比较优势农产品的出口退税，鼓励和促进农产品出口的快速增长。

第三节　缩短地理距离，进一步提高贸易便利化水平

金砖国家分布在各大洲，彼此之间有着一定的地理距离，研究表明地理距离是影响农产品产业内贸易的重要因素，所以要抓住"一带一路"的大好机遇，建设畅通安全高效的海陆空通道，缩短金砖国家之间的地理距离，从而提高流通效率，密切经贸联系。金砖国家多为"一带一路"的重要合作国家，通过提升道路通达水平、航空基础设施水平及推进港口合作建设，使经济联系更加紧密，提高贸易的便利化，进而促进贸易的发展。

第一，打造中、印、俄陆上互联互通大动脉。从地理分布上来看，金砖国家距离较远，密切各方联系更需通畅便利的交通通道。陆上交通主要是中、俄、印三国。中俄之间的铁路通过满洲里、二连浩特、阿拉山口、绥芬河铁路等口岸连通俄罗斯乃至欧洲地区；由于在俄罗斯远东地区铁路少，河流通航期短，刺激了公路运输的发展，公路包括虎林—马尔科沃、东宁—波尔塔夫卡、嘉荫—巴斯科沃、珲春—克拉斯基诺、饶河—波克罗夫卡、二卡—阿巴盖图等多条公路。[①] 中印之间陆上交通十分不畅，没有直接连接的铁路，构想的方案有两个：一是对青藏铁路向南延伸到日喀则，再延伸经过亚东出境，最终与印度铁路网接轨；二是打通从中国云南瑞丽出境经缅甸密支那至印度雷多的铁路，目前仍没有实质行动。目前俄印之间尚未形成通畅的交通通道，也处于构想阶段。借助"一带一路"倡议，在尊重相关国家主权和安全的基础上，加强各国之间互联互通建设，快速打开中印、俄印的通道，将进一步促进三国的经贸联系。

第二，重点加强金砖国家的海上通道建设。海上运输的优点在于运输的容量大，成本低，金砖国家都属于临海国家，有便利的海上交通运输线，积极开展海上运输必将促进它们之间的贸易联系。目前中俄之间过界河运输的水上路

---

① 黑龙江加强基础设施互联互通打造对俄开放前沿 [EB/OL]. 人民网，http://world. people. com. cn/n/2015/0512/c157278 - 26989037. html.

线包括哈尔滨—哈巴罗夫斯克、佳木斯—哈巴罗夫斯克、同江—下列宁斯卡耶、漠河—布拉戈维申斯克、黑山头—就粗鲁海图等，还有多个港口，如大连港—符拉迪沃斯托克港对中俄经贸联系起着十分重要的作用。① 中印之间主要的海上航线是从中国沿海港口至印度西部孟买港和东部钦奈港，而与印度东北部加尔各答港则缺少合作。中国与巴西之间海上航线主要通过巴拿马运河。与南非的联系主要是通过海上通道，较为通畅，但是南非的港口等基础设施需要进一步扩建。

第三，国际航运是全球贸易最核心、最基础的保障。据统计，全球贸易90%是通过国际航运完成的。另外，国际航运也是全球综合物流供应链当中的一个重要环节，现代全球贸易对全球综合物流供应链的依赖程度越来越高。但从目前来看，金砖国家在这方面发展是不平衡的，还存在很大差距。因此，从金砖国家投资贸易角度来讲，发展国际航运港口以及综合物流基础设施建设有着非常大的空间，也蕴藏着非常大的商机。

除此之外，信息技术的互联互通，"互联网＋"的兴起，以及电子商务的发展，让金砖五国和全球经济都发展得更快了，也让企业"走出去"更加便利。

第四节　支持农业"走出去"，深化金砖国家农产品贸易合作

2018 年中央下发的一号文件中，特别指出要构建农业对外开放新格局，提高我国农产品国际竞争力，深化与"一带一路"相关国家和地区农产品贸易关系，积极支持农业"走出去"。金砖国家农业资源丰富，发展潜力巨大，具有较强的互补性。近年来，中国农业"走进"金砖国家的速度很快，但是农业对外投资金额并不高，主要投资于我国竞争力较强的种植业生产环节，即初级产品的生产方面，但是这些为中国农业进一步"走进"金砖国家奠定了合作基础。

鼓励农业"走出去"的措施包括如下内容。

第一，保证金砖国家之间资源和信息共享，促进相互之间的交流。通过建设高水平的经贸信息共享平台，不断促进金砖国家农业政策、资源和市场信息的共享，及时了解各自乃至世界农产品市场的动态信息、价格行情等，同时帮

---

① 蒋婷婷、金梦德等. 中俄之间的货物运输状况 ［EB／OL］. https：／／wenku. baidu. com／view／96d186f3c77da26925c5b066. html.

助企业了解各国经贸政策，分享彼此市场信息，为金砖国家的企业和公众提供稳定而真实可靠的经贸信息。同时，推动金砖国家农业领域专家、企业家成立农业专业委员会，定期召开农业企业代表出席的专题会议，分析当前农业政策变化及发展形势，讨论解决农业合作中遇到的问题与挑战，研究未来合作发展方向，进一步推进金砖国家农业合作的质量和效率。

第二，政府提供金融领域的必要支持。农业对外投资项目前期的市场开发成本很高，缺乏必备的金砖支持，往往使一些农业企业陷入困境。一方面建议我国的国家开发银行、商业银行放宽对境外农业的贷款条件，丰富农业贷款品种，按照农业生产周期制定还款期限，同时还要积极利用金砖银行以及"一带一路"倡议中设立的丝路基金，设立对农业扶植的专项基金，支持农业合作以及"走出去"的专项金融产品，适当降低贷款利率，延长还款期限等。另一方面设立农业合作风险基金、农业对外投资保险险种，帮助企业、机构、组织和个人规避投资风险和经营风险。

第三，对走出去的企业进行整合，通过境内外并购重组不断发展壮大企业。目前，我国"走出去"的农业企业，规模小，产业集中度低，当面对国外跨国公司的冲击时，农业企业往往处于被动局面。因此鼓励和支持农业企业兼并重组以及强强联合，将它们整合成规模更大、经营更加多元化的企业集团。

第四，加强对"走出去"企业的监管。中央政府和地方政府要加强对农业合作项目的监督管理。当前，参加农业合作的企业随意性强，很容易造成合作的无序竞争。政府要对农业合作参与主体和农业合作项目进行严格监督管理，引导农业合作规范化。

第五，深入了解东道国农业特征，因地制宜。我国农业企业在选择东道国时应谨慎，要对东道国具体农业资源和地理特征及市场需求方面进行深入的调研，分析各国的农业产业差距，寻找相互之间合作的结合点，从而制订出完善的实施计划。同时要主动收集当地农业方面的政策及法律规定，密切关注当地有关形势的变化，加强与有关部门和机构的沟通交流，有效规避政治风险、法律风险以及治安风险等，要尽量避免不必要的冲突。① 再有就是要尊重东道国的风俗习惯，努力融入东道国，实现本土化经营。

---

① 徐瑞瑞. "一带一路"背景下我国农业企业"走出去"研究［D］. 安徽大学，2016.

第五节　对接"一带一路"，促进农产品进口来源多元化

随着工业化、城镇化水平继续提高和农业生产成本持续上升，我国部分重要农产品，特别是土地密集型大宗农产品的对外依存度将持续提高。"一带一路"沿线部分国家的土地密集型农产品正是我国供给缺口较大的产品，在中国未来全球农产品供应体系多元化中将发挥重要作用。促进重要农产品进口来源多元化，要充分考虑进口来源地的生产和贸易增长潜力，也要考虑贸易平衡、运输通道等因素，具体的路径如下。

第一，在重点国家建立一批以技术合作为核心的境外农业合作示范区。"一带一路"沿线的国家以及金砖国家的农业生产技术水平普遍较低，我国应充分发挥农业技术的领先性，通过农业合作示范区帮助重点国家的重点区域分享我国的农业技术和发展经验，提高农业生产水平，只有当地农业生产发展了，才能有更多农产品可供出口，进而保障我国进口的稳定性。①

第二，推进交通基础设施的互联互通，提高运输效率，降低贸易成本。土地密集型农产品对运输成本非常敏感，海运具有明显优势，目前我国进口的农产品相当部分是依靠海运，运输通道过于集中。交通设施的落后也成为沿线国家农产品出口中国的最大阻碍之一，"一带一路"交通基础设施互联互通的推进，新的运输通道在为沿线国家大型农业投资项目提供良好基础设施条件的同时，也有望改变我国大宗农产品进口通道过于集中的局面。

第三，着力打造具有国际竞争力的现代农业企业集团，在国外农产品加工、仓储、码头等产业链关键环节上进行战略布局，并鼓励农业企业集团以合资合作和并购重组等方式开展境外农业投资，建立规模化境外生产加工储运基地，以改变我国进口贸易渠道高度集中的局面。

第四，要构建重点农产品进口危机预警系统，在确保产业和粮食安全基础上，使进口能充分满足国内生产和生活需要，同时要提高国内供应量，促进进口贸易与国内产业的共同发展。正如《国民经济和社会发展第十三个五年规划纲要》提出的："优化进口来源地布局，在确保供给安全条件下，扩大优势农产

---

① 中国全球农产品供应体系多元化离不开"一带一路" [EB/OL]. http://www. sohu. com/a/150323833＿115495.

品出口，适度增加国内紧缺农产品进口。"

第六节　构建现代农业产业体系，提高农产品出口竞争力

农产品出口竞争力很大程度上是通过产业竞争力来体现的，所以提高我国出口农产品的竞争力要培育我国农业产业的竞争优势，即着力构建现代农业产业体系。具体措施如下。

第一，实现土地适度规模经营，便于提高农业机械化水平，提高农业生产效率。将分散的土地经营主体联结起来，投入现代化的生产设备、科学的管理、充足的资金以及先进的技术，提高农业生产的规模经济效益。并在适度规模基础上实现产业链一体化发展，从产中向产前、产后延长农产品产业链条，发挥农业集聚效应，从而全面提升我国农业生产效率。

第二，加大农业科技投入，提高农产品品质。健全农业科技创新体系对于提高农业综合生产能力和整体竞争力的支撑作用越来越大。结合我国农业生产的实际情况，政府应继续加大农业科技投入，推进农业科技创新，确保新技术的适应性与针对性，同时加快新科研成果向现实生产力的转化，使农业新技术的实际作用得到更好的发挥。

第三，提高劳动力水平对于实现现代农业产业体系至关重要。农民是农业生产的主要劳动力，可以通过针对性强、分门别类的职业教育和培训，使他们掌握从业技能、提高职业素质，成为适应现代农业发展要求的新型农业生产主体和服务主体。特别是政府要结合当地农业生产的实际，有目的有针对性地进行技术培训，并鼓励农民将所学技术运用到农业生产。

第四，推动一二三产业融合发展。国家有关部门要制定一系列政策，在公共服务平台、科技、人才以及财政支持和金融服务等方面，支持农村一二三产业融合发展，实现一产强、二产优、三产活，提高农业产业的综合效益和整体竞争力，让农民分享农业产业链条各环节的利益。

结　论

本书通过对以上的分析和研究，得出如下结论。

第一，中国与其他金砖国家的贸易逆差将进一步扩大

在国际市场上，金砖国家（除俄罗斯和中国外）农产品贸易处于贸易顺差；进出口农产品种类集中，进口市场边缘化，出口市场分散。中国与其他金砖国家，进出口农产品集中度高，互补性突出；出口份额明显低于进口份额，中国一直处于贸易逆差地位，且随着中国农产品进口需求的增加，逆差呈扩大趋势。金砖国家不是中国农产品主要的出口市场，却是中国农产品重要的进口来源地。

第二，中国与其他金砖国家农产品贸易不存在明显的竞争关系

采用了显示性比较优势指数和出口相似度指数对其竞争关系进行分析，研究结果表明：

1. 从显示性比较优势指数来看，2001—2016 年间，金砖国家整体的农产品贸易的比较优势呈下降趋势，中国和俄罗斯的农产品贸易在世界市场上不具有比较优势。各国具有比较优势的农产品种类差别较大，各具特色，互补性较为明显。但是中印具有的比较优势农产品种类较为相似，存在一定的竞争。

中国对世界具有显示性比较优势的农产品有水产品、蔬菜、干豆、水果、调味香料、粮食制品、药材、精油以及棉麻丝等。中国对其他金砖国家具有比较优势的农产品大类相对于对世界而言，缺少水产品、粮食制品和药材，可适当增加这三类农产品对金砖国家的出口。

2. 从产品相似度指数来看，中国与其他金砖国家在不同市场上存在一定程度的竞争，在世界市场上中巴的农产品竞争最为激烈；在欧盟市场、美国和日本市场上中印竞争激烈；在东盟市场上，中非的竞争程度最高。

3. 从市场相似度指数看，中国与其他金砖国家竞争激烈的农产品大类有：日本市场上的水产品和坚果，美国市场上的坚果、水产品、水果、薯类和精油，欧盟市场上的干豆、坚果和薯类，东盟市场上的棉麻丝、蔬菜以及调味香料。

第三，中国与其他金砖国家农产品贸易的互补关系突出

采用了贸易互补性指数、贸易结合度指数以及产业内贸易指数对其互补性进行分析，结果表明：

1. 从贸易结合度指数上看，其他金砖国家与中国农产品的贸易联系要低于中国与其他金砖国家的密切程度。无论是进口还是出口，巴西都已成为金砖国家中与中国农产品贸易关系最为紧密的国家；印度由于与中国的农产品结构较为相似，紧密度较低，可以挖掘的农产品进出口空间有限。与中国贸易关系紧密的农产品大类，从中国出口角度来看，有水果、畜产品、蔬菜、干豆、糖类等；从中国进口角度来看，有水产品、棉麻丝、畜产品、饼粕、坚果等。

2. 从贸易互补性指数上看，以中国农产品出口为基础的贸易互补性呈明显的递减趋势，而以其他金砖国家出口为基础互补性越来越强。中国农产品出口其他金砖国家互补性较强的农产品大类有水产品、蔬菜、干豆、药材、精油等，以中国进口为基础的有谷物、油籽、棉麻丝、水产品、植物油等农产品大类。

3. 从产业内贸易指数上看，中国与其他金砖国家产业内贸易水平较低，农产品贸易仍以产业间贸易为主；垂直型产业内贸易远远高于水平型产业内贸易。阻碍中国与其他金砖国家农产品产业内贸易的因素有地理距离和贸易不平衡程度等，起到积极促进作用的因素是贸易开放度、经济规模、人均收入等。

产业内贸易种类，静态角度与动态角度测算的结果差别很大，从静态的角度来看有中巴的花卉和调味香料，中非的水产品、精油和棉麻丝，中俄的畜产品、饮品类、粮食制品，中印的药材、精油、畜产品、干豆、坚果、蔬菜和棉麻丝等。从动态的角度来看有，中印的油籽、饮品类、水产品和精油，中非的调料及糖类、水果和精油，中俄的药材和水产品，中巴的粮食制品。

第四，影响中国对其他金砖国家农产品出口的关键因素是金砖国家的进口需求

利用恒定市场份额模型（CMS 模型）对中国与其他金砖国家农产品贸易增长的影响因素进行了实证分析，研究结果表明：

1. 促进中国对其他金砖国家农产品出口贸易额增长的因素是金砖国家农产

品进口需求的增加，特别是对畜产品、蔬菜、水果和水产品这四大类农产品的进口；阻碍因素是出口竞争力不足和出口结构不合理。

2. 中国对巴西和俄罗斯农产品出口贸易额的增长主要来自这两国进口需求的增长，结构效应中的需求增长效应起到了主导作用。各阶段中国对巴西农产品出口额增长的60%以上来自巴西对蔬菜、水产品和干豆的进口需求，俄罗斯农产品的进口倾向于畜产品、水产品、蔬菜、水果。

3. 中国对印度和南非农产品出口贸易额的增长在很大程度上得益于竞争力的提升。在印度市场上，竞争力较强的农产品有干豆、糖料及糖类、植物油、饮品类等；在南非市场上，有谷物和水产品等。

第五，我国的进口需求成为推动中国进口其他金砖国家农产品贸易增长的主导因素

1. 我国进口巴西和印度的农产品，主要依赖于国内进口需求的增加。我国从巴西进口的农产品主要有畜产品、水果、棉麻丝、油籽、植物油和糖类，从印度进口的农产品主要有水产品、油籽、棉麻丝、植物油、糖类以及饼粕等，结构效应是产品进口增长的主要推动力。

2. 竞争力效应是推动中国进口俄罗斯农产品贸易增长的主要原因。我国从俄罗斯主要进口畜产品和水产品，畜产品的结构效应和水产品的竞争力效应对进口额的增长起主导作用。

3. 在对南非的进口中，虽然结构效应在进口贸易额的变动中起着主导作用，但是竞争力效应的作用也非常明显，南非农产品在我国农产品市场上具有一定的竞争力。我国从南非进口的农产品主要有畜产品、糖类、饮品类和水果，糖类和饮品类的进口主要来自结构效应，畜产品和水果的进口中竞争力效应则起到了关键作用。

第六，农产品贸易增长的潜力巨大

中国可以充分利用金砖国家农产品互补性强的特点，发展有竞争优势的农产品，深入拓展与其他金砖国家农产品贸易的合作空间。另外，金砖国家普遍人口众多，国内市场消费需求旺盛，并且随着金砖国家经济快速增长以及工业化和城市化进程的加快，农产品需求将日益多样化，市场潜力巨大。在金砖各国政府的大力支持下，统筹两个市场用好两种资源，进一步促进中国与金砖国家的农产品贸易合作。

合作的重点领域：

中国可加大进口巴西的大豆和肉类、俄罗斯的粮食和奶制品、印度的棉花和植物油、南非的水果和畜产品等，逐渐丰富我国进口农产品的种类，促进重要农产品进口来源多元化，保障农产品供给的安全。

同时加大我国优势产品水果、蔬菜、水产品、畜产品等劳动密集型产品对金砖国家的出口，特别是农产品加工类产品的出口。

参考文献

［1］Neil J. O'. , Wilson D. , Purushothaman R. , Stupnytska A. . "How Solid are the BRICS" ［J］. *Global Economics Paper*, 2005.

［2］Oppenheimer P. , Neil J. O'. , Moe T. , Matsui K. , Kostin D. J. , Moster Gerald, Ling A. , Forrest S. , Howard A. . "The BRICS Nifty 50: The EM & DM winners" ［J］. *The Goldman Sachs Group, Inc*, 2009.

［3］Robert Kappel. "The Challenge to Europe: Regional Powers and the Shifting of the Global Order" ［J］. *Intereconomics*, 2011（46）: 275～286.

［4］Thomas Renard. *A BRIC in the World: Emerging Powers, Europe and the Coming Order* ［M］. Academia Press, 2009.

［5］Jack A. , Smith. BRIC Becomes BRICS: Emerging Regional Powers Changes on the Gcropolitical Chess－board ［N］. *Global Research*, 2011－1－16.

［6］Fernando Ferrari－Filho, Anthony Spanakos. "Why Brazil Has Not Grown: A Comparative Analysis of Brazilian and Chinese EconomicManagement" ［J］. *Ensayos De Economia*, 2008.

［7］Shubham, Chaudhuri, Martin, Ravallion. 中国和印度不平衡发展的比较研究 ［J］. 经济研究. 2008（1）: 4～20.

［8］德国之声的新闻报道 ［EB/OL］. http: //www. jhtsw. cn/forum. php mod－viewthread&tid＝543555.

［9］法里德·扎卡利亚. 后美国世界: 大国崛起的经济新秩序时代 ［M］. 北京: 中信出版社, 2009.

［10］Marie Jacobs, Ronan Van Rossem. "The BRIC Phantom: A Comparative Analysis of the BRICS as a Category of Rising Powers" ［J］. *Journal of Policy Modeling*, 2013（10）: 1～19.

［11］Forge G. Castaneda. "Not Ready far Prime Time: why including emerging powers at the helm would hurt global governance" ［J］. *Foreign Affairs*, 2010, 89 (5) : 121 ~ 122.

［12］Lindsay Marie Jacobs, Ronan Van Rossem. "The BRIC Phantom: A Comparative Analysis of the BRICS as a Category of Rising Powers" ［J］. *Journal of Policy Modeling*, 2014, 36: 47 ~ 66.

［13］Dani Rodrik. What the World Needs from the BRICS ［N］. *Social Europe*, 2013 - 4 - 11.

［14］Theodor Tudoroiu. "Conceptualizing BRICS: OPEC as a Mirror" ［J］. *Asian Journal of Political Science*, 2012, 20 (1): 23 ~ 45.

［15］Joseph S. Nye. What's in a BRIC ［N］. *Project Syndicate*, 2010 - 5 - 10.

［16］马科斯 - 特洛吉. 金砖国家的全球竞争战略 ［EB/OL］. http://opinion. hexun. com/2012 - 04 - 06/140111063. html. 2012 (10) .

［17］2011 年世界经济警示录 ［EB/OL］. http://finance. sina. com. cn/stock/usstock/c/20111230/124411102901. shtml.

［18］C. Y. Tseng. "Technological Innovation in the BRICEconomies" ［J］. *Research - Technology Management*, 2009, 52 (2): 29 ~ 35.

［19］兹比格涅夫·布热津斯基著, 中国国际问题研究所译. 大棋局——美国的首要地位极其地缘战略 ［M］. 上海: 上海人民出版社, 1998.

［20］Grant Thornton. Quantification of the business benefits of resource efficiency ［DB/OL］. http://www. oakdenehollins. com/media/122/DEFR01 _ 122 _ Final. pdf.

［21］A. P. 布雷. 21 世纪初俄中在远东地区的合作成果 ［J］. 西伯利亚研究, 2009, 36 (4): 21 ~ 22.

［22］T. Sergey. "The Development of the Relationship of Sino - Russian Trade and the Cross - Border Circulation Industry" ［J］. *China Business & Market*, 2009, 33 (15) : 2355 ~ 2360 .

［23］Jesper Jensen, Thomas Rutherford, David Tarr. "The Impact of Liberalizing Barriers to Foreign Direct Investment in Services: the Case of Russian Accession to the World Trade Organization" ［J］. *Review of Development Economics*, 2007, 11 (3): 482 ~ 506.

［24］马加力. 印度的崛起态势 ［J］. 现代国际关系, 2006 (6) : 51 ~ 55.

[25] 斯蒂芬·科亨著, 刘满贵, 宋金品等译. 大象和孔雀 [M]. 北京: 新华出版社, 2002.

[26] O. Publishing. *OECD in Figures* 2007 (*SourceOECD Edition*): *Complete E-dition* [M]. Sourceoecd General Economics & FutureStudies, 2008, volume 2007: i~98 (99).

[27] Arvinder Singh. "Comparisons between China and India" [J]. *China & World Economy*, 2005, 13 (3).

[28] Derek J. Mitchell. *The China Banlance Sheet in* 2007 *and Beyond* [M]. The center for strategic and international studies and Peterson institute for international economics, 2007 (4).

[29] Ramesh Sharma. China, India and AFTA: Evolving Bilateral Agricultural Trade and New Opportunities Through Free Trade Agreements [N]. *FAO Commodity and Trade Policy Research Working Paper*, 2008 – 4 – 28.

[30] Malini L. Tantria. "Effectiveness of the Special Economic Zone Policy Over the Export Processing Zone Structure in India: Trade Performance at the Aggregatelevel" [J]. *Journal of Asian Public Policy*, 2012, 5 (1).

[31] 约翰·劳埃德, 亚历克斯·图尔克尔陶布. 金砖四国谁是真金 [EB/OL]. http://www.360doc.com/content/06/1219/10/199_299278.shtml. 2006 – 12 – 19.

[32] Paulo Sotero, Leslie Elliott Armijo. "Brazil: to be or not to be a BRIC" [J]. *Asian Perspective*, 2007, 31 (4): 48~50.

[33] Dr Brendan Vickers. South Africa's Trade Strategy and the BRICS [EB/OL]. http://www.doc88.com/p – 1806933445159.html. 2011 – 10 – 12.

[34] R. Sandrey, H. R. Edinger. "Examining the South Africa – China Agricultural Trading Relationship" [J]. *Nordiska Afrikainstitutet*, 2009.

[35] J. Munemo. "Trade between China and South Africa: Prospects of a Successful SACU – China Free Trade Agreement" [J]. *African Development Review*, 2013, 25 (3): 303~329.

[36] Joseph S. Nye. BRICS with – out Mortar [N]. *Project Syndicate*, 2013 – 4 – 13.

[37] 乔光汉. 世界经济区域一体化条件下中俄区域合作设想 [J]. 西伯利亚研究, 2001, 28 (3): 17~19.

[38] 栾晓波. 建立黑—布自由贸易区的构想 [J]. 黑河学刊, 2005 (5): 16～20.

[39] 宿丰林. 创建中俄沿边自由贸易区的可行性分析 [J]. 西伯利亚研究, 2002, 29 (5): 33～34.

[40] 曲伟. 中俄区域合作实现八个突破 [J]. 西伯利亚研究, 2005, 32 (4): 17～18.

[41] 张新颖, 李淑霞. 中国与俄罗斯农业合作的三大趋势 [J]. 中国农村经济, 2012 (5): 89～91.

[42] 杨宏. 中俄农业经贸合作研究 [D]. 西北农林科技大学, 2001 (12): 93～101.

[43] 牛方礼. 中印修好预热双边经贸 [J]. 中国对外经贸, 2003 (7): 17～18.

[44] 李天华. 中国与印度经贸关系发展分析 [J]. 国际贸易问题, 2004 (1): 49～54.

[45] 温耀庆, 戴锦贤. 金砖五国合作机制下中印经贸合作 [J]. 国际贸易, 2012 (8): 53～54.

[46] 左连村. 金砖国家合作机制下的中印经贸合作 [J]. 东南亚南亚研究, 2013 (1): 63～64.

[47] 肖勇. "一带一路" 倡议下中国与印度双边贸易关系的实证分析 [J]. 中国商论, 2017 (14): 60～70.

[48] 汤碧. 澳门: 中国与巴西经贸合作的中介与平台 [J]. 国际经济合作, 2005 (7): 21～24.

[49] 王爽, 张丽莉. 金砖国家之中巴外贸发展的比较研究 [J]. 特区经济, 2011 (12): 110～112.

[50] 吕宏芬, 俞涤. 中国与巴西双边贸易的竞争性与互补性研究 [J]. 国际贸易问题, 2012 (2): 56～58.

[51] 牛海彬. 中国巴西关系与金砖国家合作 [J]. 拉丁美洲研究, 2014, 36 (3): 49～55.

[52] 韩燕. 聚焦中国与南非经贸关系 [J]. 国际经济合作, 2009 (10): 29～31.

[53] 张哲. 基于国际贸易理论分析中国与南非贸易互得 [J]. 生产力研究, 2011 (3): 98～99.

［54］武敬云. 中国与南非的经贸关系及发展前景——基于贸易互补性和竞争性的实证分析［J］. 国际经济合作，2011（10）：56～60.

［55］熊超. 中国与南非双边贸易商品结构优化研究［D］. 山西财经大学，2014.

［56］冯帆. 中国与金砖国家的贸易关系及其特点［J］. 学海，2011（3）：148～154.

［57］欧阳峣，张亚斌等. 中国与金砖国家外贸的"共享式"增长［J］. 中国社会科学，2012（10）：67～70.

［58］孙石磊，赵玉洁，胡瑞法. 中国与其他金砖国家的商品贸易及互补性研究［J］. 商业时代，2015（2）：32～34.

［59］冯帆，邓娟. 中国与金砖国家的贸易关系及其特点［J］. 学海，2011（3）：148～153.

［60］董颖. 中国同金砖其他国家贸易互补性实证研究［D］. 辽宁大学，2012：17～20.

［61］袁其刚，王明等. 我国对金砖国家出口贸易潜力测算——基于引力模型的实证分析［J］. 国际经济研究，2015（2）：94～95.

［62］王秋红，侯雯雯. 中国与其他金砖国家的贸易潜力研究［J］. 开发研究，2015（6）：141～143.

［63］李萍. 中国对金砖国家出口贸易增长动态波动研究——基于 CMS 模型的因素分解及测算［J］. 国际贸易问题，2015（5）：84～90.

［64］李万青，刘源. 中国与金砖国家农业竞争力比较研究［J］. 世界农业，2013（11）：32～34.

［65］谭忠昕. 中国对金砖国家农产品出口贸易竞争力及贸易潜力研究［D］. 东北农业大学，2016：25～32.

［66］陈睿潇. 中国对金砖国家农产品出口增长与贸易潜力［D］. 山东农业大学，2016：42～55.

［67］汤碧. 中国与金砖国家农产品贸易：比较优势与合作潜力［J］. 农业经济问题，2012（10）：70～75.

［68］陈杨. 中国与金砖国家农产品贸易竞争性与互补性研究［J］. 世界农业，2013（7）：7～10.

［69］尹文静，樊勇明. 中国与其他金砖国家农产品贸易特征——竞争性与互补性分析［J］. 世界农业，2016（5）：98～109.

[70] 曹睿亮. 中国与金砖国家农产品贸易的互补性分析 [J]. 北方经济, 2013 (22)：24～26.

[71] 周丹, 陆万军. 中国与金砖国家间农产品贸易成本弹性测度与分析 [J]. 数量经济技术经济研究, 2015 (1)：24～33.

[72] 刘雪娇. 中国与金砖国家农产品产业内贸易及影响因素 [J]. 国际贸易问题, 2013 (12)：89～94.

[73] 刘乐, 李登旺, 仇焕广. 中国与金砖国家的农产品贸易：波动特征、影响因素及发展对策——基于引力模型的实证分析 [J]. 人文杂志, 2016 (1)：47～51.

[74] 佟光霁, 石磊. 中俄农产品贸易及其比较优势、互补性演变趋势 [J]. 华南农业大学学报（社会科学版), 2016, 5 (15)：118～120.

[75] 尚静. 中俄农产品贸易发展动态与互补性研究 [J]. 世界农业, 2013 (5)：78～79.

[76] 龚新蜀, 刘宁. 中俄农产品产业内贸易水平与结构分析——基于丝绸之路经济带战略背景 [J]. 亚太经济, 2015 (2)：50～54.

[77] 吴学君. 中国和俄罗斯农产品贸易：动态及展望 [J]. 经济经纬, 2010 (2)：43～47.

[78] 杨奕. 基于产业间贸易的中俄农产品贸易发展研究 [J]. 农业经济, 2015 (8)：122.

[79] 李玉梅. 基于产业内贸易的中俄农产品贸易发展研究 [J]. 农业经济, 2015 (7)：120～121.

[80] 孙育新. "一带一路"背景下中俄农产品产业内贸易增长潜力分析——基于2001—2013年的 UN Comtrade 数据 [J]. 中国农学通报, 2016, 32 (26)：181～187.

[81] 杨东群, 李先德. 中国农产品对俄罗斯出口状况分析 [J]. 世界农业, 2006 (5)：27～30.

[82] 张国华. 中国和俄罗斯农产品贸易现状及特征 [J]. 欧亚经济, 2010 (4)：30～33.

[83] 曾寅初, 刘君逸. 俄罗斯加入世界贸易组织对中俄农产品贸易的影响 [J]. 经济纵横, 2012 (9)：48～51.

[84] 杨逢珉, 丁建江. 借"一带一路"之力扩大对俄罗斯农产品出口——基于二元边际和VAR模型的实证研究 [J]. 国际商务研究, 2016 (3)：40～42.

[85] 张瑜. 中俄农产品贸易发展现状、问题及对策分析 [J]. 北方经贸, 2016 (6)：6~7.

[86] 李丹，周宏. "一带一路"背景下中国与中东欧国家农产品贸易潜力研究——基于随机前沿引力模型的实证分析 [J]. 新疆农垦经济, 2016 (6)：24~32.

[87] 姜鸿，张艺影等. 中国—印度自由贸易协定农产品关税减让策略——基于产业安全与贸易平衡协调模型的分析 [J]. 农业经济问题, 2010 (6)：8~12.

[88] 王川，赵俊晔，王克. 基于引力模型的中印自由贸易区对双边农产品贸易的影响分析 [J]. 中国食物与营养, 2009 (3)：36~38.

[89] 李丽，邵兵家，陈迅. 中印自由贸易区的建立对中国及世界经济影响研 [J]. 2008 (2)：22~28.

[90] 孙东升. 中国和印度农产品贸易的现状与前景分析 [J]. 农业展望, 2007，3 (7)：28~32.

[91] 孙虹，张立华. 本世纪以来中印农产品出口结构比较 [J]. 中国经贸导刊, 2012 (7)：24~25.

[92] 李宁莹. 后金融危机时期中印农产品出口贸易比较分析 [J]. 中国集体经济, 2012 (5)：32~33.

[93] 张超，李哲敏等. 金砖国家农业发展水平分析——基于熵权法和变异系数法的比较研究 [J]. 科技与经济, 2014，27 (6)：44~45.

[94] 杨文武，李星东. 后金融危机时代中印农产品贸易合作 [J]. 南亚研究季刊, 2013 (3)：67~74.

[95] 周友梅. 金砖五国合作机制下中印农产品贸易救济及应对 [J]. 农业经济问题, 2013 (11)：26~30.

[96] 肖亦天，麻吉亮. 中国和印度农产品贸易现状及前景展望 [J]. 农业展望, 2017，13 (1)：65~69.

[97] 朱晶，陈晓艳. 中印农产品贸易互补性及贸易潜力分析 [J]. 国际贸易问题, 2006 (1)：40~46.

[98] 温玉萍. 中印农产品贸易比较研究 [D]. 浙江工业大学, 2007：11.

[99] 金亮. 中印农产品贸易问题研究 [D]. 河北大学, 2012 (6)：35~38.

[100] 李荣，刘闪. 中国与印度农产品双边贸易的竞争性与互补性分析

[J]. 科协论坛, 2011 (12): 143~144.

[101] 吴雪. 中国与印度农产品产业内贸易实证分析 [J]. 世界农业, 2013 (3): 90~106.

[102] 王晶明. 中印农产品贸易互补性与竞争性研究 [D]. 辽宁大学, 2013: 41.

[103] 孙致陆, 李先德. 经济全球化背景下中国与印度农产品贸易发展研究——基于贸易互补性、竞争性和增长潜力的实证分析. 国际贸易问题, 2013 (12): 68~78.

[104] 姚爱萍, 万里平. 中印农产品在美国市场的竞争性分析 [J]. 生产力研究, 2014 (1): 112~139.

[105] 黄春全, 司伟. 中国与印度农产品贸易的动态与前景分析 [J]. 国际经贸探索, 2012 (7): 15~26.

[106] 朱晶, 陈晓艳. 中印农产品贸易互补性及贸易潜力分析 [J]. 国际贸易问题, 2006 (1): 40~46

[107] 谭晶荣. 中印两国农畜产品贸易的比较研究 [J]. 国际贸易问题, 2004 (11): 39~42.

[108] 耿献辉, 张晓恒, 林连升. 中印农产品出口的影响因素与潜力比较 [J]. 湖南农业大学学报, 2013 (2): 1~7.

[109] 靖飞. 中国和巴西农产品贸易: 动态和展望 [J]. 南京农业大学学报 (社会科学版), 2009, 9 (1): 41~45.

[110] 陈蔚. 金砖国家合作机制下中国与巴西农产品贸易分析 [J]. 世界农业, 2014 (9): 149~151.

[111] 黄一鸥, 肖东生. 中巴农产品产业内贸易研究 [J]. 时代金融, 2017 (9): 72~73.

[112] 吴学君. 中国与巴西农产品产业内贸易研究——基于2000—2011年的进出口贸易数据 [J]. 商学研究, 2012, 19 (4): 23~29.

[113] 高金田, 张晓燕. 中国与巴西农产品产业内贸易实证研究 [J]. 当代经济, 2010 (5): 150.

[114] 赵捷. 金砖国家合作机制下中国与巴西农产品贸易发展研究——基于贸易特征及趋势、互补性和增长潜力的实证分析 [J]. 世界农业, 2017 (4): 41~47.

[115] 卫灵, 王雯. "金砖四国" 中的巴西及中国—巴西双边贸易分析

[J]. 当代财经, 2010 (10)：98～102.

[116] 黄勇. 中巴农产品贸易竞争性与互补性分析 [J]. 江苏工程职业技术学院学报 (综合版), 2016, 16 (1)：41～43.

[117] 范婕. 中国与巴西农产品贸易潜力分析 [J]. 技术经济, 2010, 29 (5)：105～108.

[118] 杨绿野. "金砖5国"合作机制下中国与巴西农产品贸易分析及展望 [J]. 世界农业, 2012 (7)：8～10.

[119] 闫书鹏. 近期中巴农产品贸易形势分析 [J]. 世界农业, 2014 (5)：128～131.

[120] 耿晔强. 巴西农产品出口我国市场的影响因素分析 [J]. 国际贸易问题, 2008 (11)：50～56.

[121] 张海凤, 郭玮. 中国和南非农产品贸易的互补空间及策略优化 [J]. 对外经贸实务, 2015 (8)：37～40.

[122] 梁丹辉. 中国与南非农产品贸易互补性及增长空间分析 [J]. 农业展望, 2014 (7)：66～69.

[123] 孙华平. 中国与南非农产品贸易实证研究 [J]. 社会科学家, 2013 (11)：52～54.

[124] 王辉. "金砖+"可与"一带一路"携手发展 [EB/OL]. 求是网. http：//www. qstheory. cn/wp/2017－09/07/c_ 1121625324. htm.

[125] 徐超, 于品显. 金砖国家机制与"一带一路"倡议合作研究 [J]. 亚太经济, 2017 (6)：94.

[126] 刘佳骏. "一带一路"倡议下金砖国家产能合作展望 [J]. 双多边合作, 2017 (11)：48～50.

[127] 张苗. "一带一路"背景下中印贸易关系研究 [D]. 山东大学, 2017 (11).

[128] 雷建锋, 范尧天. "一带一路"倡议实施中的中印关系 [J]. 辽宁大学学报 (哲学社会科学版), 2018 (46)：135～136.

[129] 郭敏, 陈润. "一带一路"倡议下中印贸易关系 [J]. 中国经贸导刊, 2018 (1)：10.

[130] 逄国明. "一带一路"框架下中俄合作问题研究 [D]. 俄罗斯研究院, 2017 (3)：11～15.

[131] 兹科娃. "一带一路"背景下中国对俄罗斯投资对策研究 [D]. 青

岛科技大学，2016（5）.

［132］王珽玖，李小北等. 国际贸易学［M］. 北京：经济管理出版社，2002.

［133］薛敬孝，佟家栋等. 国际经济学［M］. 北京：高等教育出版社，2000.

［134］孙林. 中国与东盟农产品贸易竞争与合作研究［D］. 南京农业大学，2005.

［135］蒋琴儿. 农产品贸易竞争关系的研究方法综述［J］. 上海商学院学报，2012，13（6）：51～52.

［136］池元吉. 世界经济概论［M］. 北京：高等教育出版社，2003.

［137］J. Vanek. "The Factor Proportions Theory：The N—factor Case"［J］. *Kyklos*，1968，21（4）：749～756.

［138］Porter M. E.. *Competitive Advantage of Nations*［M］. New York：free Press，1990.

［139］Balassa. B.. "Tariff Reductions and Trade in Manufactures among the Industrial Countries"［J］. *American Economic Review*，1996，56（3）.

［140］J. M. Finger. "Trade Overlap and intra – Industry Trade"［J］. *Economic Inquiry*，1975，13（4）：581～589.

［141］Grubel H. G.，Lloyd P.. "Intra – Industry Trade：the Theory and Measurement of International Trade in Differentiated Productions"［J］. *Economic Journal*，1975，85（339）.

［142］Elhanan Helpman，Paul Krugman. *Market Structure and Foreingn Trade*［M］. The MIT Press，1985（5）.

［143］Avinash Kamalakar Dixit，Joseph E. Stiglitz. "Monopolistic Competition and Optimum Product Diversity"［J］. *American Economic Review*，67（3）：297～310.

［144］Krugman P.. "Increasing Return and Economic Geography"［J］. *Journal of Political Economy*，1991，99（3）：483～499.

［145］K. Lancaster. "Intra – Industry Trade Under Perfect Monopolistic Competition"［J］. *Journal of International Economics*，1980，10（2）：151～175.

［146］Flam H.，E. Helpman. "Vertical Product Differentiation and North – South Trade"［J］. *American Economic Review*，1987，77（5）：810～822.

［147］J. Eaton，G. M. Grossman. "Tariffs as Insurance：Optimal Commercial

Policy When Domestic Markets Are Incomplete" [J]. *Canadian Journal of Economics*, 1985, 18 (2): 258~327.

[148] Falvey R. E.. "Commercial Policy and Intra – IndustryTrade" [J]. *Journal of International Economics*, 1981, 11 (4): 495~511.

[149] Falvey R. E. , H. Kierzkowski. *Pruduct Quality, Intra – Industry Trade and Im perfect* [M]. Oxford: Basil Blackwell, 1987.

[150] B. Balassa. "Trade Liberalisation and 'Revealed' Comparative Advantage" [J] . *Manchester School*, 1965, 33 (2): 99~123.

[151] 司伟, 周章跃. 中国和澳大利亚农产品贸易: 动态和展望 [J]. 中国农村经济, 2007 (11): 4~14.

[152] Finger, J. M. , Kreinin M. E.. "A Measure of 'Export Similarity' and Its Possible Uses" [J]. *Economic Journal* . 1979, 89 (356): 905~912.

[153] 方菲. 中国与东盟农产品贸易问题分析 [D]. 东北财经大学, 2010.

[154] K. Anderson, H. Norheim. "From Imperial to Regional Trade Preferences: Its Effect on Europe's Intra and Extra – Regional Trade" [J]. *Weltwirtschaftliches Archiv*, 1993, 129 (1) : 78~102.

[155] Grubel H. G. , Lloyd P.. "Intra – Industry Specislization and the Pattern of Trade" [J]. *Economics and Political Science*, 1967, 33 (2): 237~388.

[156] Brulhart, M.. "Marginal Intra – Industry Trade: Measurement and Relevance for Pattern of Industrial Adjustment" [J]. *Wiltwirtschaftliches Archiv*, 1994, 130 (3): 600~613.

[157] Thom, R. , McDowell M.. "Measuring Marginal Intra – Industry Trade" [J]. *Weltwirtschaftliches Archiv*, 1999, 135 (1): 48~61.

[158] H. Tyszynski. "World Trade in Manufactured Commodities, 1899—1950" [J]. *Manchester School*, 1951, 19 (3): 272~304.

[159] 晏澜菲. 商务部: 中巴农业合作前景广阔 [N]. 新农村商报, 2016 – 6 – 22 (04) .

[160] 颜欢. 农业合作拉近中国与巴西距离 [N]. 人民日报, 2016 – 4 – 12 (003) .

[161] 许振宝, 李哲敏. "一带一路" 战略下中国与俄罗斯农业合作探析. 世界农业, 2016 (8): 192~195.

[162] 李天华. 中国与印度经贸关系发展分析 [J]. 国际贸易问题, 2004 (1): 49~54.

[163] 张雯丽, 翟雪玲. 中印农业合作现状、投资环境与合作潜力分析 [J]. 中国经贸导刊, 2017 (5): 34~35.

[164] 中国全球农产品供应体系多元化离不开"一带一路" [EB/OL]. http: //www. sohu. com/a/150323833_ 115495.

[165] 国务院关于印发全国农业现代化规划 (2016—2020 年) 的通知 [EB/OL]. 中国新闻网, http: //www. chinanews. com/gn/2016/10 – 20/8038305. shtml.

[166] 厉以宁, 林毅夫等. 读懂"一带一路" [M]. 北京: 中信出版社, 2015: 64~65.

[167] 黑龙江加强基础设施互联互通打造对俄开放前沿 [EB/OL]. 人民网, http: //world. people. com. cn/n/2015/0512/c157278 – 26989037. html.

[168] 蒋婷婷, 金梦德等. 中俄之间的货物运输状况 [EB/OL]. https: //wenku. baidu. com/view/96d186f3c77da26925c5b066. html.

[169] 徐瑞瑞. "一带一路"背景下我国农业企业"走出去"研究 [D]. 安徽大学, 2016.

[170] 张文城, 孙月玲等. "金砖四国"对 OECD 国家出口研究——基于引力模型的比较研究 [J]. 亚太经济, 2010 (3): 20~25.

[171] 贺书锋. "金砖四国"经济周期互动与中国核心地位——基于 SVAR 的实证分析 [J]. 世界经济研究, 2010 (4): 80~86.

[172] 吕博. "金砖国家"间的贸易和投资 [J]. 国际经济合作, 2012 (10): 27~30.

[173] 赖平耀, 武敬云. "金砖国家"经贸合作面临的机遇和挑战 [J]. 统计研究, 2012, 29 (2): 21~27.

[174] 薛荣久. "金砖国家"商品贸易特点与合作发展愿景 [J]. 中国经贸, 2012 (7): 4~5.

[175] 陆昌. RCEP 框架下中印农产品贸易潜力研究 [D]. 山东财经大学, 2015 (5): 48~52.

[176] 张英. 基于引力模型的中俄双边贸易流量与潜力研究 [J]. 国际经贸探索, 2012, 28 (6): 27~34.

[177] 赵福昌. 金砖国家经济发展特点与优势 [J]. 中国金融, 2011 (5):

18~20.

　　[178] 张超, 李哲敏. 金砖国家粮食产量及国际竞争力比较分析 [J]. 世界农业, 2014 (6): 126~130.

　　[179] 柴瑜. 金砖国家贸易便利化: 发展与合作 [J]. 中国金融, 2011 (5): 24.

　　[180] 崔宇明, 李玫, 赵亚辉. 金砖国家贸易竞争与互补性研究——基于指数模型的比较分析 [J]. 山东社会科学, 2015 (4): 88~89.

　　[181] 毕红毅, 李晓明. 金砖国家内外部贸易竞争力研究 [J]. 东岳论丛, 2014, 35 (3): 153~155.

　　[182] 耿晔强. 金砖国家农产品国际竞争力比较研究 [J]. 山西大学学报 (哲学社会科学版), 2015, 38 (4): 119~120.

　　[183] 庄丽娟, 郑旭芸, 钟宁. 金砖五国农产品出口增长及竞争力实证分析 [J]. 华中农业大学学报 (社会科学版), 2015 (4): 36~37.

　　[184] 吴殿廷, 杨欢等. 金砖五国农业合作潜力测度研究 [J]. 经济地理, 2014, 34 (1): 123.

　　[185] 史晓英. 中非发展农产品贸易面临的问题及对策分析 [J]. 农业经济, 2014 (7): 115~116.

　　[186] 孙东升, 刘合光, 周爱莲. 中非农产品贸易的结构与特征 [J]. 中国农村经济, 2007 (11): 20~24.

　　[187] 刘明, 原珂. 中国与巴西农业合作发展的现状与前景 [J]. 对外经贸实务, 2014 (12): 29~30.

　　[188] 王晶明. 中印农产品贸易互补性与竞争性研究 [D]. 辽宁大学, 2013 (4): 22~37.

　　[189] 张雅. 中国与其他金砖国家农产品产业内贸易及其影响因素分析 [J]. 世界农业, 2016 (10): 137~141.

　　[190] 吴学君. 中国农产品产业内贸易的影响因素及效应研究 [M]. 北京: 经济科学出版社, 2011: 94~103.

　　[191] 王晶. 我国农产品产业内贸易研究 [M]. 北京: 中国农业出版社, 2010: 148~153.

　　[192] 农业部农产品贸易办公室等. 中国农产品贸易发展报告 [M]. 北京: 中国农业出版社, 2016: 12.

　　[193] 对外经贸大学现代服务业研究中心. 金砖国家经贸合作发展报告

（中国 2013）［M］. 北京：对外经贸大学出版社，2013：153~155.

[194] 蒋兴红. 中国农产品国际贸易及其对中国经济增长的影响研究［M］. 北京：经济科学出版社，2015：222~223.

［195］ FAO. FAOSTAT ［DB/OL］. http：//www. fao. org/faostat/zh/#data/QC.

［196］驻南非经商参处. WTO 警告南非经济增长面临结构性问题［EB/OL］. http：//www. mofcom. gov. cn/aarticle/i/jyjl/k/200911/20091106608282. html. 2009 - 11 - 09.

［197］ UNCTAD. UNCTADSTAT ［DB/OL］. http：//unctadstat. unctad. org/wds/ReportFolders/reportFolders. aspx.

［198］ UN COMTRADE . UN ComtradeDatabase ［DB/OL］. https：//comtrade. un. org/data/.

［199］ World Bank. Worldbank Statistical Databank ［DB/OL］. http：//data. worldbank. org.

［200］ WTO. Statistical Database ［DB/OL］. http：//stat. wto. org .

附　录

附表 1　农产品分类和统计口径说明

本报告根据乌拉圭回合农业协议界定农产品范围（HS 产品口径），加上水产品。包括谷物、棉麻丝、油籽、植物油、饮品类、蔬菜、水果、畜产品、水产品等 20 大类，各大类产品涉及的 HS 编码如下。

各大类产品涉及的 4 位或 6 位数 HS 编码

产品类别	产品税号
1. 谷物	1001～1008，1101～1104　1904（30）
小麦产品	1001，1101，1103（11/21），1904（30）
稻谷产品	1006，1102（30）1103（14）
玉米产品	1005，1102（20）　1103（13）　1104（23）
大麦产品	1003　1104（11/21）
高粱	1007
2. 棉麻丝	0511，1404，5001～5003，5201～5203，5301～5305
棉花	1404（20），5201～5203
麻类	5301～5304　5305（00/11/19/21/29）
蚕茧及丝	0511，5001～5003
其他植物纤维	5305（91/99/90）
3. 油籽	1201～1202，1204～1206，1207（除去 120770），1208，2008（11）
大豆	1201　1208（11）
油菜籽	1206
芝麻	1207（40）

续表

产品类别	产品税号
亚麻籽	1204
花生	1202，2008（11）
4. 植物油	1507～1515
棕榈油	1511（10/90）
橄榄油	1509（10/90）1510
豆油	1507（10/90）
花生油	1508（10/90）
5. 糖料及糖类	1209（10/11/19），1212（91/92/93），1701～1704
食糖	1701
6. 饮品类	0901～0903，1801～1806，2101（10/11/12/20），2201～2203，2204（10/21/22/29），2205～2206，2208～2209
茶	0902～0903，2101（20）
醋	2209
咖啡及制品	0901，2101（10/11/12）
可可及制品	1801～1806
酒精及酒类	2203，2204（10/21/22/29）2205，2206，2208
无醇饮料	2201～2202
7. 蔬菜	0701～0712，0714（30/40/50/90），0904，0910（10/11/12），1209（91），1212（94/99），2001～2005，2009（50），2103（2）
鲜冷冻蔬菜	0701～0710，0714（30/40/50/90），1212（94/99）
加工保藏蔬菜	2001～2005，2009（50），2103（20）
干蔬菜	0712，0910（10/11/12），0904，1209（91）
8. 水果	0801（10/11/12/19），0803～0810，0811（10/20），0813，0814，1203，2006，2007，2009，2204（30）2008（20/30/40/50/60/70/80/91/92/93）
鲜冷冻水果	0801（10/11/12/19），0803～0810，0811（10/20），0814，1203
水果汁	2204（30），2009
水果罐头	2008（20/30/40/50/60/70/80/91/92/93）
其他加工水果	2006，2007，0813

产品类别	产品税号
9. 坚果	0801 (20/21/22/30/31/32), 0802, 0811 (90), 1207 (70), 1212 (30), 2008 (19)
10. 花卉	0601, 0602 (30/40), 0603, 0604
11. 饼粕	2304, 2306
12. 干豆 (不含大豆)	0713, 1106 (20)
13. 水产品	0106 (12/20), 0208 (40/50), 0210 (92/93/99), 0301~0308, 0508, 0511, 1212 (20/21/29), 1504, 1603~1605, 2301 (20), 2801 (20), 3913 (10), 7101
鱼类活鱼	0301
鱼类 (鲜冷冻)	0302~0304
鱼类加工	0305, 1604
贝类及软体类	0306 (19/29), 0307, 1605 (40~90)
螃蟹	0306 (14/24), 1605 (10)
虾类	0306 (11/12/13/21/22/23), 1605 (20/30)
14. 畜产品	0101~0106, 0201~0207, 0208 (除去40和50), 0209, 0210 (除去92/93/99) 0401~0410, 0502~0507, 0510, 0511 (10, 99), 1501~1503, 1505~1506, 1601~1602, 1901 (10/90), 2301 (10), 4101~4103, 5101~5103
牛产品	0102, 02201, 0202, 0206 (10/21/22/29), 1602 (50), 0210 (20)
羊产品	0104, 0204, 0206 (80/90)
生猪产品	0103, 0203, 0206 (30/41/49), 0210 (11/12/19), 1602 (41/42/49)
家禽类	0105, 0207, 1602 (31/32/39)
动物毛	0502, 0503, 0505, 5101~5103
蛋产品	0407, 0408
乳品	0401~0406
动物生毛皮	4301
动物生皮	4101~4103
15. 调味香料	0905~0909, 0910 (20/30/40/50/91/99)
16. 精油	3301

续表

产品类别	产品税号
17. 粮食制品	1107～1109，1902～1905
18. 薯类	0714（10/20），1105
19. 药材	1211
20. 其他农产品	0501，0509，0602（10/ 20/90/ 91/ 99），1106（10/30），1209（除去 10、11 和 91），1210，1212（10），1213～1214，1301～1302，1401～1403，1404（除去 20），1516～1522，1901（20），2008（97/99），2101（30），2102～2106（2103 去掉20），2207，2302～2303，2307～2309，2401～2403，2905，3501～3505，3809，3823，3913（90）

附表 2　直接投资（FDI）　　　　　　　　　　单位：万美元

年份	巴西	俄罗斯	印度	南非
2001	390	2976	1197	836
2002	1536	3865	3057	2593
2003	1671	5430	1593	3245
2004	3070	12638	1948	10940
2005	2461	8199	2140	10635
2006	5560	6720	5239	9481
2007	3164	5207	3404	6916
2008	3879	5997	8805	2560
2009	5248	3177	5520	4120
2010	5725	3497	4931	6647
2011	4304	3102	4217	1323
2012	5760	2992	4406	1605
2013	2304	2208	2705	1292
2014	2811	4088	5075	589
2015	5084	1312	8080	198
2016	4667	7343	5181	382

资料来源：《中国统计年鉴》

附表3　人均收入差异（GDPPC）——中国与贸易伙伴人均GDP的绝对差额

单位：美元

年份	中巴	中俄	中印	中非
2001	2082.05	1047.25	592.28	1652.67
2002	1657.21	1226.55	667.89	1392.46
2003	1751.86	1686.49	730.75	2518.47
2004	2087.56	2593.70	868.07	3392.45
2005	2977.24	3570.06	1024.42	3699.77
2006	3709.11	4820.96	1282.50	3569.16
2007	4551.50	6405.89	1677.24	3465.85
2008	5235.57	8164.01	2479.73	2346.03
2009	4636.45	4724.38	2748.07	2077.82
2010	6569.91	6114.48	3214.79	2832.36
2011	7405.33	8593.93	4172.42	2444.17
2012	5819.43	8704.31	4890.43	1232.20
2013	4994.01	8474.28	5621.57	167.11
2014	4045.30	6368.10	6106.68	1184.91
2015	510.91	1064.90	6429.42	2303.71
2016	526.77	625.19	6413.59	2848.63

资料来源：UNCTAD数据库

附表4　贸易开放度（OPEN）——金砖各国对外贸易依存度　　单位（%）

年份	中国	俄罗斯	南非	巴西	印度
2001	39.05	61.11	54.80	26.94	25.55
2002	43.09	59.71	59.76	27.62	29.00
2003	52.60	59.13	51.40	28.14	30.07
2004	60.22	56.58	51.08	29.68	36.86
2005	62.89	56.71	53.15	27.09	41.31
2006	65.62	54.73	60.28	26.04	45.30
2007	62.66	51.71	63.68	25.29	46.16
2008	56.96	53.38	72.87	27.26	53.77

续表

年份	中国	俄罗斯	南非	巴西	印度
2009	44.51	48.44	55.42	22.11	46.78
2010	48.89	50.36	55.99	22.52	49.69
2011	50.60	48.37	60.11	23.72	55.63
2012	48.11	47.98	60.90	24.81	55.75
2013	46.57	47.64	63.98	25.63	53.63
2014	45.65	48.45	64.09	25.11	48.80
2015	40.67	50.74	62.45	27.37	42.41
2016	37.06	46.27	60.38	24.61	39.81

资料来源：WORLDBANK 数据库

附表5　市场规模（SCALE）——双边平均GDP　　单位：亿美元

年份	中非	中印	中巴	中俄
2001	7304.56	9166.75	9493.84	8229.99
2002	7930.16	9972.59	9892.56	9078.30
2003	9177.72	11393.22	11093.04	10453.18
2004	10919.71	13384.66	13123.32	12731.82
2005	12718.69	15600.90	15887.98	15249.91
2006	15118.85	18506.24	19298.86	18710.31
2007	19257.99	23766.27	24746.34	24259.44
2008	24424.88	28925.59	31470.15	31295.25
2009	27029.45	32169.25	33884.87	31662.99
2010	32379.85	38785.91	41547.46	38127.68
2011	39944.87	46977.72	50935.64	48032.81
2012	44784.45	51947.66	55106.03	53573.07
2013	49874.09	57352.16	60364.99	59195.26
2014	54168.38	62624.05	64497.09	62675.89
2015	56611.46	65515.59	63912.23	61694.64
2016	57473.00	67314.50	64976.50	62411.50

资料来源：根据 UNCTADstat 整理

附表6 贸易不平衡程度（TIMB）=｜出口－进口｜/（出口＋进口）

年份	中非	中印	中巴	中俄
2001	0.02	0.72	0.95	0.43
2002	0.21	0.70	0.95	0.27
2003	0.38	0.76	0.97	0.21
2004	0.01	0.76	0.97	0.30
2005	0.10	0.34	0.95	0.31
2006	0.01	0.65	0.95	0.27
2007	0.11	0.51	0.95	0.16
2008	0.05	0.55	0.94	0.02
2009	0.01	0.29	0.95	0.08
2010	0.18	0.63	0.90	0.04
2011	0.13	0.72	0.92	0.00
2012	0.17	0.73	0.92	0.02
2013	0.25	0.66	0.92	0.06
2014	0.32	0.53	0.94	0.13
2015	0.34	0.31	0.94	0.01
2016	0.29	0.50	0.93	0.00

资料来源：根据 UNCOMTRD 整理

致　谢

从考博到上博，可谓一路坎坷，其间曾经彷徨过，犹豫过，想过放弃，但是现在回头看看，庆幸当初的抉择，无怨无悔。本书系笔者攻读博士学位期间所写的毕业论文，此刻，我怀着一颗感恩的心，向所有帮助过我的老师、家人与朋友，真诚地说一声"谢谢"。

感谢我的导师宗义湘教授。宗老师学识渊博、见解独特、治学严谨、精益求精。本书从选题、框架、行文、修改，直至最终成文，都离不开宗老师悉心的点拨、耐心的教导。我底子差，宗老师便手把手地教，常常让我有"山重水复疑无路，柳暗花明又一村"的体会，受益匪浅，以至与宗老师的每次见面成了我的期待。特别是当我将内容杂乱的初稿交给宗老师后，宗老师不厌其烦地逐字逐句审阅、修改，字里行间体现着宗老师严谨的治学态度与其简练的文风。除"授业解惑"外，宗老师更身体力行地向我传授做人、为师的责任感，她严谨求实、宽厚豁达、关爱学生、淡泊名利的人格魅力，让我终身受益。不仅如此，宗老师更如慈姐般地关怀着我的生活，在我遇到困难的时候鼓励并帮助我，特别是给了我一个宽松的写作环境。对宗老师的感激之情，远非只言片语就能够表达，在此向我的恩师献上最衷心的敬意和感谢！

还要感谢王健教授。他广博的知识、敏锐的学术洞察力，给予我无限的启迪。本书从选题到框架设计到一些细节，都得到了王老师耐心的指导。王老师每一次对我的指导都使我受益匪浅。他深邃广博的学识、认真严谨的治学态度和真诚宽厚的待人之道更是我终生学习的榜样。从大学至今，十几年来王老师就像我的家长，一直关心并鼓励着我迈出的每一步，一路走来，我对王老师一点一滴的关怀铭记于心。现在我要向王老师及其家人深表感谢。

本书写作过程中，受到多位老师的帮助，他们是赵邦宏教授、张润清教授、孙文生教授、赵慧峰教授、路剑教授、宋辉教授、王俊芹教授等，对本书的研究他们曾提出许多宝贵的意见和启发性的建议，在此向诸位老师致以深深的谢意！同时十分感谢焦晓松教授和师妹李含悦在资料收集和某些关键环节的处理中给予的极大帮助。

感谢我的家人，在我遇到困难和挫折时他们不断地鼓励我，尽力给我创造条件，让我能够安心地进行我的写作。他们是我学习中最大的动力，希望以后能以出色的工作成绩来报答他们！